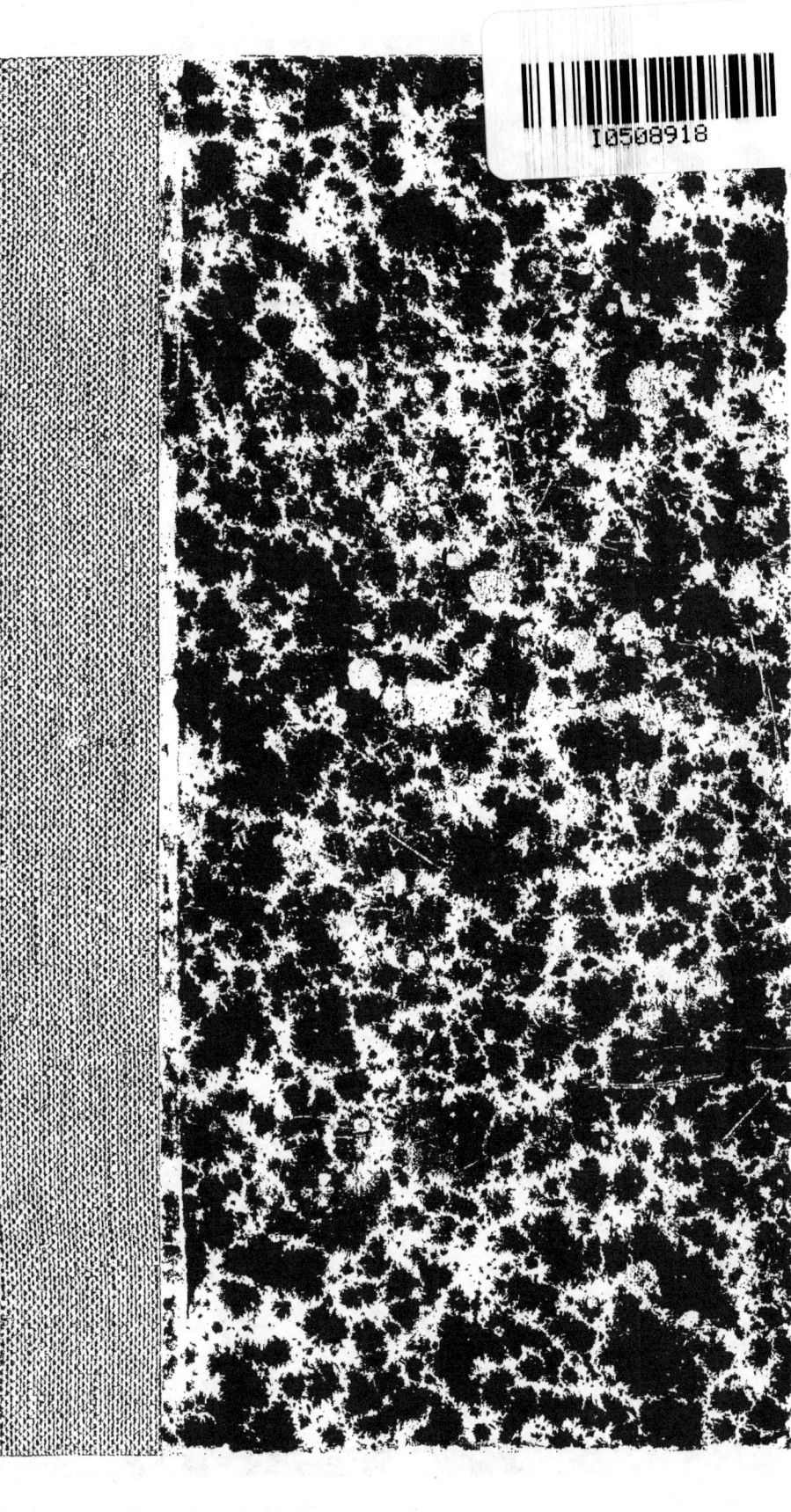

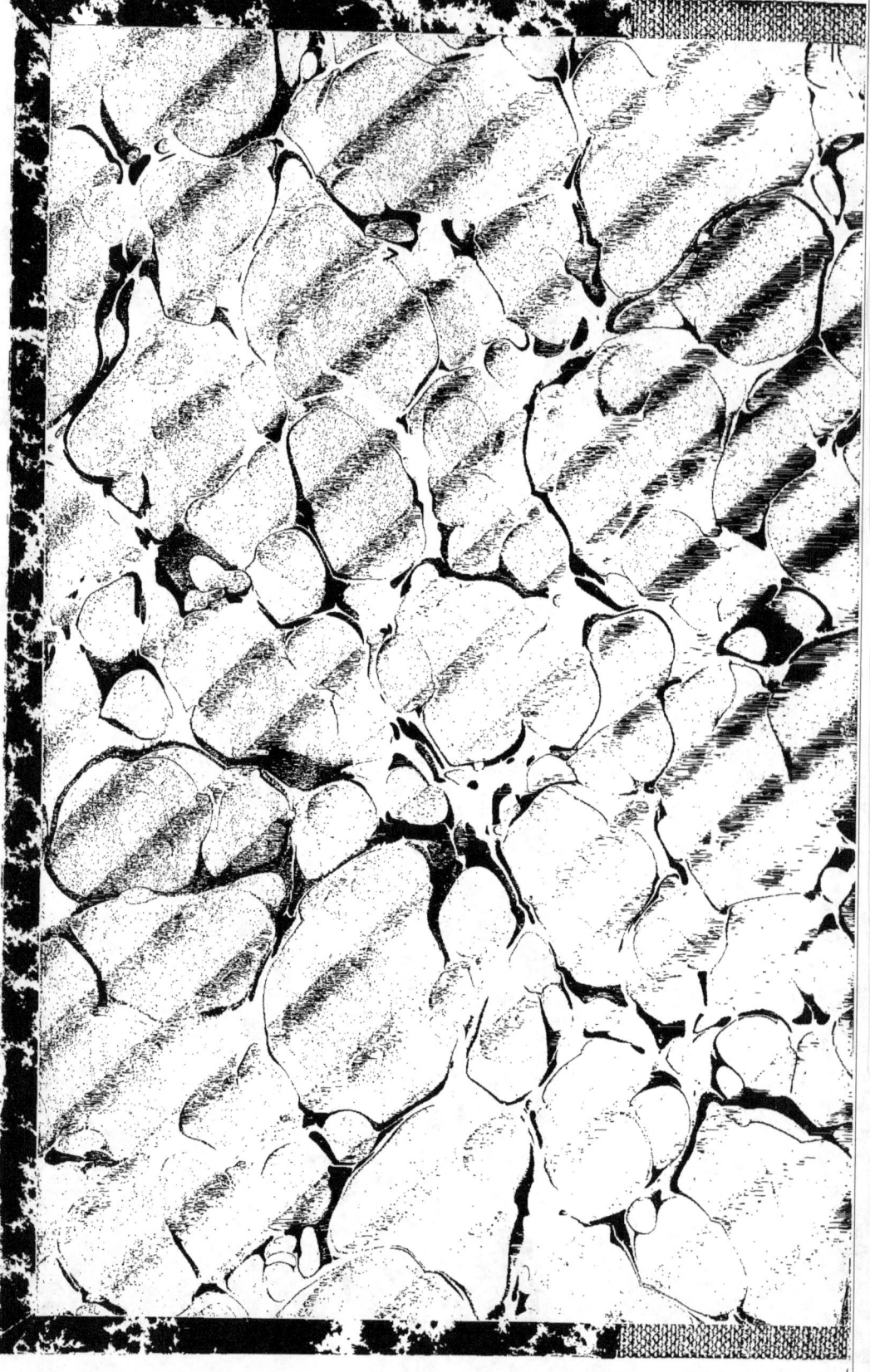

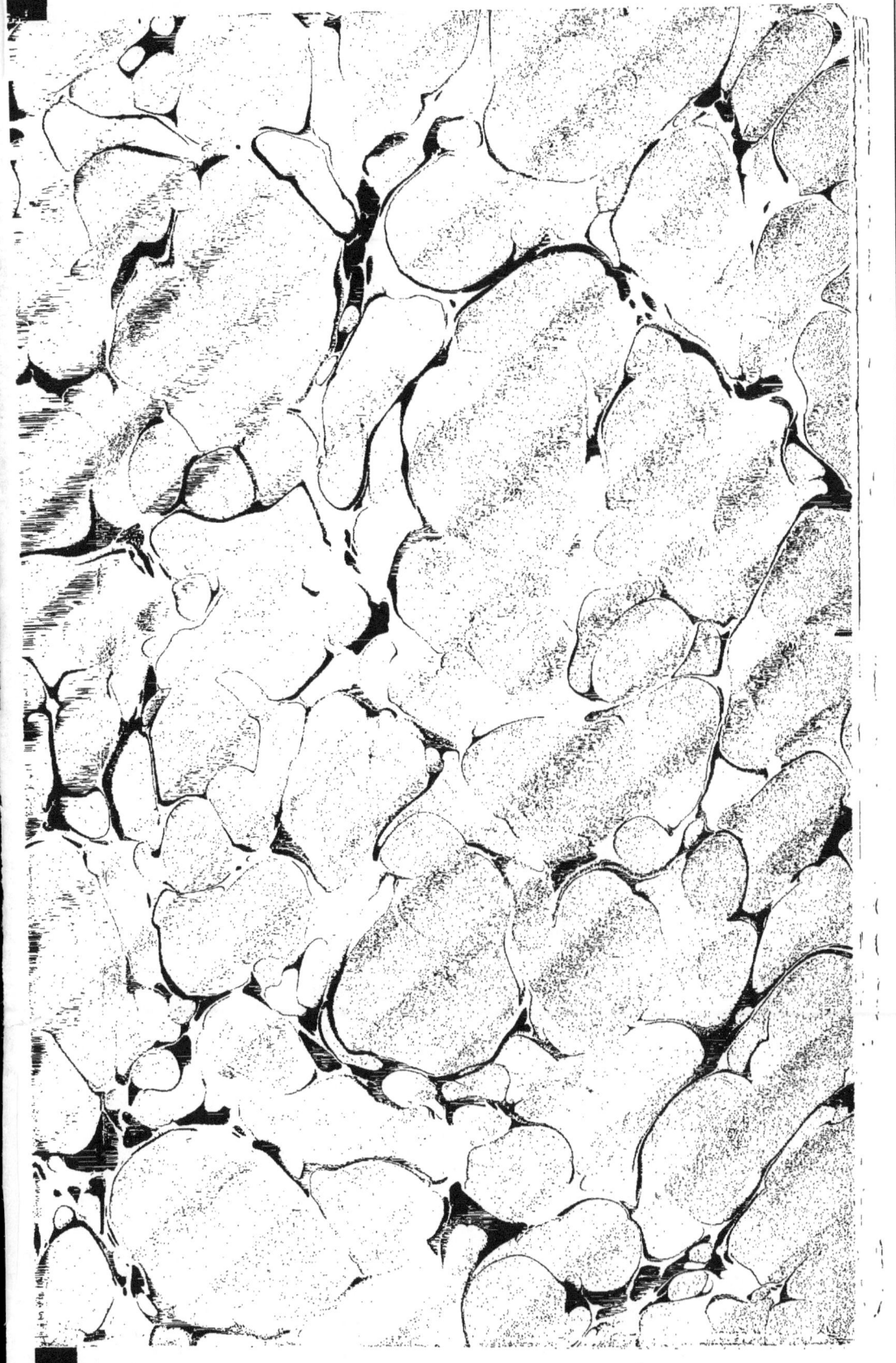

J. Boulanger

ÉPILOGUE

À

L'ART CHRÉTIEN

PAR

A.-F. RIO

TOME PREMIER

FRIBOURG-EN-BRISGAU
LIBRAIRIE DE M.-B. HERDER

1870

ÉPILOGUE

L'ART CHRÉTIEN

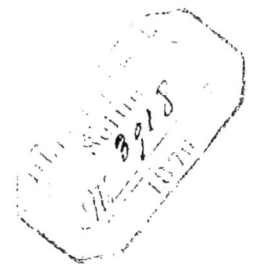

Paris. — Imprimerie Cusset et Cⁱᵉ, rue Racine, 26.

ÉPILOGUE

A

L'ART CHRÉTIEN

PAR

A.-F. RIO

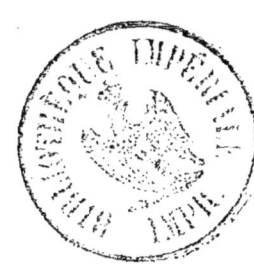

TOME PREMIER

FRIBOURG-EN-BRISGAU
LIBRAIRIE DE M.-B. HERDER

1870

Tous droits réservés.

AVANT-PROPOS.

L'origine des impressions et des idées dont j'entreprends ici la revue rétrospective et dont le développement, plus ou moins systématique, a été la grande occupation de ma vie, n'est éclairée, pour moi comme pour les autres, que d'une lumière crépusculaire qui ne permet pas de la tracer aussi distinctement que d'autres origines. Mais il est une autre tâche plus facile à remplir, c'est celle qui consiste à constater et à apprécier les influences qui ont fécondé ces premiers germes, et, sous ce rapport, je puis dire que j'ai été placé, pendant quarante années consécutives, dans les circonstances les plus merveilleusement exceptionnelles. Né dans un temps et dans un pays où le berceau de la plupart des enfants était taché du sang de leurs proches, j'eus, comme mes compagnons d'enfance, un catéchisme supplémentaire commenté par des victimes échappées à leurs bourreaux, et destiné, s'il en était besoin, à servir d'arme défensive contre des éventualités qui n'avaient pas cessé d'être menaçantes.

Une éducation faite sous de pareils auspices, après de pareilles épreuves et par de pareils maîtres, ne pouvait pas plus ressembler à une éducation d'aujourd'hui que la langue bretonne ne ressemble à la langue française, et c'est surtout à cause de cette dissemblance que je suis entré dans de si longs détails sur la restauration du culte parmi les populations rurales et maritimes de mon pays. Outre que le sujet était intéressant par sa nouveauté, il l'était encore plus par les caractères diversement nuancés qu'il me donnait occasion de mettre en relief, et parmi lesquels il s'en est trouvé plus d'un qui m'a servi, pour ainsi dire, de degré pour monter l'échelle de l'idéal, au sommet de laquelle j'ai placé celui de mes contemporains qui, selon moi, a le mieux réalisé cet idéal sous le rapport de la noblesse de cœur et de la noblesse de caractère. C'est du comte de la Ferronnnays que je veux parler, et si mon lecteur ne le connaît pas encore, je le prie de ne pas m'accuser d'exagération, avant d'avoir lu ce livre jusqu'au bout.

Trois rencontres, plus spécialement providentielles, ont marqué les principales époques de ma vie. La première de ces rencontres fut celle du saint prêtre qui éleva mon enfance et déposa dans mon âme des germes que des circonstances, de plus en plus favorables, devaient développer un jour. La seconde, celle de M. de la Ferronnays, qui eut lieu vingt ans plus tard et qui faillit être décisive pour ma vocation diplomatique, le fut au contraire pour ma vocation esthétique, d'abord parce que je lui dus mon premier voyage de Rome, ensuite parce que mon voyage d'Allemagne qui fut comme la prolongation de celui-là, m'initia bien plus sérieusement au genre d'idéal dont l'histoire allait devenir la grande occupation de ma vie. Enfin la troisième rencontre, qui eut lieu en Angleterre, ou plutôt dans le pays de Galles, devait me procurer une compagne, non moins compétente que dévouée, pour mes pérégrinations incessantes d'un bout à l'autre de l'Europe, à la recherche des chefs-d'œuvre disséminés soit dans les églises, soit dans les galeries publiques et particulières, et parmi lesquels il y en avait quelquefois dont l'appréciation demandait un goût plus délicat que le mien.

Ce fut seulement après avoir donné cette satisfaction aux besoins de mon intelligence et de mon cœur, que je pus, en 1834, franchir les Alpes avec un but bien défini, et aggrandir suffisamment mon horizon esthétique pour oser, moins de deux ans après, mettre le public dans la confidence des découvertes que je croyais avoir faites. Pour comble de bonheur, il me fut donné, ma tâche à peine finie, de combiner les perceptions de cet idéal qui ne relevait que de l'imagination et du goût, avec les émotions produites par un idéal d'un autre genre qui relevait d'une faculté supérieure et qui avait son foyer, je dirais volontiers son sanctuaire, dans le château de Boury, où ni son maître ni moi ne reparûmes plus après 1839. On verra, dans le second volume, quels charmants projets nous avions formés pour les années suivantes, si la mort de celui qui les avait suggérés n'était pas venue en prévenir l'exécution.

Parmi ces projets, il y en avait un que M. de la Ferronnays avait particulièrement à cœur, c'était celui de me faire écrire les mémoires de sa vie, depuis son départ pour l'émigration jusqu'à la révolution de 1830. Nous devions commencer dans l'été de 1840, et pour me rendre cette perspective plus attrayante, il avait fait passer sous mes yeux ce qu'il y avait de plus précieux parmi les matériaux qu'il comptait mettre à ma disposition. Cette intention de sa part n'était pas de fraîche date; on verra qu'elle remonte à l'époque de mon premier voyage de Rome, et qu'il y persistait encore en 1831, dans le temps même où j'avais le moins de chances de pouvoir le joindre dans le lieu qu'il avait choisi pour son exil volontaire. Enfin, en 1839, nous crûmes que tous les obstacles étaient levés et que, dans l'été de l'année suivante, nous pourrions mettre la main à l'œuvre; mais l'adieu que je lui fis en le quittant, devait être le dernier!

C'est en partie pour acquitter cette dette sacrée envers sa mémoire, que j'ai fait une si large part, dans cet épilogue, aux souvenirs qui le concernent et qui, s'ils avaient été complétés par d'autres documents relatifs à sa vie publique et privée, auraient pu faire la matière d'un ouvrage non moins intéressant pour le moraliste que pour l'homme d'État. Il y eut un moment, vers la fin de 1856, où, malgré les graves préoccupations qui m'absorbaient alors, l'indignation fut sur le point de me mettre la plume à la main pour réfuter certaines insinuations très-malveillantes contenues dans les Mémoires du duc de Raguse; mais outre qu'alors, comme aujourd'hui, on était peu disposé à mettre à ma disposition les matériaux dont j'aurais eu besoin pour bien remplir cette tâche, il y eut un autre obstacle devant lequel je dus m'incliner respectueusement, mais non sans éprouver un certain remords de mon silence, tout respectueux qu'il était.

Cependant il est vrai de dire que le moment n'était pas encore venu. M. de la Ferronnays avait passé si rapidement par le ministère des affaires étrangères, et les traces qu'il y avait laissées de son passage, avaient été si vite effacées par l'avénement de la dynastie de Juillet répudiée par lui, que la génération nouvelle avait fini par oublier ses services et presque son nom. M. Guizot lui-même, le plus généreux appréciateur de ses adversaires politiques qui fut jamais (1), n'a

---

(1) On verra, dans le cours de cet ouvrage, les raisons personnelles que j'ai

pas trouvé de place pour celui-là, dans ses mémoires, bien qu'il n'y ait oublié ni le duc de Richelieu ni M. Laîné, qui faisaient, pour ainsi dire, partie du même groupe. Que de fois ne m'est-il pas arrivé de protester contre cette insouciance de mes contemporains, mais sans autre résultat que celui d'exciter la surprise ou même l'incrédulité de mes auditeurs! En 1855, quand je fis imprimer le volume des *Quatre martyrs*, je crus pouvoir hasarder une protestation d'un autre genre, en inscrivant sur le frontispice le nom de M. de la Ferronnays avec ces deux vers de Dante qui ne furent jamais appliqués à personne plus justement qu'à lui :

> *E se'l mondo sapesse il cor ch'egli ebbe,*
> *Assai lo loda e più lo loderebbe.*

Non-seulement cette citation passa complétement inaperçue, mais il n'y eut pas un seul de mes lecteurs, même de ceux qui avaient connu celui à qui j'en faisais l'application, qui me sût le moindre gré de ce tardif et incomplet hommage rendu à sa mémoire. La justice de la postérité n'a commencé pour lui qu'à dater du jour où la publication du *Récit d'une sœur* est venu révéler, je ne dis pas à la France, mais au monde entier, les vertus de cette famille si prodi-

---

de parler ainsi de M. Guizot et de lui donner cette qualification au superlatif.
On ne citerait pas un autre personnage politique qui ait répudié plus invariablement ni plus énergiquement le *væ victis*.

gieusement privilégiée, dans plusieurs de ses membres et surtout dans son chef. Grâce à l'impression déjà produite en sa faveur, je ne risque plus de rencontrer des contradicteurs ou des incrédules, quand je parlerai de ses titres à notre respect et à notre sympathie. Il y a peut-être de la présomption, dans un septuagénaire, à entreprendre si tard une pareille tâche; mais je me souviens d'avoir entendu dire souvent à celui-là même en vue duquel je tente cette aventure, que la verve de l'admiration était celle qui se refroidissait la dernière.

Château d'Ottensheim, 14 octobre 1869.

ÉPILOGUE.

Pour comprendre toute la portée de cette parole évangélique : *L'homme ne vit pas seulement de pain*, il faut avoir été témoin des souffrances infligées aux âmes saines par la suppression du culte à la fin du siècle dernier ; ou mieux encore, il faut avoir vu et partagé l'impétueux élan avec lequel les populations restées chrétiennes se précipitèrent dans les églises, même avant que les traces de profanation récente en eussent été effacées. Jamais on n'avait vu tant de deuils accumulés dans les familles, jamais on n'avait eu à prier pour tant de morts à la fois. Par suite de la longue privation des sacrements, on voyait une foule d'adultes mêlés aux enfants qui approchaient pour la première fois de la table sainte et qui ne pouvaient encore que balbutier les cantiques adaptés à cette cérémonie touchante. Les croix et les bannières conservées et restaurées par des mains pieuses reparaissaient au grand jour, et il y eut des paroisses où la première procession ne put être accompagnée d'aucun chant, parce que tous les assistants fondaient en larmes. Il en fut de même quand on entendit tinter, pour la première fois, la cloche paroissiale, et l'on peut dire que la prière provoquée par le son de l'*Angelus* ne fut jamais si fervente. A ces actes de dévotion extérieure correspondaient ceux qui avaient lieu dans l'intérieur des églises, devant des images vénérées qu'un zèle prévoyant avait su soustraire à temps aux profanations des révolutionnaires.

Une de ces images était devenue l'objet d'un culte populaire dans l'église de Port-Louis aussitôt qu'elle avait été rendue à sa destination primitive. Parmi les femmes qui venaient là pour remercier des grâces reçues ou pour implorer des grâces nouvelles, on voyait souvent une mère et une fille qui se faisaient remarquer par leur ferveur non moins que par leur costume, à la fois sévère et pittoresque. Ce costume était celui des îles du Morbihan, et ces deux femmes dont l'une était ma grand'mère et l'autre ma mère, n'en étaient nullement embarrassées ; car il était porté par les épouses et les filles des officiers de mer qui avaient conquis leurs grades dans la marine marchande, comme capitaines au long cours (1).

Ma grand'mère avait épousé successivement deux de ces capitaines, et, comme le second avait fait plusieurs voyages pour le compte de la compagnie des Indes, il venait d'obtenir, par l'entremise de ses anciens patrons, un poste à la vérité peu lucratif, mais qui, en le tenant renfermé dans la ville de Port-Louis, avait l'avantage de le préserver, lui et les siens, de l'orage qui déjà grondait à l'horizon ; car on était à la veille du désastre de Quiberon. J'ai raconté ailleurs comment ma famille ressentit

---

(1) Choiseul, devenu ministre de la marine, voulut la refaire moralement comme matériellement, et en renouveler l'esprit par la réforme du corps des officiers où il voulut introduire un élément nouveau pris parmi des capitaines de vaisseaux marchands.

HENRI MARTIN, *Histoire de France*, vol. 18, p. 199.

le contre-coup de cette catastrophe ; l'exécution de mon aïeul paternel sacrifié aux vengeances républicaines ; le mariage de ma mère sous des auspices presque funèbres, sa retraite à l'île d'Arz, la fuite de mon père pour échapper un autre genre de proscription, et sa mort prématurée par suite d'un acte de dévouement dont son inexpérience n'avait pas su voir les insurmontables difficultés.

Je me trouvai donc séparé de ma mère pour un temps indéfini, et de mon père qui ne devait plus me revoir. Cette séparation, si triste en elle-même, eut pour moi des résultats heureux ; car non-seulement l'église de l'île d'Arz était encore sans pasteur, mais ce veuvage devait durer encore plusieurs années, avec toutes ses conséquences, ce qui eût produit une lacune irréparable dans l'éducation de ma première enfance, éducation que l'indulgence affectueuse de mon aïeule maternelle, jointe à son ineffable piété, rendit, presque jusqu'à la fin, aussi douce pour elle que pour moi.

Je n'ai pas besoin de dire que son âme était de celles qui, en voyant les églises rouvertes et les prêtres rentrés, avaient salué avec transport cette aurore de liberté religieuse qui s'était fait si longtemps attendre. Élevée par un oncle prêtre jusqu'à l'époque de son mariage, cette femme forte, dans la meilleure acception du mot, n'avait quitté le presbytère que pour entrer à l'île d'Arz, dans le domicile conjugal, où elle avait porté, comme surcroît et sanction de ses vertus domestiques, un attrait invincible pour la maison de Dieu et des habitudes de charité, poussées, dans ses vieux jours, jusqu'à l'imprévoyance.

Plus de trente ans s'étaient écoulés depuis que ces saintes semences avaient été jetées dans son âme, et l'on peut dire qu'elles étaient en pleine floraison, quand la révolution éclata, terrible pour les pusillanimes, mais impuissante à déjouer autrement que dans leurs manifestations extérieures, les besoins des âmes saines et fortes. La suppression de ces manifestations n'en était pas moins une souffrance que le temps aggravait, au lieu de l'adoucir, et la preuve de cette aggravation se trouvait dans l'impétuosité de l'élan avec lequel on se précipitait vers les portes du temple, comme si elles avaient été les portes du ciel ; c'était comme la réalisation vivante de ce sentiment mystérieux si bien exprimé par le roi David : *Sicut desideravit cervus ad fontes aquarum, ita desiderat anima mea ad te, Deus;* et à mesure que se réparaient les ruines du dedans et du dehors, on se pénétrait davantage d'un sentiment analogue à celui-là, exprimé dans un autre verset du royal prophète : *Domine, dilexi decorum domus tuæ et locum habitationis gloriæ tuæ.*

Ce besoin primitif, facile à démêler dans son origine et à suivre dans sa croissance, n'a pas de nom dans la langue psychologique ; mais il pourrait en avoir un dans la langue de l'esthétique, car il n'est, après tout, que l'*idéal* en germe, vague dans ses premières manifestations, comme tous les instincts supérieurs et pouvant avorter ou dépérir, comme tous les autres germes, sous des influences trop défavorables. Il y a des natures privilégiées dans lesquelles cet élément prédomine en vertu du droit du plus fort et, pour ainsi dire, à l'état normal ; mais il y en a d'autres dans lesquelles il est comprimé ou même anéanti soit par des tendances qui lui sont hostiles, soit par le manque d'air et d'aliment. Cette compression et cet anéantissement peuvent avoir lieu à tous les âges de la vie, depuis l'adolescence, et forment, sans contredit, l'un des plus tristes spectacles qu'on puisse avoir sous les yeux, surtout quand on a été témoin des progrès antérieurs. C'est le cas de s'écrier avec Bossuet, mais dans un sens inverse : Quel état et quel état ! mieux vaudrait presque une dégradation originelle.

Le sens de l'idéal est la faculté que l'on exerce et que l'on étudie le moins dans l'enfance, et si par hasard on s'aperçoit de cette lacune, c'est toujours en dehors des impressions religieuses qu'on cherche à la combler. Or ces impressions, même quand on a peine à les distinguer des pures sensations, sont les premiers matériaux dont l'assimilation prépare de loin la floraison de l'idéal, et voilà pourquoi le rôle des petits enfants est si important dans l'Évangile et dans les auteurs mystiques. Voilà aussi pourquoi l'Église est, par le fait, la première école d'esthétique chrétienne, comme les temples, dans l'antiquité, furent la première école d'esthétique païenne. Non-seulement la Minerve de Phidias fut un objet de culte naïf avant d'être un objet de savante admiration; mais on peut affirmer que l'affaiblissement de la foi dans les divinités populaires dut affaiblir, à un degré indéfiniment variable, la perception du beau dans les images qui les représentaient.

Maintenant qu'on se figure un gouvernement iconoclaste proscrivant, sous des peines atroces, tous les aliments de ce qu'il appelle la crédulité d'un peuple ; puis l'élite de ce même peuple, après huit années de torture morale et d'abstinence spirituelle, recouvrant enfin le droit de prier ensemble dans le même lieu et expliquant aux enfants en bas âge ce que c'est que cette *maison de Dieu* dans laquelle ils ne sont jamais entrés, pourquoi les autels sont en ruine, pourquoi la foule est en adoration devant certaines images. Dans de pareilles circonstances, on comprend que le besoin du culte devienne une véritable passion et même une passion plus exigeante qu'aucune autre. On comprend aussi l'immense avantage de pouvoir inaugurer, sous de si sérieux auspices, l'éducation intellectuelle, religieuse et esthétique d'un enfant.

Je ne doute pas que des souvenirs analogues à ceux que je me permets de tracer ici, n'aient été gravés dans la mémoire d'un grand nombre de mes contemporains, particulièrement en Bretagne où les traditions domestiques étaient fortes et ses épreuves poussées à l'extrême, deux conditions nécessaires pour rendre la réaction énergique. Dans la part qu'y prirent les enfants en bas âge, il faut naturellement tenir compte de l'instinct d'imitation; mais pour quiconque a étudié rétrospectivement cet ensemble de faits, soit en lui-même, soit dans autrui, ils ont une signification psychologique qu'il est impossible de contester.

Mes souvenirs personnels remontent à l'année 1803, c'est-à-dire à l'époque où l'élan de piété causé par la résurrection du culte, était dans toute sa ferveur. Un instinct vague semblait me dire que la maison de Dieu était ma maison maternelle, et, quand je me livrais à ma petite contemplation enfantine, l'idée ne me serait jamais venue de partager les jeux des compagnons de mon âge. La seule récréation qui fût de mon goût était celle que je me donnais à moi-même, en imitant de mon mieux les cérémonies dont j'avais été témoin, et témoin très-attentif. Ma pauvre grand'mère, qui ne contrariait aucune de mes fantaisies, se garda bien de contrarier celle-ci qui semblait lui présager une grande joie pour ses vieux jours; trop heureuse de me voir préférer cette distraction à toutes les autres, elle ne me refusait rien de ce qui pouvait faire durer cette préférence. Un jour vint cependant où son bon vouloir fut mis à bout par mon indiscrétion. Je commençai par voler les cravates de mousseline d'un officier de douane, pour en faire un surplis, puis je volai chez mon curé, qui était en même temps mon maître d'école, une sculpture en bois doré pour en orner mon autel, puis enfin d'audace en audace, je finis par voler le triptyque formé par les trois canons de l'autel, tant était irrésistible la fascination qu'exerçaient sur mes yeux les images qui y étaient tracées! Le vol ne fut découvert que le lendemain, et j'en fis moi-même la confession spontanée à ma grand'mère.

La pauvre femme fut atterrée par cet aveu. L'idée de sacrilége lui vint aussitôt à l'esprit et elle eut besoin, pour se remettre de son trouble, d'aller s'humilier, pour son petit-fils et pour elle-même, devant le curé de la paroisse, en lui offrant toutes les réparations qu'il voudrait.

Cette offre, faite avec angoisse et presque avec terreur, ne fut pas acceptée. C'était une consolation, mais ce n'était pas un remède. Qu'on se figure un cœur mille fois plus tendre que celui de la plupart des mères, un cœur pour lequel la vue d'une souffrance et surtout d'une souffrance morale, était un véritable supplice, un cœur demi-maternel, si l'on veut, qui savait bien aimer, mais qui avait horreur de punir, même par des paroles tant soit peu sévères; qu'on se figure, avec cela, une conscience délicate jusqu'au scrupule, se reprochant comme des péchés à sa charge, non-seulement les méfaits graves, mais les moindres peccadilles d'un enfant qui commençait à discerner le bien du mal, et dont on aurait à répondre devant Dieu et devant les hommes; qu'on se figure ce conflit entre le cœur et la conscience, devenant chaque jour plus douloureux, et l'on concevra l'espèce de désespoir dans lequel tomba ma grand'mère, en voyant ses plus chères espérances de plus en plus compromises. Le remède le plus simple eût été de m'envoyer à l'île d'Arz; mais c'était le moment où ma mère était écrasée par une série d'épreuves, dont la dernière, la plus terrible de toutes, était imminente; car ce fut peu de temps après que nous parvint la triste nouvelle de la mort de mon père.

Il fallut donc ajourner provisoirement tout projet de séparation, et des précautions furent prises pour amortir en moi la concupiscence des yeux, du moins par rapport aux objets sacrés. On favorisa, tant qu'on put, le plaisir que je prenais à voir manœuvrer les soldats de la garnison et l'on parvint à opérer, en me gratifiant d'un tambour, une diversion qui promettait d'être efficace. Mais un autre méfait, sinon plus scandaleux, du moins plus éclatant, qui se rapportait également à la décoration de ma chapelle, vint combler la mesure de mes prévarications enfantines. Cette dernière épreuve à laquelle j'avais mis la patience et la conscience de ma grand'mère, avait été décisive, et il ne lui restait plus aucun doute sur son inaptitude à corriger les déviations de mon caractère. Elle avait donc invité ma mère à venir la délivrer de la responsabilité qui pesait sur elle, et je partis en effet bientôt après, sans soupçonner les misères par lesquelles j'allais expier mon insubordination.

Mon expiation commença le jour même de mon débarquement sur la côte de l'île d'Arz. J'eus pour cortége, jusqu'à la maison maternelle, un groupe d'enfants malicieux et bruyants dont la curiosité malveillante me déconcertait d'autant plus que je ne comprenais pas leur langue. Ils me suivirent au cimetière quand ma mère m'y conduisit pour me faire agenouiller sur la tombe encore fraîche de mon père, et ils ne laissèrent échapper aucune occasion de me montrer leurs dispositions hostiles. Quel contraste avec l'universelle bienveillance dont j'avais été l'objet dans ma première patrie ! Il est vrai que la crise par laquelle on venait de passer n'avait pas eu les mêmes résultats pour les deux pays. La paroisse de l'île d'Arz avait été plus de dix ans sans pasteur et sans culte, et les compagnons d'âge avec lesquels j'allais me trouver en contact, appartenaient précisément à cette génération déshéritée qui n'avait pas trouvé d'église ouverte, à son entrée dans la vie, et qui n'était pas en état de suppléer, même imparfaitement, par d'autres lumières, à la lumière évangélique qu'on lui avait confisquée.

Ma vie devint donc bientôt désagréablement militante ; car la séquestration n'était pas moins incompatible avec mon humeur qu'avec celle des autres enfants, dont les habitudes, à vrai dire, tenaient un peu de la vie sauvage. Je dus faire mes preuves en ôtant le brin de paille du chapeau de l'un d'entre eux et en recevant de lui un vigoureux soufflet que je lui rendis de mon mieux, mais avec un désavantage très-marqué qui fit la joie de tous les assistants ; car ma supériorité d'éducation les offusquait un peu et, malgré tous mes efforts pour me mettre à leur niveau, ils ne voulaient voir en moi qu'un *petit aristocrate*, et ils agissaient en conséquence. Un seul trait suffira pour donner une idée de leurs dispositions à mon égard. Un jour je vis, entre les mains de l'un d'entre eux, un nid d'oiseau, et, comme c'était un objet tout nouveau pour moi, je laissai éclater ma surprise et ma joie avec toute la naïveté d'un novice. Dès le lendemain on m'attira dans le même lieu en me promettant la même jouissance, mais plus complète que la première fois, et l'on me montra un trou dans lequel il y avait un nid que je pouvais m'approprier en y fourrant ma main. Jamais avare ne se jeta plus avidement sur un trésor enfoui. Je trouvai en effet un nid ; mais au lieu de petits oiseaux, ce fut un essaim de guêpes qui en sortit, comme un tourbillon, et me couvrit de morsures venimeuses dont les effets furent hideux et la guérison assez longue. Avec quels regrets ma pensée se reportait alors vers les lieux que j'avais quittés et où nul piége n'avait été tendu à mon inexpérience ! Pour la première fois de ma vie, je me sentis capable d'aversion, et ce sentiment eut pour effet de donner une plus grande activité au sentiment contraire. J'avais un frère qui n'était âgé que de quatre ans et qui ne pouvait encore partager ni mes affections ni mes haines. Mais j'eus bientôt un ami dont l'éducation n'avait pas été moins douce que la mienne et qui avait trouvé dans les trésors de science religieuse que possédait sa mère, un supplément aux instructions pastorales depuis longtemps supprimées. Cette amitié ne fut ni superficielle ni stérile, et le souvenir m'en est resté comme d'un préservatif providentiel contre des influences dont je ne soupçonnais pas le danger.

Je trouvais un autre préservatif dans la maison maternelle où tout portait encore l'empreinte du deuil récent qu'y avait laissée la mort de mon père. Les conséquences de cette catastrophe et de la ruine qui l'avait précédée se faisaient sentir plus durement tous les jours, et chaque fois que je voyais entrer certaines figures sinistres, j'étais sûr d'avance que l'entrevue ne se passerait pas sans effusion de larmes. J'écoutais avidement; mais ne comprenant pas encore la langue du pays, j'étais réduit aux conjectures et j'exerçais ainsi prématurément ma faculté divinatoire qui avait été oisive pendant l'âge d'or de ma première enfance. Tout ce que je voyais, tout ce que j'entendais autour de moi était en harmonie avec la disposition sérieuse qui me dominait parfois et qui s'annonçait par un retour à mes distractions raisonnables qui me tenaient lieu de chapelle. Je dessinais approximativement les objets qui m'avaient le plus intéressé et que je cherchais vainement autour de moi, comme des soldats en ligne ou des vaisseaux à la voile. Pour la partie militaire, je n'avais pas de rivaux, vu que j'étais seul à l'exploiter; mais pour la partie navale, je fus réduit à l'admiration muette et à l'imitation plus ou moins servile. Jamais je ne m'élevai jusqu'à l'émulation. Je fus arrêté tout court par l'étrange procédé au moyen duquel on coloriait les voiles et qui eut pour moi des conséquences trop désagréables pour que je fusse tenté de recommencer.

Je trouvais un dédommagement dans ma passion naissante pour la prédication à domicile, passion qui avait commencé à poindre avant mon départ du Port-Louis et qui n'était qu'une annexe de ma passion du culte. En passant par le bourg d'Er-Deven, pour venir à l'île d'Arz, nous avions visité le curé, proche parent de ma mère, lequel, après m'avoir fait subir un examen que son indulgence lui fit trouver très-satisfaisant, m'avait donné, à titre de récompense et d'encouragement, des images et un livre de sermons! Jamais pareille joie n'avait dilaté mon cœur d'enfant. Et cette joie ne fut point passagère;

car chaque année je lisais ce recueil en famille, sur une chaire improvisée ; et chaque année, comprenant mieux ce que je lisais, j'appréciais davantage la valeur du cadeau que j'avais reçu. Ce n'était pas tout ce que j'aurais voulu, mais enfin c'était un dérivatif, ou du moins un sédatif qui pouvait calmer pour un temps l'effervescence de mon imagination.

Mais quand vint le jour de la Fête-Dieu, que je n'avais pas vu célébrer au Port-Louis, je perdis le peu d'empire que la crainte de ma mère m'avait fait prendre sur moi-même. Cette procession à travers champs, depuis le bourg jusqu'à la chapelle du Lan, ces reposoirs garnis de fleurs, ces enfants en surplis qui jetaient des roses effeuillées devant le saint sacrement et auxquels je portais une mortelle envie, tout cela formait un ensemble d'impressions auxquelles la pensée de leur courte durée m'empêchait de me livrer complétement. On me disait bien que tout cela recommencerait à la fin de l'octave ; mais moi qui ne voulais pas attendre si longtemps, je me demandais pourquoi je ne sanctifierais pas, de la même manière, l'intervalle qui séparait les deux dimanches, et je résolus de construire et de décorer de mon mieux une chapelle extérieure que je desservirais en personne. Mais comment trouver les matériaux nécessaires dans un pays où il n'y avait pas d'arbres ? Cette difficulté ne m'arrêta pas ; j'allai, pendant la nuit, décrocher quatre gouttières qui, au lieu d'être en métal, étaient faites avec des roseaux d'Amérique découpés et creusés dans toute leur longueur, et je les plantai en terre comme quatre trophées, en attendant que j'eusse obtenu par la prière ou conquis par la ruse de quoi les revêtir. Quant à la décoration intérieure, que j'avais le plus à cœur, j'étais décidé à y pourvoir *per fas et nefas;* et quand je sus que les fleurs de notre jardin étaient destinées à compléter la parure du grand autel de la paroisse, je voulus bien respecter cette destination, mais en me promettant bien de me dédommager de ce mécompte par une invasion nocturne dans les jardins les mieux pourvus. Ce fut un *tolle* général contre ma pauvre mère qui, en voyant se réveiller en moi cet instinct de déprédation qu'elle croyait assoupi, résolut d'en surveiller soigneusement les manifestations et d'imposer silence à sa tendresse, pour ne plus écouter que la voix sévère du devoir. Mais une autre épreuve plus humiliante que celle-là lui était réservée pour le commencement de l'année 1805.

C'était aux approches de la première communion des enfants, laquelle devait avoir lieu avec une solennité toute particulière, à cause de la longue interruption qui avait précédé. Pour exciter l'émulation des néophytes, le curé, que je ferai connaître bientôt, s'était procuré une provision d'images que leur nouveauté suffisait à rendre intéressantes; car il n'en était venu aucune dans le pays depuis la proscription du culte. Aussi quand le pasteur, qui avait voulu ménager cette surprise à ses ouailles, eut déroulé son trésor du haut de la chaire à la suite de son prône, tous les regards, sans distinction d'âge ni de sexe, se tournèrent-ils du même côté; mais les regards les plus avides furent sans contredit les miens, et je crois pouvoir dire que la concupiscence des yeux produisit rarement de pareils effets dans un enfant de mon âge. Si j'avais été du nombre de ceux qu'on préparait à la première communion, j'aurais pu aspirer à la possession légitime du trésor qui enflammait ma convoitise. Mais cette légitimité m'aurait coûté deux ans d'attente, et j'étais impatient de jouir. Un seul moyen se présentait à moi, celui dont j'avais fait l'apprentissage au Port-Louis, et je résolus de le mettre en œuvre, en me ménageant toutefois un complice innocent dans mon jeune frère, pour les détails de l'exécution.

Si les images avaient été enfermées dans la sacristie, c'en était fait de moi ; car il y avait une bonne serrure à la porte et des barres de fer à la fenêtre. Mais j'avais observé que le prédicateur, au lieu d'emporter son rouleau, l'avait caché au fond de la chaire comme dans un sanctuaire où nul ne songerait à pénétrer. Comme l'église restait ouverte toute la journée, le seul moyen praticable d'exécuter mon coup de main était d'épier le moment où elle serait complétement vide. Le lendemain, j'attendis avec impatience l'heure de l'Angelus, qui était celle du dîner du sacristain dont l'absence était pour moi la première condition du succès ; et quand cette heure, après laquelle je soupirais depuis la veille, eut enfin sonné, j'esquivai de mon mieux le regard maternel, et j'allai tenter ma périlleuse aventure. Mais au lieu de détacher du rouleau la grande image qui m'avait fasciné, j'emportai, malgré moi, le rouleau tout entier que j'allai cacher bien loin dans un champ de blé, après avoir semé sur la route plusieurs petites images que je n'avais pas aperçues et qui furent portées les unes au presbytère, les autres à ma mère, comme pièces de conviction. Ce fut une des douleurs les plus poignantes que cette pauvre femme eût encore ressenties ; car le scandale était à son comble, et elle voyait dans l'acte sacrilége qui l'avait provoqué et surtout dans le mode d'expiation, une tache indélébile pour la famille. Cette expiation consistait à placer le coupable à genoux au milieu de l'église, un peu avant l'heure des vêpres, de manière que son humiliation fût aussi publique que sa faute.

Le châtiment fut sévère et celle qui l'infligea n'en fut ni consolée ni rassurée. La consolation et l'espérance dans un meilleur avenir lui vinrent du côté où elle s'y attendait le moins, c'est-à-dire du curé lui-même qui, tout en donnant une satisfaction éclatante à l'opinion publique, avait su à quoi s'en tenir sur la nature de l'acte et sur la culpabilité de son auteur. Il connaissait les autres délits du même genre qui avaient précédé celui-là et il n'ignorait pas les tristes pressentiments qu'ils avaient jetés dans le cœur maternel, depuis longtemps en proie à tous les genres de tristesse. Maintenant la mesure était comble, et ce cœur avait besoin de se soulager par des sanglots. Mais il se calma bientôt à la voix du prêtre qui non-seulement réfuta, l'un après l'autre, les griefs accumulés contre l'enfant, mais poussa la charité jusqu'à tirer de plusieurs d'entre eux un augure favorable pour l'avenir. « Rassurez-vous, ma pauvre « veuve, dit-il en finissant, ce fils qui vous alarme tant « aujourd'hui, sera un jour votre consolation. » Et à dater de ce moment, il travailla de toute son âme à l'accomplissement de sa prédiction, que celle à qui elle s'adressait ne put jamais, même après un demi-siècle, répéter sans attendrissement.

Le premier usage qu'il fit de son influence, fut de m'envoyer à l'école, non point à celle que fréquentaient les enfants de mon âge, mais à une sorte d'école supérieure qui venait d'être ouverte par un homme digne d'un tout autre rôle, mais très-peu sympathique à la population quasi-républicaine de l'île d'Arz. Cet homme était le colonel Vincent Hervé, le même qui avait été envoyé à la poursuite de mon père, pour le punir d'avoir bravé la loi de célibat, imposée par le général en chef. Les études qu'il avait faites au collége de Vannes avant la révolution, jointes à son air imposant, à son regard non moins impérieux que sa voix, et surtout à son énergie tant soit peu farouche, lui avaient assuré d'avance un rôle considérable dans le soulèvement qui éclata de 1795 à 1800, et dont la répression impitoyable avait provoqué plus d'une fois de sanglantes représailles. Or la voix publique, à tort ou à raison, mettait quelques-unes de ces représailles sur le compte de Vincent Hervé, et si c'était une calomnie, ce n'était pas à l'île d'Arz, toujours hostile aux chouans, qu'il devait chercher un asile contre elle. Mais outre qu'il se sentait le courage de tout affronter, il y avait là une puissance par laquelle il s'était laissé subjuguer et à laquelle il dut peut-être de n'avoir pas figuré dans les complots qui furent le triste dénoûment de nos guerres civiles; cette puissance était la belle Mélanie Mahé, en qui l'intelligence, tant soit peu dédaigneuse, était au moins égale à la beauté, sans parler de l'heureuse influence qu'avait exercée sur elle, sous le rapport du courage et de la piété, l'exemple de ses deux frères, dont l'un, sous le nom d'abbé Mahé, devint le prêtre le plus savant du diocèse, et l'autre, égaré par les erreurs contagieuses de son temps, les avait ensuite rachetées par un genre d'expiation qui avait profité à d'autres âmes moins complétement guéries que la sienne. Dans la dernière période de sa maladie, avant que l'église eût été rouverte à la prédication évangélique, on avait vu cet héroïque pénitent, assis sur son séant, un crucifix à la main, lutter contre les dernières étreintes de la mort pour prolonger son allocution à ses auditeurs. Parmi eux se trouvaient des malades qui venaient chercher près de ce lit funèbre, les consolations spirituelles que le prêtre n'administrait pas encore. Au nombre des malades, s'en trouvait un plus ému que les autres, et qui se traînait péniblement sur ses béquilles. C'était mon père, ami intime du moribond, et tellement bouleversé par le spectacle qu'il venait d'avoir sous les yeux, qu'à peine rentré chez lui, il se coucha pour ne plus se relever.

Le mariage de Mélanie Mahé s'était donc fait, conjugalement parlant, sous de très-heureux auspices, mais, politiquement parlant, il y avait des nuages qui s'accumulaient sur la tête du nouvel époux, non pas tant à cause du rôle qu'il avait joué dans la guerre civile, qu'à cause de la part qu'on lui imputait, sans en avoir la preuve, dans un assassinat nocturne commis par les chouans, à l'île d'Arz même, quelques années auparavant, sur la personne du premier personnage de la paroisse. Hervé avait beau nier cette prétendue complicité, tout ce qu'il pouvait obtenir, c'était une incrédulité respectueuse, du moins dans la forme, et la susceptibilité du point d'honneur était assez développée chez lui pour que cette satisfaction ne lui suffît pas. De là des souffrances irrémédiables, qui devinrent de véritables tortures le jour où l'on vint lui dire, immédiatement après la mort de son premier enfant, qu'on regardait cette mort comme la juste expiation de celles qu'il avait infligées lui-même ; et on lui prédisait d'autres épreuves du même genre, et ces prédictions se vérifiaient d'année en année avec une inexorable rigueur, renforçant ainsi les sombres préoccupations auxquelles il avait été en proie depuis la fin tragique de George Cadoudal et de ses compagnons, qui avaient été aussi les siens.

Son seul consolateur efficace était ce même curé dont la charité intelligente avait un baume pour toutes les blessures, et qui d'ailleurs, étant né dans la même paroisse qu'Hervé, l'avait connu depuis son enfance, et, tout en admettant la dureté de ses répressions ou de ses représailles, le savait incapable de commettre ou même d'autoriser par sa présence un crime comme celui qui lui était imputé. Aussi ne manquait-il jamais une occasion de témoigner à cette puissance déchue l'estime qu'il avait pour son caractère. Non-seulement il venait interroger les élèves, mais il leur donnait une fois par semaine une leçon de plain-chant, afin de les associer aux efforts qu'il faisait pour la restauration du culte, qu'une longue désuétude avait fait tomber en décadence. Deux fois par an, il présidait la distribution des prix qui se faisait avec toute la solennité que comportaient les personnes et les lieux, et peut-être aussi la matière assez variée de l'enseignement; car les examens ne roulaient pas exclusivement sur des notions élémentaires. Le maître, oubliant trop la portée intellectuelle de ses élèves, et dominé d'ailleurs par ses souvenirs de collége et de bivouac, faisait les excursions les plus imprévues et parfois les plus hasardées dans le domaine de la science et de l'histoire, sans oublier celui de la poésie; car il nous faisait traduire en vers bretons certains poëmes de Gresset que nous avions d'abord appris par cœur, afin de nous mieux pénétrer de leurs beautés.

Ce qu'il fit dans le domaine de l'art fut plus sérieux, du moins par l'intention. Après s'être pourvu des matériaux et des instruments nécessaires à l'exécution de son dessein, il se mit à sculpter une série de bustes auxquels il donna le plus de ressemblance possible avec certains personnages à lui connus; et quand il se fut procuré cette singulière satisfaction, il exposa son œuvre sur le mur de son jardin, en y joignant malicieusement, comme allusion à des faiblesses alors trop communes, un Janus à deux faces, tout barbouillé de noir. Mais ni cette distraction ni d'autres non moins innocentes qu'il se donnait avec ses élèves au niveau desquels il s'efforçait de descendre, ne parvenaient à lui dissimuler la fausse position que lui avaient faite dans le pays, malgré ses services, les bruits malheureusement accrédités sur sa participation à l'assassinat commis peu d'années auparavant, dans le village de Kernoël, avec des circonstances tellement atroces que les habitants n'en parlaient qu'avec horreur. A cette antipathie personnelle devant laquelle, pour le malheur du pays, Hervé fut obligé, un peu plus tard, de battre en retraite, se joignait une autre antipathie qui remontait beaucoup plus haut: je veux dire l'antipathie politique, la même qui s'était manifestée, au début de la révolution, entre la population de l'île d'Arz et celle du continent voisin, et qui était la conséquence presque nécessaire de certaines vexations féodales dont le souvenir n'était pas encore complétement effacé.

Ces vexations, qui s'étaient souvent renouvelées dans le cours du XVIe et du XVIIe siècle, avaient atteint leur point culminant vers le milieu du XVIIIe, c'est-à-dire à une époque où l'accroissement de la prospérité commerciale, joint à l'importance du rôle que jouait la marine bretonne dans nos possessions coloniales, avait donné aux populations maritimes de notre province un relief et une fierté qui ne permettaient plus de les traiter en pays conquis; ou, si cet anachronisme était encore possible dans les paroisses du littoral à cause de l'influence exercée sur elles par les paroisses voisines, il ne l'était plus dans les îles et surtout dans l'île d'Arz, défendue contre les trop graves abus de pouvoir par des traditions presque toujours respectées, et encore plus par les légitimes susceptibilités de ses habitants.

Pour bien comprendre les vexations dont il est ici question, il faut savoir que l'île d'Arz n'avait pas cessé, depuis le moyen âge, d'être dans des rapports simultanés de sujétion féodale avec l'abbaye de Saint-Georges de Rennes et avec l'abbaye de Saint-Gildas de Rhuys, rapports qui n'étaient pas toujours assez nettement définis pour déjouer ou prévenir les empiétements et les abus. Avec les formules magiques de *droits seigneuriaux et féodaux*, de *haute, moyenne et basse justice*, on mettait en avant des prétentions capricieuses, et l'on justifiait des usurpations révoltantes; mais à l'île d'Arz, comme ailleurs, et même plus qu'ailleurs, il s'était formé, grâce à l'éducation relativement privilégiée de ses habitants, une sorte d'opinion publique avec laquelle les suzerainetés féodales étaient obligées de compter, et qui était, pour ainsi dire, alimentée par des conflits périodiques, dont le souvenir, mêlé aux traditions locales, servait d'avertissement aux générations suivantes. Parmi ces conflits, il y en eut trois plus mémorables que les autres et qui contribuèrent plus particulièrement à marquer d'un sceau indélébile le caractère de cette population fière et ombrageuse. Le premier, remontant à la fin du XVIIe siècle, fut suscité par les prétentions de messire René du Cambout, *gouverneur, pour le roy, de l'isle de Rhuys et du château de Susinio*, lequel voulait assujettir les habitants de l'île d'Arz à des corvées encore plus blessantes pour leur amour-propre que préjudiciables à leurs intérêts. L'affaire prit un caractère de gravité qui donna lieu à un appel devant le Parlement de Bretagne avec le concours de dame Madeleine de La Fayette, abbesse de Saint-Georges de Rennes, et messire René du Cambout fut débouté de sa demande ; mais l'année suivante, 1679, on crut que tout était remis en question par une ordonnance du 8 juillet qui déchargeait le sieur du Cambout *d'un registre prétendu par les habitants de l'isle d'Arz*. C'était un nouveau grief ajouté non-seulement au précédent, mais à plusieurs autres qui leur étaient communs avec toutes les paroisses du littoral. Les exactions se multipliaient sous toutes les formes pour faire face aux dépenses nécessitées par la guerre de Succession, et comme cette guerre avait anéanti notre commerce maritime, il en était résulté, pour les populations qui n'avaient pas d'autre moyen d'existence et particulièrement pour celle de l'île d'Arz, un état de profonde misère par suite duquel le sieur Denointel, alors commissaire du roi, crut devoir exempter ce malheureux pays de toute contribution aux rations pour gens de guerre, exemption qu'on fut obligé de renouveler en 1696, parce qu'elle était devenue plus urgente que jamais.

Le souvenir de ces tribulations successives n'avait pas encore eu le temps de s'effacer, lorsque la chapellenie dite de Saint-George, fondée en 1514 par le frère Jean Duplessis dans le village de Kernoël, donna lieu à des contestations dans lesquelles la dame abbesse ne figura pas toujours à son avantage. La seule satisfaction que la paroisse en retira, fut de savoir que l'affaire avait été soumise au pape, et que le nom de l'île d'Arz avait été prononcé en cour de Rome.

Mais tout cela n'était rien en comparaison de l'exaspération suscitée parmi les habitants de l'île d'Arz par les prétentions exorbitantes d'un certain abbé de Castellane qui occupa, jusqu'au milieu du xviii° siècle, celui des deux prieurés qui relevait de l'abbaye de Saint-Gildas de Rhuys. Or ces prétentions donnèrent lieu à un procès qui eut un tel retentissement dans les tribunaux de la province, y compris le parlement, et jusque dans le conseil du roi, qu'il ne lui manqua qu'un plus grand théâtre et des plaidoiries plus brillantes pour mériter d'être inscrit parmi les causes célèbres.

Ce que voulait l'abbé de Castellane n'allait à rien moins qu'à bouleverser de fond en comble les conditions de la propriété territoriale ; car il réclamait, à titre de seigneur de fief, non-seulement les priviléges de haute, moyenne et basse justice, mais encore la propriété foncière de tous les terrains communs indistinctement, et il donnait à entendre que, pour les autres propriétés, il saurait faire prévaloir l'usance de Brouerec sur l'usance qui avait prévalu jusqu'alors.

On se figure sans peine l'alarme et l'irritation des propriétaires qui se voyaient menacés d'expropriation éventuelle par voie de congément, si la prétention de l'abbé de Castellane était admise. L'affaire fut d'abord portée devant le siége royal de Rhuys ; mais, pendant qu'on réunissait de part et d'autre les éléments de l'enquête, la procédure fut tout à coup arrêtée par les lettres patentes du roi, du 19 avril 1739, portant attribution au grand conseil, de toutes les affaires qui concernaient la congrégation de Saint-Maur et *les membres en dépendant*. Or ce dernier cas était précisément celui de l'abbaye de Saint-Gildas. Dès lors l'abbé de Castellane se tint pour assuré de la victoire. Quelle chance en effet pouvaient avoir contre un adversaire si puissant en cour, de pauvres insulaires dont aucun n'était assez riche pour faire les frais d'un voyage et d'un séjour *efficace* dans la capitale, et qui n'avaient pu enrôler, pour répondre aux arguments de la partie adverse, que deux procureurs muets qui trouvaient sans doute que leurs clients étaient trop loin et surtout trop pauvres ?

Cette évocation de la cause à un tribunal dont on n'avait jamais entendu parler, produisit un effet facile à comprendre. On proportionnait l'importance des spoliations que méditait l'abbé de Castellane, à l'importance des juges dont il invoquait astucieusement l'intervention, et leur partialité présumée semblait d'autant plus révoltante que dans la dernière levée de matelots pour la marine royale, l'île d'Arz n'en avait pas fourni moins de quarante sur lesquels huit étaient morts dans la dernière campagne navale, laissant des femmes et des enfants dont la misère serait tôt ou tard aggravée par les confiscations imminentes de l'abbé de Castellane. Aussi le mémoire qu'une main amie rédigeait alors en faveur de cette population terrifiée, se terminait-il par un cri de détresse qui trouva de l'écho dans toutes les familles. Si, comme il était à craindre, l'usance de Brouerec était établie dans l'île, on déclarait, au nom des habitants, qu'il ne leur resterait d'autre parti à prendre que celui d'abandonner leurs maisons et leurs terres et de chercher un asile ailleurs.

Le lieu même où l'on s'assemblait pour déplorer le malheur commun et pour délibérer sur le remède était particulièrement menacé de consfiscation. Ce lieu, qu'on appelait et qu'on appelle encore aujourd'hui *la Gré*, était un terrain presque aussi sacré que le cimetière, bien que ce fût un tout autre genre de consécration. C'était là que les vieux capitaines venaient assister aux exercices des jeunes matelots, quand les commissaires de marine les passaient en revue. C'était là, sur le point le plus élevé de l'île, que se tenaient les pilotes côtiers, afin d'apercevoir d'aussi loin qu'il était possible, les navires étrangers qui avaient besoin de leur aide pour monter ou descendre la rivière de Vannes ; de sorte que la Gré, dit l'auteur du mémoire, était à la fois, pour les habitants de l'île d'Arz, une place d'armes et un observatoire, destination, hélas ! bien différente de celle qu'elle a reçue depuis.

Les mouvements que se donnèrent tous les parlements et présidiaux du royaume pour arrêter l'effet de l'évocation générale accordée à la congrégation de Saint-Maur, finirent par être couronnés de succès; mais les pauvres insulaires n'en ayant pas été instruits à temps, durent faire face à deux juridictions à la fois, et l'abbé de Castellane profita de leur perplexité pour se ménager toutes les chances possibles auprès du parlement de Rennes et du siége royal de Rhuys. Ainsi les tribulations suscitées par cet odieux procès qui avait commencé en 1739, durèrent jusqu'en 1742, et l'on se figure aisément les défiances haineuses qui durent en résulter. Tant que vécut celui qui en était l'objet, on craignit toujours la reprise des hostilités, et quand il mourut en 1750, la haine se tourna contre l'institution qui pouvait enfanter de pareils abus ; de sorte que la génération qui devait assister, dans son âge mûr, à la guerre d'Amérique, et, dans sa vieillesse, à l'explosion de 1789, se trouvait préparée, par des souvenirs ineffaçables, à l'impression que ces deux grands événements devaient produire sur elle.

Voilà pourquoi la révolution française trouva des partisans et même des partisans fanatiques dans la population de l'île d'Arz, tandis que la chouannerie ne put y lever ni soldats ni contributions. Cette attitude passive avait été déterminée par un homme dont l'âme était foncièrement républicaine, et que la trempe de son caractère, jointe à la culture de son esprit, rendait capable de jouer un rôle sur un tout autre théâtre. Cet homme était le capitaine Joseph Dréano qui, après avoir fait ses premières études auprès d'un oncle, curé de Grandchamp, les avait continuées, au collége de Vannes, avec un succès dont il n'y avait pas encore eu d'exemple parmi les habitants de son île natale. A voir l'ardeur avec laquelle il dévorait, pendant son cours de philosophie, tous les ouvrages relatifs à la controverse du jansénisme, ses professeurs se croyaient sûrs de sa vocation comme de son orthodoxie ; mais ils furent complétement trompés sur le premier point, et ils eurent lieu d'être un peu désappointés sur le second.

Ceux qui n'ont point vécu parmi les populations maritimes, ne peuvent pas se figurer l'attraction qu'exerce sur elles l'élément capricieux qui les entoure. L'enfant qui sait combien sera dur son premier apprentissage, préfère toutes ces duretés à la vie comparativement douce que lui offrirait une autre carrière, et l'homme fait, malgré les engagements pris avec lui-même, malgré les chances de profit et de gloire ouvertes devant lui, a souvent dédaigné les meilleures chances de fortune, pour obéir à une impulsion instinctive qui promettait de lointaines et périlleuses aventures.

Telle fut la destinée du jeune Dréano à qui ses facultés semblaient ouvrir les plus brillantes perspectives, mais qui aima mieux servir, comme novice, sur le navire de son père, prêt à faire voile pour la Méditerranée. Or ce voyage était alors plus aventureux que tous les autres, à cause des corsaires barbaresques qui infestaient tous les parages de cette mer depuis les côtes de France et d'Espagne jusqu'à celles d'Afrique, et qui ne laissaient à leurs prisonniers d'autre perspective que la plus dure captivité. Tel fut le sort réservé à l'équipage du navire parti de l'île d'Arz. Capitaine et matelots furent transportés à Alger pour être réduits en esclavage. Fort heureusement pour le père et pour le fils, celui-ci, au lieu du travail servile auquel on condamnait ses compagnons d'infortune, trouva l'emploi au moins partiel de ses facultés dans la maison d'un grand personnage qui le chargea de l'éducation de ses enfants et lui laissa le loisir nécessaire pour étudier l'arabe. Cette étude eut pour lui tant d'attraits, qu'à son retour en France, au bout de dix-huit mois, il apportait une provision de livres arabes, en attendant qu'il pût y ajouter une provision de livres anglais et espagnols, quand ses voyages en Angleterre et en Espagne lui eurent fourni plus tard l'occasion d'apprendre les langues de ces deux pays.

Il semble que cette mésaventure eût dû faire rétrograder sa vocation, puisqu'il avait encore le choix entre plusieurs carrières; mais il n'en fut rien. Au contraire, il se hâta de remplir les conditions de service et d'instruction théorique exigées de quiconque aspirait au grade de capitaine au long cours, et il cut bientôt la satisfaction de commander une gabarre pour son propre compte, en attendant que la guerre d'Amérique vînt fournir un aliment plus glorieux à son activité. Quand on sut, en Bretagne, que la France prenait parti contre l'Angleterre pour la nouvelle république, ce fut comme une étincelle électrique qui courut sur tout le littoral de la province, moins par enthousiasme pour la liberté américaine que par l'espoir d'effacer la tache que la paix de 1763 avait imprimée à notre pavillon. Jamais on n'avait vu tant d'activité dans nos armements, tant d'émulation entre les équipages, entre les officiers du *grand corps* et les *officiers bleus* que dédaignait la vanité des premiers. Jamais nos marins ne s'étaient montrés si impatients dans l'attente, si héroïques dans la résistance, si ardents dans la poursuite.

Le rôle des capitaines de l'île d'Arz, désormais assimilés aux officiers de marine, varia suivant le goût de chacun et suivant l'espèce de navire qu'il avait sous ses ordres; mais la plupart commandaient des bâtiments de transport, service périlleux quand on avait contre soi une puissance navale aussi forte et aussi vigilante que l'Angleterre. Parmi ces commandants, figuraient mon aïeul maternel, le capitaine Dréan, noyé bientôt après avec tout son équipage, et le capitaine Alexis le Sant, qui fut pris par une croisière anglaise et alla passer quelques années dans les prisons de Plymouth, en attendant qu'il pût devenir le second époux de ma grand'mère. Quant au capitaine Dréano, qui était alors dans toute la vigueur de l'âge et qui aspirait à d'autres aventures, il crut le moment venu de satisfaire ses aspirations et il eut le bonheur de servir, comme lieutenant, sur le corsaire *le*

Comte-d'Artois, ce qui mit en évidence, outre son habileté comme marin, les grandes qualités de son caractère. Aussi passait-il bientôt de ce poste subalterne à un commandement en chef, qui, du reste, ne le satisfaisait qu'au point de vue de l'avancement; car il dut, par suite de cette promotion, quitter le théâtre de la guerre pour venir remplir, sur les côtes de France, des missions qui ne promettaient aucune gloire. Il y en eut cependant une qu'on peut appeler glorieuse, bien qu'il n'y ait eu entre les parties belligérantes que des combats de courtoisie.

Il s'agissait de transporter dans une des villes hanséatiques un gentilhomme qui, après avoir poussé jusqu'au scandale l'abus des priviléges de sa naissance, avait poussé encore plus loin son mépris pour la vie des hommes, ou du moins pour la vie de ceux qu'il ne regardait pas comme ses égaux. Ce personnage presque légendaire était le marquis de Grégo, et le meurtre dont il se rendit coupable fut accompagné de circonstances tellement aggravantes, qu'on serait tenté de dire qu'il y eut rarement une disproportion plus choquante entre le châtiment et le crime. Je cite ici mon document :

« A la suite d'une orgie qui avait eu lieu à Vannes,
« probablement dans sa maison située sur la place des
« Lices, quelques-uns des convives parlant de leurs ex-
« ploits de chasse et de leur adresse à tirer le fusil, le mar-
« quis de Grégo se vanta aussi de la sienne et en des termes
« tels, qu'il provoqua plus d'un signe de doute chez les
« assistants. Voulant alors prouver ce qu'il avançait, le
« marquis de Grego alla chercher un fusil, et montrant
« un couvreur qui travaillait sur un toit à une assez
« grande distance, il fit le pari de l'abattre, puis l'ajus-

« tant aussitôt, il fit feu, et le malheureux ouvrier tomba
« mortellement blessé. »

Cet acte odieux eut pour résultat immédiat l'emprisonnement du coupable qui, pour ne pas être confondu avec les autres détenus, obtint de faire construire, à ses frais, une cellule particulière dans sa prison. Cette singulière indulgence était le prélude de celle que le marquis de Grégo devait trouver bientôt après devant ses juges qui se contentèrent de le condamner à trois années d'exil. Un autre adoucissement, sur lequel il n'avait pas compté, fut le choix qu'on fit du capitaine Dréano pour le conduire à sa destination.

Quand le marquis se présenta pour monter à bord de la corvette qui l'attendait, il était entouré d'un cortége de gentilshommes et il portait, comme eux, son épée au côté. Dréano s'en aperçoit et, avec cette fermeté courtoise dont il ne se départait jamais, il exige que cette épée lui soit remise. A cette sommation imprévue, le marquis ne se possède plus, et il s'emporte contre celui qui l'a faite jusqu'à l'appeler *vil roturier !* « Roturier sans doute, répliqua froidement Dréano, mais je n'en suis pas moins roi à mon bord et vous n'en êtes pas moins ici mon sujet. » Il fallut obéir et se résigner non-seulement à la supériorité de rôle, mais encore à la supériorité de caractère manifestée chaque jour de plus en plus par un homme que le marquis aurait auparavant cru indigne d'un entretien avec lui. Quelle surprise dut être la sienne, quand, au bout de quelques jours de navigation, il se trouva suffisamment à l'aise avec son *supérieur* pour lui fournir l'occasion, non pas de déployer, sa modestie ne s'y prêtait pas, mais de laisser entrevoir les trésors de connaissances variées et sérieuses qu'il avait amassées dans le cours de ses études et de ses voyages ! Celui qu'il faisait alors avec son noble prisonnier dont il finit par conquérir l'estime et même le respect, aurait pu fournir la matière d'un journal intéressant ; heureusement, à défaut d'un document de ce genre, l'impression que ce voyage laissa dans l'âme du marquis, se trouve constatée par des souvenirs de famille très-précis auxquels vient se joindre le témoignage plus précis encore des archives de la paroisse de l'île d'Arz.

Trois années se passèrent sans que Dréano entendît parler de son compagnon de voyage ; mais peu de temps après l'expiration de la troisième, il ne fut pas peu surpris de recevoir de lui un message fort poli par lequel il l'invitait à le venir voir à Vannes. La sinistre réputation du marquis, jointe à son influence notoire et à peine ébranlée par sa condamnation, fit craindre à la famille de Dréano que cette invitation ne cachât un piége, et sa femme, plus alarmée que les autres, fit tout ce qu'elle put pour le retenir ; mais il n'eut pas besoin de courage pour braver ses alarmes, parce qu'il ne croyait pas au danger. En effet, l'accueil qu'on lui fit fut plein de cordialité. « Voilà, » dit le marquis avec un mélange d'émotion comprimée et d'ironie courtoise, en le présentant à ses amis, « voilà celui qui a su si bien m'ap-
« prendre qu'il était roi à son bord. » Et la contenance du capitaine fut celle d'un homme que ce genre de supériorité ne déconcertait pas. Quant à son noble interlocuteur, il ne montra pas seulement du tact, ce qui était son métier, mais il montra aussi du cœur, ce qui l'était moins. Son but, en provoquant cette entrevue, était de prouver au capitaine Dréano le prix qu'il attachait au souvenir des relations qu'ils avaient eues ensemble trois

ans auparavant, et la preuve qu'il lui en donna, ne pouvait être en effet ni plus forte ni plus touchante, car il offrait de donner à ces souvenirs une sorte de consécration religieuse par un lien de paternité ou de maternité spirituelle qui unirait non-seulement les deux amis, mais aussi les deux familles. En un mot, il voulait ou que sa fille Louise fût marraine du premier enfant qui naîtrait au capitaine Dréano, ou que lui-même en fût le parrain.

Jamais baptême ne fut si solennel dans la paroisse de l'île d'Arz et ne laissa des traces si durables dans le souvenir des habitants. La marraine du nouveau-né, demoiselle Louise-Exupère-Françoise-Charlotte du Bol du Grégo, était conduite aux fonts baptismaux par Jean-Baptiste Fréneau, subdélégué de l'intendance, qui avait été choisi pour parrain. On comprend sans peine l'émoi que dut exciter dans l'île l'apparition du terrible marquis sur le compte duquel on faisait circuler tant de rumeurs contradictoires. Ce jour-là, ce furent les rumeurs favorables qui l'emportèrent sur les autres, à cause de la générosité vraiment inouïe qu'il montra envers les officiants de la cérémonie et surtout envers les enfants pauvres, assemblés en plus grand nombre que jamais, à la porte de l'église, pour se disputer les gros sous qu'il était d'usage de leur jeter en pareille occasion. Qu'on se figure leurs cris et leurs trépignements, quand ils s'aperçurent que ce n'étaient plus des pièces de cuivre, mais des pièces d'argent et même d'or qui pleuvaient sur leurs têtes et roulaient entre leurs doigts. La famille de l'enfant qui fut baptisé ce jour-là, n'estimait pas à moins de 50 louis les largesses dont les pauvres seuls profitèrent et qui n'impliquaient de la part de leur auteur aucun sacrifice ; car la générosité était une vertu que personne ne lui contestait.

Toute la noblesse de caractère et la bonté de cœur du capitaine Dréano se révèlent dans cet épisode de sa vie; mais on y entrevoit aussi l'accueil enthousiaste qu'il fera à la révolution de 1789, le jour où elle éclatera. A quoi il faut ajouter que la ténacité naturelle de son esprit le ramenait toujours, dans les intervalles de ses voyages, à sa controverse favorite, c'est-à-dire au jansénisme qui, pour lui, était synonyme de liberté religieuse, et complément nécessaire de la transformation sociale, qu'à l'exemple de tant d'autres, bien moins honnêtes que lui, il avait appelée de tous ses vœux. De ce point de vue résultait nécessairement l'approbation de la constitution civile du clergé, mais non des mesures de proscription et de persécution décrétées contre les prêtres qui la repoussaient. Au reste, quand ces mesures commençaient à recevoir leur exécution (1791-1792), le capitaine Dréano était loin du théâtre des événements qui servirent de prélude à la guerre civile, et cet éloignement dura assez longtemps pour lui épargner la nécessité de se prononcer entre les victimes et les bourreaux, pendant que dura le régime de la terreur, si dégradant au dedans, mais offrant au dehors des occasions de gloire qui, dans l'opinion des insulaires bretons, rachetaient un peu cette dégradation. A leurs yeux la mer était restée pure, en comparaison du sol, trempé du sang de tant de victimes. Aussi les officiers de marine, ceux du moins qui avaient honte et horreur de ce qui se passait en France, ambitionnaient-ils de préférence les missions lointaines, soit vers nos croisières d'Amérique, soit dans nos colonies, où leur présence ne fut pas inutile au maintien ou au rétablissement des bonnes relations avec la mère patrie.

Dréano, promu quelque temps auparavant au grade de capitaine de frégate, commandait alors une corvette de l'État, ayant sous ses ordres deux de ses fils, l'un comme enseigne de vaisseau, l'autre comme timonier, tous trois créanciers de la République pour près de quatre années de services non encore rétribués. C'était plus qu'il n'en fallait pour assurer le repos de ses vieux jours et l'indépendance de sa famille. Mais on le paya en monnaie républicaine, c'est-à-dire en assignats, et cette amère déception vint aggraver celles qu'il avait éprouvées, comme citoyen, à la vue des crimes qui se commettaient d'un bout à l'autre de la Bretagne, au nom de la liberté.

Ce qui soulevait le plus son indignation, c'étaient les persécutions atroces dirigées contre les prêtres insermentés, et la soif qu'avait de leur sang une certaine classe de républicains qu'il avait vus à l'œuvre dans plusieurs ports de mer. Soustraire ces victimes, par les moyens qui étaient en son pouvoir, au supplice qui les menaçait, lui parut à la fois un acte de justice, un hommage à la mémoire de l'oncle qui avait instruit son enfance, et un digne couronnement de sa carrière maritime. Ceux qui le pressaient d'entreprendre cette campagne, la plus glorieuse de toutes, n'avaient à lui offrir ni gabarre ni corvette, mais tout simplement un humble navire jaugeant à peine quatorze tonneaux, ce qui était, du reste, un avantage pour l'objet qu'on avait en vue, attendu qu'on échapperait plus facilement à la surveillance des croisières. Il y échappa en effet avec un bonheur incroyable; car ce commerce interlope entre les côtes de Bretagne et les côtes d'Espagne ne dura pas moins de trois ans. On ne saurait calculer, même approximativement, le nombre des pasteurs qu'il sauva ainsi pour les paroisses qui devaient les recouvrer plus tard. **Lui qui avait rempli si scrupuleusement les missions confiées par la patrie, il regardait celle-ci comme venant encore de plus haut, et, dans le cas de conflit entre les deux pouvoirs, son parti était pris d'avance.** On vit de quoi il était capable, le jour où, hêlé par un bâtiment de l'État, à la hauteur de l'île de Rhé, il déclara qu'il se ferait couler avec son navire, plutôt que de laisser qui que ce fût monter à son bord pour visiter sa cargaison. Sur cette réponse, si nouvelle pour lui, le capitaine voulut savoir le nom de celui qui l'avait faite; et quand il sut qu'il avait affaire au capitaine Dréano, il ordonna d'équiper sa plus belle péniche, comme pour aller à la rencontre d'un amiral. Bientôt on vit les deux amis se jeter dans les bras l'un de l'autre, et se rappeler mutuellement, avec une émotion trop visible pour n'être pas partagée, les dangers qu'ils avaient bravés ensemble, pendant la guerre d'Amérique. Les prêtres, entassés à fond de cale, étaient aussi très-émus; mais ils l'étaient d'une autre manière, et ils ne furent complétement rassurés que quand ils sentirent le bruissement des vagues réagissant contre la proue qui les fendait. Deux jours après, ils débarquaient heureusement dans le port de Bilbao.

Le voyage qui suivit celui-là, et qui fut le dernier, fut marqué par un incident qui faillit devenir tragique. Comme il avait jeté l'ancre à l'embouchure de la Vilaine, il fut visité par un chef de chouans qui était au courant des services périlleux rendus par lui aux ministres persécutés, et qui, à ce titre, le supposait non moins hostile que lui-même aux idées républicaines. Il invita donc le capitaine à venir s'asseoir avec lui à la table de ses officiers qui le reçurent comme un coreligionnaire politique, mais sans savoir quelle espèce de marchandise il avait à son bord. A la fin du repas, on devint plus communicatif, les têtes et les cœurs s'échauffèrent, et le cri de : Vive le roi ! lancé par celui dont le zèle était le plus ardent, fut répété par tous les convives à l'exception d'un seul. Ce silence était hardi et pouvait passer pour une protestation suffisante ; mais, pour un homme comme Dréano, c'était trop peu, surtout devant des témoins militaires qui pouvaient le soupçonner de lâcheté. Il articula donc nettement et fièrement le cri de : Vive la République ! et, bien qu'il n'y mît ni emphase ni provocation, il souleva une telle tempête contre lui-même et contre ses matelots, qu'ils eurent peine à se sauver jusqu'à leur navire auquel les chouans, qui presque tous ignoraient sa destination, voulaient absolument mettre le feu.

A l'époque où le capitaine Dréano exécutait ce dernier voyage, il y avait déjà quelques symptômes de réaction que nul ne suivait avec plus d'intérêt que lui ; car sa haine pour les persécuteurs avait suivi la même progression que sa pitié pour les victimes, et il était de ceux qui appelaient de leurs vœux un libérateur, même au prix des institutions républicaines qui avaient servi de prétexte à tant de crimes. Aussi le coup d'État du 18 brumaire n'eut-il pas de plus fervent approbateur que lui, et on le vit appareiller joyeusement sa petite barque pour aller prendre en Espagne les prêtres qui y avaient cherché un asile, dans les années précédentes ; mais il ne put ramener que ceux qui partageaient sa confiance dans le nouveau chef de l'État. Les autres aimèrent mieux attendre l'accomplissement des promesses faites à l'Église et le résultat des négociations entamées avec le saint-siége. Quant au capitaine Dréano, son enthousiasme pour le premier consul, surpassé par son enthousiasme pour le consul à vie, atteignit son point culminant le jour où la couronne impériale ceignit le front de son héros; et cet enthousiasme ne fut pas stérile; car il inspira au marin devenu poëte, une épître en vers qui parvint à sa destination et que les juges du concours surent très-bien distinguer de toutes les compositions banales auxquelles cet événement donna lieu; car cette épître valut à son auteur, non-seulement une mention honorable, mais encore une lettre de félicitation écrite par ordre de l'Empereur lui-même, et conservée longtemps comme un trésor de famille.

Tel était l'homme que le colonel Hervé, le chouan des plus mauvais jours, trouvait en face de lui en arrivant à l'île d'Arz. Si cette rencontre avait eu lieu quelques années plus tôt, l'antagonisme aurait été inévitable; mais aujourd'hui Dréano n'était pas moins désenchanté de la République que de la constitution civile du clergé, et personne ne vit avec plus de satisfaction le retour du pasteur légitime dans la paroisse. Ce fut ce même pasteur qui lui fit sentir le prix de l'acquisition qu'on venait de faire dans la personne du nouveau maître d'école, et qui lui persuada de profiter de cette bonne fortune pour se dispenser d'envoyer sa fille et ses fils loin de la maison maternelle. Ce fut ainsi que se forma entre ces trois hommes, dignes d'opérer sur un plus grand théâtre, une espèce de *ligue du bien public* dont la nouvelle génération ne tarda pas à recueillir les fruits ; car le capitaine Dréano voulut aussi concourir à l'œuvre commune, en aidant les jeunes marins à acquérir les connaissances requises pour parvenir au grade de capitaine au long cours ; et il remplissait encore cette tâche, quand il sentit les premières atteintes du mal qui devait terminer doucement cette carrière si longue, si honorable et si pleine.

Mes relations avec lui ne devinrent sérieuses que lorsqu'il crut mon éducation classique assez avancée pour lui donner la chance d'être compris, quand il parlait des Grecs et des Romains, et particulièrement de la querelle entre César et Pompée, sur laquelle il bâtissait des thèses politiques auxquelles je ne comprenais absolument rien. Aussi son influence sur moi fut-elle à peu près nulle et se borna-t-elle au respect rétrospectif que je conçus plus tard pour son caractère.

Celui du colonel Hervé me laissa des impressions mixtes qui ne se sont débrouillées que lentement et qui ont fini par se résoudre, après bien des conflits, en un sentiment de froide reconnaissance ; mais il fallut, même pour cela, faire abstraction de l'effroi qu'inspiraient sa voix et son regard ; car il était terrible et même raffiné dans ses menaces, bien qu'il les mît rarement à exécution. Je fis une rude épreuve de ce raffinement, un jour que, pour me punir d'avoir manqué de respect à ses œuvres d'art, il m'attacha tout tremblant au chevet d'un lit à rideaux rouges, en me disant qu'il avait choisi ce lit plutôt qu'un autre, parce que le sang qu'il allait faire jaillir de mon corps n'y laisserait pas de tache ; et il partit en ajoutant qu'il reviendrait bientôt avec l'instrument de mon supplice. Il revint en effet, mais avec un visage qui n'exprimait plus que la joie de m'avoir fait peur ; il avait si bien réussi, et mon attente avait été si affreuse, que je fus presque insensible à ma délivrance et que je n'en sus aucun gré à celui qui me l'avait fait payer si cher.

Un autre souvenir du même genre, bien autrement difficile à déraciner, fut celui d'une scène incroyable qui se passa entre ma mère et lui, et qui aurait pu rompre toutes relations entre les deux familles. Ma mère savait qu'à l'époque de la désertion de mon père, Hervé, alors présent au quartier général, avait reçu l'ordre de se mettre à sa poursuite et de lui appliquer impitoyablement les lois militaires en vigueur. Bien que ces lois fussent difficiles à justifier, puisqu'elles allaient jusqu'à interdire le mariage, on ne pouvait faire un crime à l'officier subalterne d'avoir obéi à ses chefs. Mais ce jour-là, il poussa l'indécence jusqu'à se vanter de cette expédition comme d'un exploit, et sans respecter le deuil récent de ma mère, il osa lui dire, avec un geste et un regard très-significatifs, que si, à l'époque où il fut chargé de cette commission, il avait pu mettre la main sur mon père, il l'aurait fusillé sur-le-champ. A ce coup imprévu, tiré à bout portant, la pauvre femme ne répondit que par des larmes, et il était difficile que ces larmes ne me restassent pas longtemps sur le cœur.

Le temps que je passai chez lui n'en fut pas moins très-utilement employé, grâce à l'émulation qu'entretenaient en moi mes condisciples de l'un et de l'autre sexe, particulièrement les deux jeunes filles de dix-huit ans, dont la gravité matronale ne laissait de prise à aucune réprimande et dont les progrès, périodiquement constatés, flattaient à la fois l'orgueil des parents et celui du maître.

Mais toutes ces influences n'étaient rien en comparaison de celle qu'exerça sur moi le vénérable dom Bouquet, ce prophète consolateur dont j'ai raconté plus haut les prédictions presque téméraires. Il crut sans doute que sa responsabilité était engagée; car il commença dès lors à travailler de loin à leur accomplissement. C'était en 1806, année mémorable dans mes souvenirs, et dont le bonheur ne pouvait être surpassé que par celui des deux années suivantes. Aux approches de la Fête-Dieu, qui m'avait causé une sorte d'enivrement dans l'été de 1805, je voulus encore avoir ma chapelle, et je fis mes préparatifs en conséquence; mais avant qu'ils fussent achevés, on vint annoncer à ma mère que je devais figurer dans la procession, en costume d'enfant de chœur, pour jeter des fleurs devant le saint sacrement. Cette nouvelle mit toute la maison en émoi. Pendant qu'on travaillait, à grand renfort de doigts, aux divers articles de ma toilette, à mon surplis, à ma corbeille, à la couronne que je devais porter sur ma tête, ma grand'mère, récemment arrivée du Port-Louis, comme pour mettre le comble à ma joie, venait avec moi dans les champs voisins pour m'aider à cueillir les coquelicots et les bleuets que je mêlais ensuite aux lilas et aux roses de notre jardin. Le temps fut magnifique, et, par une progression facile à comprendre, les reposoirs furent encore plus parés que l'année précédente.

Je puis dire qu'une progression analogue se fit dans tout mon être. Pour la première fois de ma vie, j'eus un véritable accès de dévotion et une notion vague de la présence de Dieu, notion inséparable chez moi de celle du ministre qui le représentait à mes yeux. De là un sentiment mixte que je chercherais vainement à définir, et qui eut pour effet de remplacer en moi la passion des images par la passion du lieu où se trouvaient réunis, au moins une fois par jour, ces deux objets de mon culte. Dès lors je résolus d'obtenir, à quelque prix que ce fût, ou, s'il le fallait, de conquérir la place d'enfant de chœur, dès qu'elle serait vacante.

Mais pour qu'elle le fût, il fallait attendre l'arrivée, encore incertaine, du navire sur lequel l'enfant que je voulais remplacer, devait faire le rude apprentissage de son métier de marin. D'ailleurs, il y avait plusieurs concurrents, dont un très-redoutable, tant à cause de l'influence prépondérante de sa famille qu'à cause de la réputation de sagesse qu'il s'était faite à mon préjudice. Enfin, j'avais contre moi deux nouveaux scandales que j'avais donnés récemment à la paroisse, en face même du sanctuaire, l'un, en plongeant le petit chien de ma sœur dans l'eau bénite pour le préserver des maladies de son âge; l'autre, en jetant au milieu des femmes accroupies dans l'église pendant les vêpres, un lézard vivant qui avait produit, outre les conséquences burlesques faciles à imaginer, une perturbation qui s'était rapidement communiquée de la nef au chœur. Il va sans dire qu'on cria plus fort que jamais à la profanation; mais le bon curé, d'accord en cela avec ma grand'mère, n'avait voulu y voir qu'une espièglerie presque innocente, et l'horizon de mes espérances n'en avait été que très-légèrement obscurci.

Enfin le jour fatal arriva. Mon rival et moi nous étions agenouillés sur le degré de l'autel, nous mesurant réciproquement de l'œil, et attendant que le prêtre récitât le premier verset, pour lui répondre. C'était une messe des morts, et la famille du défunt attendait le signal. Je voulus saisir la clochette pour le donner; l'autre se jeta sur moi et me l'arracha. La lutte s'engagea, nous nous prîmes par les cheveux et nous roulâmes ensemble sur les dalles, jusqu'à ce que le sacristain fût venu nous séparer. Alors on nous plaça l'un à droite, l'autre à gauche de l'officiant, et il fut convenu que cet arrangement provisoire serait scrupuleusement observé par les parties belligérantes. Mais le prompt départ de mon rival simplifia la question et me laissa définitivement maître du champ de bataille.

Ici je me sens découragé par les difficultés de mon sujet, tant en ce qui concerne l'homme incomparable dont je voudrais retracer l'image, qu'en ce qui me concerne moi-même. Les trois années qui s'écoulèrent pour moi sous ce patronage providentiel, furent tellement pleines, et le bonheur ineffable qui marqua cette trop courte période, fut composé d'éléments si minutieux et si divers, que je désespère de pouvoir en donner une idée, même approximative, malgré la ténacité persistante de mes souvenirs. Car cette éducation, que je suis obligé d'appeler *cléricale*, s'appliquait à toutes les facultés de l'intelligence et du cœur, et avait, sur la plupart des autres, l'immense avantage de faire marcher de front les devoirs et les jouissances, en prenant ce dernier mot dans son acception la plus pure et la plus idéale. La plus vive de ces jouissances était pour moi dans les cérémonies religieuses que je ne trouvais jamais assez longues, même quand c'étaient des cérémonies funèbres, et jamais je n'avais besoin de consigne pour le rôle qui m'y était assigné; ce qui ne veut pas dire que ce rôle était bien appris; car, avec un modèle comme celui que j'avais sous les yeux, on ne risquait pas de tomber dans la routine, ce fléau si difficile à éviter dans l'éducation des âmes. Il ne manquait à l'éducation de la mienne que de comprendre les prières de l'Église et particulièrement les psaumes dont je cherchais quelquefois à pénétrer le sens d'après le mouvement et le caractère de la psalmodie. Je ne puis pas me vanter d'avoir été heureux dans mes conjectures. Mais cette tentative, bien puérile assurément, n'en était pas moins l'indice d'un besoin nouveau qui avait sa valeur psychologique, même sans être satisfait. Celui qui m'aurait donné une traduction interlinéaire du *Magnificat*, ou du *Te Deum*, ou du *Miserere*, aurait certainement ajouté quelque chose à mon bonheur.

Quant aux prières faites avec une intention particulière pour les vivants ou pour les morts, mais surtout pour les mourants, j'en avais, pour ainsi dire, une traduction vivante dans l'accent ému avec lequel l'officiant les prononçait, dans l'expression de son visage, dans les larmes qui humectaient ses yeux et quelquefois ses joues. Cette émotion était plus contenue, quand il récitait dans l'église l'office des morts; mais il n'en était plus maître, soit quand il assistait un mourant, soit quand il adressait aux survivants des consolations puisées à la source qui ne tarit jamais, soit encore quand il consolait une famille dont le chef avait disparu dans un naufrage ou pourrissait dans une prison d'outre-mer. On eût dit qu'il avait, pour toutes les infortunes, un baume approprié à chacune d'elles et qui conservait son efficacité longtemps après la première application, au point que son approche et la simple vue de ses cheveux blancs suffisaient souvent pour émouvoir ceux qui savaient par expérience combien sa parole était consolante. J'ai vu de pauvres femmes se tenir les mains jointes sur le seuil de leurs portes, pour avoir de lui ne fût-ce qu'un regard, quand il passait rapidement pour aller visiter un malade. D'autres scènes du même genre avaient lieu presque tous les jours dans le cimetière, quand il le traversait avant ou après sa messe ; car on peut dire qu'à cette triste époque, dans ce malheureux pays, il n'y avait pas un cœur qui fût exempt de douleur ou d'angoisse. De la veille au lendemain, on devenait veuve ou orphelin. Aussi quelle intelligence des sinistres présages jusque dans les enfants ! Quelle promptitude à se mettre à genoux, même au milieu de la nuit, quand on entendait, du côté du sud-ouest, le bruissement avant-coureur de la tempête ! Car on savait qu'à ce moment même, les navires bloqués à Port-Navalo ou ailleurs, profitaient de l'éloignement momentané de la croisière anglaise, pour essayer une lutte trop souvent inégale contre les vents et les flots, en louvoyant, de nuit plutôt que de jour, le long des côtes ou des récifs où ils couraient risque de se briser. Mais il fallait aller vite, pour échapper aux péniches qui n'attendaient que l'apaisement de la tempête pour sortir de leur embuscade.

Aussi les mères, les épouses et les filles étaient-elles en proie aux plus affreuses angoisses, non-seulement pendant que soufflait l'ouragan, mais aussi et peut-être davantage, quand il commençait à se calmer, surtout si la direction du vent permettait d'entendre le coup de canon du fort de Saint-Gildas ; car c'était signe qu'un navire était en détresse et qu'il avait à choisir entre les rochers de la côte et les pontons d'Angleterre. Quand le naufrage volontaire n'avait coûté la vie à personne, le retour des naufragés était signalé par une messe d'actions de grâces, ou bien encore, mais beaucoup plus rarement, ils faisaient ensemble, le dimanche suivant, une procession autour de l'église, portant chacun un cierge à la main et vêtus d'un simple caleçon, par le froid le plus rigoureux de l'hiver. Si, au contraire, le naufrage avait eu lieu, avec toutes ses conséquences, on l'apprenait par le glas funèbre de la cloche paroissiale, répété, ainsi que l'office des morts, autant de fois qu'il y avait eu d'hommes dans l'équipage. On comprend que de telles préoccupations et de tels spectacles s'aggravant et se multipliant, dans une proportion désespérante, depuis la rupture de la paix d'Amiens, en 1803, jusqu'à la chute de l'Empire, en 1814, il se soit formé une lourde atmosphère de tristesse autour de cette population presque toujours en deuil, et que la fête du 2 novembre ait été pour elle la plus solennelle de toutes, non-seulement à cause du culte des tombeaux et de l'espèce d'élégie populaire par laquelle on y préludait, mais surtout parce que cette fête était plus appropriée qu'aucune autre à l'état habituel des âmes.

Cette disposition dominante se manifestait même dans les cérémonies qui semblaient s'y prêter le moins, par exemple dans celle par laquelle on inaugurait le premier voyage d'un navire récemment sorti du chantier. Cette inauguration, qui aurait été une fête de famille en temps de paix, se ressentait plus ou moins des tristes pressentiments qui assombrissaient les âmes. Il y avait là des épouses et des mères, agenouillées sur le pont, leur chapelet à la main et les yeux plus particulièrement fixés sur le prêtre, quand il faisait le tour du navire en le bénissant de la poupe à la proue. L'idée que cette bénédiction pouvait être la dernière, venait naturellement à l'esprit et produisait dans les assistants un redoublement de ferveur. Je puis dire que je n'ai rien vu de plus solennel et de plus touchant, surtout quand, revenant de mon île, quelques années plus tard, je pus comprendre certains versets du psaume 104 (1), si admirablement appropriés à cette imposante cérémonie. Je puis dire également que le cœur du prêtre dont il est ici question, le rendait plus apte qu'aucun autre à sympathiser dans une telle occasion avec une telle assistance. Je n'ai pas besoin d'ajouter que cette aptitude se manifestait encore davantage toutes les fois qu'un naufrage, total ou partiel, trompait les vœux que son cœur avait formés pour le salut de l'équipage.

D'après le triste tableau que je viens de tracer, on devine sans peine que le nombre des veuves et des orphelins devait s'accroître dans une proportion qui devenait désespérante, non pas tant à cause de l'insuffisance des secours qu'à cause de la répugnance invincible de ces fiers insulaires, je ne dis pas seulement pour la mendicité proprement dite, mais pour l'acceptation de tout secours qui ressemblait à une aumône. Pour ménager cette susceptibilité ombrageuse, les âmes charitables qui avaient à la fois le besoin et le moyen d'alléger les souffrances qu'on cherchait à leur cacher, avaient imaginé un système de compensation qui subsiste encore aujourd'hui, et qui concilie bien mieux que toutes les inven-

---

(1) Qui descendunt mare in navibus.... Ipsi viderunt opera Domini, et mirabilia ejus in profundo.... Ascendunt usque ad cœlos, et descendunt usque ad abyssos : anima eorum in malis tabescebat. — Et clamaverunt ad Dominum, cum tribularentur.... Et statuit procellam ejus in auram; et siluerunt fluctus ejus. — Et lætati sunt quia siluerunt : et deducet eos in portum voluntatis eorum.

tions de la philanthropie moderne, la dignité du pauvre avec l'assistance que lui offre le riche. Ce système, qui n'aurait pas pu naître chez un peuple servile, est une espèce de partage annuel des terres, avec des conditions qui sauvegardent complétement le droit du propriétaire. Celui-ci, après avoir fait ensemencer son champ par un des laboureurs du pays, laisse à quelque famille privée de son soutien naturel, le soin d'en assurer la récolte et lui abandonne en retour l'usufruit du même champ pour l'année suivante, sans lui imposer d'autre charge que celle d'y mettre l'engrais.

Mais cette ressource, si précieuse pour l'indigent qui avait des bras, n'était pas à la portée de ceux que leur âge, leurs infirmités ou leur faiblesse rendaient incapables de travail. C'était là que l'inépuisable charité du pasteur trouvait son emploi quotidien, mais toujours avec cette exquise délicatesse de tact ou plutôt de cœur, qu'il n'avait apprise de personne. Que de fois n'ai-je pas été témoin, souvent à son insu, des piéges qu'il tendait à la bonne foi d'une pauvre veuve ou d'un pauvre vieillard, auxquels il offrait, sur le seuil de leur porte, une prise de tabac, en glissant entre ses doigts, sous la tabatière, l'honoraire de messe qu'il venait de recevoir! Et il accompagnait cette manœuvre d'un épanouissement de physionomie, je dirais presque d'une jovialité évangélique qui doublait le prix du bienfait et rendait le refus impossible.

Mais il y avait d'autres misères plus intimes qu'il était appelé à consoler et dont la guérison ou le soulagement formait la partie douloureuse de son ministère. Dix années d'interruption dans le culte et de propagande révolutionnaire avaient produit, dans l'éducation religieuse de la nouvelle génération, une lacune qui ne pouvait manquer de se faire sentir dans les relations de la vie domestique, attendu que, pendant toute la durée de cette longue épreuve, le sexe faible s'était constamment montré le plus fort : je veux dire que les femmes, en dépit de l'exemple et des insinuations conjugales, étaient restées héroïquement fidèles à leur foi. De là des dissidences intimes et des blessures inévitables infligées à l'amour-propre et au cœur. C'était surtout dans le traitement et la guérison de ces sortes de blessures qu'excellait le médecin spirituel dont je cherche à honorer le souvenir. Presque toutes les ligues qu'il conclut avec des femmes pieuses pour opérer la conversion ou plutôt la *réversion* de leurs maris réputés incrédules, furent couronnées de succès. En voyant les vieux capitaines qui s'étaient le plus signalés par leurs fureurs iconoclastes, au début de la révolution, rentrer l'un après l'autre dans le giron de l'église paroissiale, il n'était plus permis de désespérer de personne, et l'on finissait par regarder toutes les conversions comme possibles entre des mains à la fois si habiles et si caressantes.

Que de fois n'ai-je pas vu ce conquérant des âmes endurcies, entrer dans la sacristie tout rayonnant de joie, parce qu'il avait aperçu, prosterné devant l'autel, un de ces vieux pécheurs qui n'avaient coutume de se montrer que le dimanche ! On serait tenté de croire que ces jours-là, quand il disait : *Dominus vobiscum*, il ne s'adressait pas à tout le monde. Mais j'oublie que mon but n'est pas de faire l'histoire de ses exploits spirituels sur cet humble théâtre qu'il sut agrandir par les merveilles de sa charité. Je dois parler aussi non-seulement de l'influence que des relations si précieuses et si exceptionnelles exercèrent sur mes facultés naissantes, mais encore des acquisitions que je fis, pendant ces trois années de béatitude, en dehors du cercle qui m'était tracé par mes petites, mais délicieuses fonctions.

Pour ce qui est de l'influence, elle s'étendit à tout mon être, et, grâce au ciel, elle ne fut point passagère. Je ne dirai pas que c'était un père qui m'était donné pour remplacer le mien ; non, le sentiment que j'avais pour lui, tenait bien plus de la vénération que de l'affection filiale. Je n'ambitionnais pas ses caresses, mais j'ambitionnais son sourire et surtout son regard que je trouvais si doux, quand il se fixait sur moi. Dans toutes les saisons de l'année, même au cœur de l'hiver, le son de la cloche matinale qui me faisait secouer mon sommeil pour aller servir sa messe, était pour moi ce qu'est pour des élèves emprisonnés dans une salle d'étude, le son de la cloche de récréation. Mon empressement allait jusqu'à l'allégresse quand c'était un jour de grande fête, et presque jusqu'au délire quand il devait y avoir une procession, surtout la procession du saint sacrement, dans laquelle je jouais maintenant un rôle que m'enviaient les autres enfants. Je repaissais mes yeux, plusieurs semaines d'avance, des additions que l'on faisait à mon costume, et je comptais les jours qui me séparaient de mon bonheur, non-seulement avec impatience, mais avec une véritable anxiété, à cause des variations atmosphériques auxquelles nous exposait le voisinage de l'Océan même dans la plus belle saison de l'année, car la science météorologique était celle dans laquelle j'avais fait le plus de progrès. Une seule fois mes inquiétudes se réalisèrent. C'était dans l'été de

1808, date néfaste dans mes souvenirs d'enfance. Le soleil avait disparu, longtemps avant l'heure de son coucher, derrière de lourds nuages dont la direction présageait, pour la nuit, un vent de sud-ouest, avec toutes ses conséquences. La crainte de voir se réaliser ces tristes présages ne permit pas au sommeil d'approcher de mes paupières; je me levais à chaque instant pour constater l'état du ciel où je ne voyais briller aucune étoile, et, quand j'entendis les premières gouttes de pluie se briser contre les vitres, je me recouchai le désespoir dans l'âme et j'eus quelque peine à différer jusqu'au point du jour la visite des reposoirs dont la charpente avait été construite dès la veille. Heureusement la fête ne finissait pas avec le premier dimanche, et le prochain renouvellement de la même procession pour le dimanche de l'octave me promettait des jouissances que mon récent désappointement ne fit que rendre plus vives. Ce furent les dernières de ce genre qu'il me fut donné de goûter. L'année suivante, à la même époque, ce n'était plus une procession de paroisse rurale, mais une procession de cathédrale que je voyais défiler sous mes yeux avec toute la pompe que comportait le récent triomphe du vandalisme et l'appauvrissement du culte; je m'agenouillais avec la foule devant le saint sacrement porté par un évêque qui avait conscience de son rôle et dont la tiare épiscopale, objet tout nouveau pour moi, éblouissait mes regards; mais il y avait dans tout cela plus d'ébahissement que de piété même enfantine, et la source des émotions qui, sur un théâtre plus modeste, avaient délicieusement remué mon âme, semblait à jamais tarie. L'acception de personnes était par moi portée si loin, que je fus longtemps à pouvoir comprendre ou du moins admettre que la bénédiction d'un dignitaire quelconque et même d'un évêque pût être aussi efficace que celle de l'humble pasteur dont les exploits spirituels avaient été le spectacle presque quotidien de mon enfance.

A dire vrai, sa voix était la seule par laquelle il fût possible de m'inculquer un certain degré d'instruction dogmatique, car ma réputation de précocité avait échoué devant les définitions parfois trop abstraites du catéchisme. Mais il en fut tout autrement quand, sur les pas de mon guide et à la portée de son regard et de sa voix, j'assistai, près du lit des mourants, à la mise en action des dogmes consolateurs, et que je pus être témoin de l'espèce de transfiguration qui succédait parfois à de mortelles angoisses, en donnant au visage du patient une expression momentanément radieuse, après la réception de l'eucharistie ou de l'extrême-onction, toujours précédée d'une allocution dont l'éloquence était dans l'accent bien plus que dans les paroles et dont l'effet se communiquait sympathiquement à toute l'assistance. Rien ne peut donner une idée des scènes émouvantes que j'avais alors sous les yeux et dont le souvenir, plus tenace qu'on ne pouvait l'attendre de mon âge, se trouvait vaguement mêlé à celui des vérités ou des dogmes sur lesquels l'homme de Dieu avait plus particulièrement insisté comme étant les plus puissants auxiliaires de l'âme humaine dans sa lutte suprême contre la mort.

Cette espèce d'enseignement funèbre, qui commençait au lit du malade et finissait dans l'église par le chant du *Requiem*, contenait explicitement ou implicitement toutes les vérités qui servent de sanction à la loi morale et qui ne sont accessibles à l'intelligence de l'enfance qu'à l'aide d'impressions providentiellement combinées pour concourir plus tard au développement normal des facultés supérieures, développement qui suppose des relations analogues à celles que la nature a établies, dans un autre ordre de phénomènes, entre la floraison et le germe.

A cet élément pour ainsi dire dogmatique, il faut en joindre un autre essentiellement poétique qui, s'adressant directement à l'imagination, joue dans l'histoire des individus et des peuples, un rôle dont la philosophie n'a pas toujours assez fait ressortir l'importance. Cet autre élément est la légende, puissance mystérieuse qui subjugue plus ou moins ceux-là mêmes qui se vantent d'en avoir secoué le joug et qui laisse son empreinte indélébile non-seulement sur les traditions d'un âge encore naïf et sur les chefs-d'œuvre d'un âge mûr, mais aussi sur le caractère et l'imagination des peuples.

Il faudrait un génie analogue à celui de Linné pour ranger dans un ordre méthodique cette innombrable quantité de produits qui varient suivant les siècles et les pays, suivant l'organisation spéciale des races, suivant la nature et l'aspect des lieux, suivant les événements dont ils ont été le théâtre, et suivant une multitude d'autres circonstances qui admettent un nombre infini de combinaisons.

La légende de la plaine devra nécessairement différer de celle des montagnes, et la légende née au fond d'une vallée ou sur les bords riants d'un lac ou d'un ruisseau, ne ressemblera guère dans ses caractères généraux à celle qui croît sur les rives d'un grand fleuve ou qui se développe au bruit des tempêtes de l'Océan ; de sorte que la légende, tantôt naïve et pastorale, conservera le ton et les proportions de la simple idylle, et aura, pour ainsi dire, quelque chose du parfum de la fleur des champs; tantôt terrible et gigantesque, elle prendra des dimensions plus grandioses et se teindra de couleurs plus sombres.

Considérée dans ses rapports avec les différents aspects des lieux, la légende peut s'appeler la poésie de la nature; dans ses rapports avec les monuments élevés par la main des hommes, elle est la poésie de l'humanité, et à ce titre, elle se rapproche davantage des formes supérieures de la poésie chrétienne, et joue un plus grand rôle dans l'histoire du développement psychologique des peuples. A certaines époques, ils semblent doués d'une force d'intuition toute particulière, à l'aide de laquelle ils perçoivent plus distinctement les rapports mystérieux qui unissent le monde visible au monde invisible, et comme cet âge dans la vie des nations est aussi celui où l'imagination crée les formules les plus grandioses et les plus heureuses, il en résulte des légendes non moins remarquables par la beauté intrinsèque que par la profondeur du sens : ce double caractère se retrouve surtout dans celles qui se rattachent à des monuments religieux, et alors elles deviennent la source d'émotions pieuses qui sont d'un effet incalculable sur les âmes de ceux qui les éprouvent.

S'il fallait désigner dans toute l'étendue de l'Europe chrétienne les pays où la légende, considérée comme fleur poétique, semble avoir plus particulièrement prospéré, il y aurait lieu d'hésiter entre l'Espagne, les provinces Rhénanes, Venise et le littoral de la Bretagne. La richesse de l'Espagne à cet égard est devenue presque proverbiale, et la fécondité des provinces Rhénanes, sous ce rapport, fut tellement merveilleuse, que l'inventaire de ce genre de richesses seulement depuis Mayence jusqu'à Cologne, pourrait occuper longtemps l'attention du voyageur et suffirait pour lui faire comprendre pourquoi le Rhin a été appelé par l'illustre Gœrres la grande artère de la vie germanique.

Ce n'était pas seulement la majesté de son cours qui donnait à ce fleuve son importance poétique ; c'était encore plus la multitude des édifices religieux qui décoraient ses rives et dans lesquelles les légendes populaires étaient assez fortement incrustées pour braver la critique rationaliste jusque bien avant dans le siècle des lumières.

Cela est encore plus vrai des légendes qui, pendant tout le cours du moyen âge, pullulèrent à Venise comme la pariétaire sur les vieux murs, et conservèrent leur empire sur les imaginations populaires, parce que l'alliance entre le patriotisme et la foi s'y maintint plus longtemps que partout ailleurs. Un autre avantage que cette république eut sur les autres États de la chrétienté, fut son contact presque permanent avec l'Égypte et les pays asiatiques, ce qui fit qu'une multitude de légendes orientales, importées avec les reliques des saints dont les tombeaux étaient exposés aux profanations des barbares, s'y trouvent mêlées aux légendes indigènes qui reçurent de ce mélange un charme tout particulier.

On devine d'avance le contraste qui doit nécessairement exister entre les légendes écloses sous de telles influences et celles des pays moins favorisés. On pourrait même se faire une espèce de flore légendaire en guise de supplément au *Guide du voyageur* dans les quatre parties du monde; car, de même que la physionomie et les propriétés d'une plante indiquent suffisamment sous quelle zone elle est née, de même les légendes vaporeuses et ossianiques des contrées septentrionales se distinguent au premier coup d'œil des produits analogues dans les pays méridionaux, et l'on comprend sans peine qu'un horizon habituellement terminé par de lourds et sombres brouillards que percent rarement les rayons obliques du soleil couchant, ne développe pas dans l'âme du spectateur le sentiment de l'infini de la même manière qu'un horizon méridional avec toutes ses splendeurs; mais cette différence, loin de constituer une infériorité quelconque dans les perceptions ou les aspirations des populations septentrionales, est plutôt à leur avantage, surtout si l'on prend pour terme de comparaison les tribus de race celtique qui occupent le littoral de la Bretagne et l'Irlande. Ici la légende s'élève à la hauteur d'un enseignement religieux et semble destinée à servir de supplément ou de commentaire au Décalogue et à l'Évangile. Les faits naturels du monde visible et les faits surnaturels du monde invisible sont tellement liés les uns aux autres qu'ils semblent ne pouvoir pas être étudiés séparément, sous peine de méconnaître les priviléges de la créature au profit de laquelle ils sont produits; car la légende n'est pas plus une création conventionnelle que le langage, et quelque loin que l'on pousse les investigations psychologiques ou l'analyse des circonvolutions cérébrales, on peut prédire, à coup sûr, que jamais la science toute seule ne pourra parvenir à rendre compte de ce mystère.

Il y a des légendes qu'on pourrait appeler tyranniques, à cause de l'empire qu'elles usurpent sur les imaginations. Il y en a même qu'on pourrait appeler diaboliques à cause du rôle prépondérant qu'y joue, par lui-même ou par ses agents, le premier auteur de tout mal, et celles-là, plus fréquentes en Bretagne que partout ailleurs, se rattachent, pour la plupart, aux monuments druidiques disséminés sur le sol, comme si ces monuments, souillés peut-être jadis par des sacrifices humains, avaient été le dernier asile des divinités sanguinaires dépossédées par le christianisme.

L'île d'Arz, si pauvre à tous égards depuis la révolution, était cependant assez riche en monuments de ce genre, et il en subsistait encore plusieurs au commencement du siècle, assez bien conservés pour servir de support aux sinistres légendes dont je viens de parler. Le dolmen de Penn-lious, relégué le plus loin possible de toute habitation, à l'extrémité méridionale de l'île, et pour ainsi dire en face des tempêtes de l'Océan, était celui que nous visitions le plus souvent, parce qu'il offrait un asile contre les vents pluvieux ; mais nous nous serions bien gardés d'y attendre les approches de la nuit ; car on nous disait et nous croyions fermement qu'au lever d'une certaine étoile sinistre, ennemie de l'étoile qui avait guidé les rois mages, les Borbiganned (1), sortaient de leur caverne creusée tout près de là dans les rochers de la côte, et venaient périodiquement reprendre possession du dolmen par des danses profanes et des rites mystérieux dont la fascination était surtout redoutable pour ceux qui se trouvaient en état de péché mortel.

(1) Le vrai nom de ces nains ou lutins noirs est *corriganed*. Ils passent pour avoir bâti les Dolmen, autour desquels on nous disait qu'ils venaient danser la nuit.

Quelque effrayante que fût cette légende pour des enfants qui croyaient aussi fermement au diable qu'à Dieu, il y en avait une autre plus effrayante encore ou du moins plus vivante qui se rattachait au cromlech de Pener-ra, dont on ne voit plus que quelques fragments échappés par hasard au vandalisme municipal. C'était là, disait-on, que s'étaient conclus, de temps immémorial, les pactes mystérieux par lesquels certaines âmes se vouaient d'avance aux puissances infernales, en retour d'un empire passager sur les éléments, et l'on citait, entre autres faits contemporains, une femme frénétiquement jalouse qui, pour empêcher son époux de courir après les aventures lointaines, avait acheté le pouvoir de déchaîner les tempêtes; et une pauvre fille à laquelle on imputait un marché du même genre auquel elle devait de pouvoir passer impunément dans l'île voisine en étendant son tablier sur les vagues.

Un autre cromlech dont on voit encore aujourd'hui quelques débris, était situé à l'extrémité occidentale de l'île, sur la pointe de Broüel, et l'on disait qu'une espèce de fée maritime, hostile aux navigateurs, apparaissait de loin en loin dans ces parages et toujours à la veille de quelque catastrophe, sur terre ou sur mer. Or il arriva qu'une de ces apparitions eut lieu le 1ᵉʳ novembre 1807, au moment même où l'on commençait à chanter les vêpres des morts. Un berger qui gardait son troupeau sur le lieu même, l'avait aperçue distinctement près du rivage et avait couru instinctivement vers l'église comme vers le lieu où se trouvaient les armes les plus efficaces pour repousser ce genre d'invasion. L'effet fut comme celui d'une bombe qui aurait éclaté au milieu de l'assistance. En vain le curé s'efforçait-il de tempérer le tumulte par son impassible incrédulité, les rangs se dégarnissaient autour de lui, et il n'y eut pas jusqu'aux enfants de chœur, habituellement ses plus dociles acolytes, qui se laissèrent gagner par l'insubordination ou plutôt par l'espoir d'assister à une délivrance qui paraissait avoir plus de chances que jamais; car tous les marins qui avaient des armes à feu, s'en étaient munis pour cette étrange expédition. C'étaient eux qui formaient l'avant-garde et, quand nous arrivâmes, à leur suite, au bout du promontoire, ce ne fut pas sans inquiétude que nous les vîmes descendre sur la grève pour aller s'embusquer derrière un gros rocher tout près de la mer et par conséquent à portée des maléfices de celle dont on disait avoir aperçu la tête hideuse au-dessus des flots. Les fusils restèrent longtemps braqués dans la même direction; mais les jours étaient courts et le brouillard épais, de sorte qu'il fallut repartir sans avoir brûlé une amorce, et attendre une nouvelle occasion qui malheureusement ne se présenta plus.

Les trois grandes légendes attachées aux trois monuments druidiques de l'île d'Arz, étaient en quelque sorte des légendes mères qui produisaient une multitude de petites légendes appartenant au même cycle et dans lesquelles le rôle de Satan se répétait sous une prodigieuse variété de formes. Le plus souvent c'était lui qui était vaincu dans la lutte, et, comme témoignage de ses défaites, on montre encore aujourd'hui l'empreinte de son pied fourchu qu'il a laissée sur le roc en fuyant son vainqueur. Ses plus fréquents triomphes, dans la mémoire des habitants, se rapportaient à des scandales causés par des fortunes subites, le plus souvent légitimes, mais que l'ignorance et l'envie s'obstinaient à regarder comme le fruit d'un pacte impie avec une puissance occulte désignée vulgairement sous le nom de *chat d'argent*, et malheur au possesseur qui ne trouvait pas à s'en défaire avant sa mort ; car il n'y avait pas de contrition ni d'exorcisme qui pût préserver son âme de la damnation éternelle.

Heureusement il y avait dans presque toutes les familles des traditions et même des souvenirs d'une date très-récente, qui pouvaient atténuer ou même contre-balancer la sombre impression de toutes ces légendes sataniques qu'on pourrait appeler les légendes de la terreur. Celles dont je veux parler étaient les légendes de l'espérance et de l'amour, et le plus souvent le produit combiné de l'imagination et du cœur. La préoccupation dominante des veuves (et il y en avait beaucoup) était le purgatoire, et le devoir le plus fortement inculqué aux enfants, même en bas âge, était celui d'abréger, par leurs prières, l'expiation temporaire qui avait suivi la mort rarement naturelle de leur père. Aussi je puis dire que je ne vis jamais un commerce si intime et si persévérant entre les vivants et les morts. Ce commerce se ravivait à la fête funèbre du 2 novembre, non-seulement par le retour périodique de cérémonies doublement imposantes et par la visite des tombeaux, mais encore par la transformation momentanée du foyer domestique en une espèce de sanctuaire dans lequel on nous faisait réciter ou plutôt balbutier tout le rosaire jusque bien avant dans la nuit.

On comprend ce qui devait se passer dans des âmes familiarisées, dès l'enfance, avec ce genre d'impressions, et la facilité avec laquelle un pressentiment, avant-coureur d'un naufrage ou d'une catastrophe quelconque, se traduisait, pour les familles menacées, en avertissement surnaturel. Une interprétation analogue s'appliquait nécessairement à tous les phénomènes qui semblaient faire exception au cours régulier de la nature, et c'était souvent à travers les rafales nocturnes des tempêtes océaniques qu'on croyait entendre les voix gémissantes des parents trépassés qui imploraient des prières pour abréger leurs souffrances. Ces illusions contagieuses se perpétuaient dans un grand nombre de familles, et l'on serait tenté de croire qu'elles ont contribué, avec d'autres illusions du même genre, à y développer, surtout chez les femmes, les qualités sérieuses qui les distinguent et les rendent capables de supporter avec dignité les plus grandes épreuves.

Il va sans dire que j'eus ma part et ma très-large part de cette éducation légendaire commune à tous les enfants de mon âge, et formant une partie essentielle de l'éducation domestique. Mais, outre ce fonds commun auquel je puisais comme les autres, j'avais à ma disposition, dans une maison peu éloignée de la nôtre, un trésor caché que j'allais exploiter presque tous les soirs et qui enrichissait mon imagination autant que mes rapports avec l'homme de Dieu enrichissaient mon cœur. Ce trésor, que je n'ai apprécié qu'en vieillissant, était tout simplement la mère de mon ami René, pauvre veuve prodigieusement riche en souvenirs qu'elle avait apportés de quelque terre étrangère; car son nom (Marie Carrick) était inconnu dans l'île avant elle, et la désinence en est trop irlandaise pour que je n'aie pas la tentation de tourner mes conjectures de ce côté-là.

Ma curiosité n'était pas assez intelligente pour me mettre à même de savoir à quelle source cette femme extraordinaire, dont la jeunesse coïncidait avec la proscription du culte et des prêtres, avait puisé ses connaissances et ses inspirations ; car son éloquence égalait son savoir quand elle nous racontait des histoires bibliques, et elle devenait pathétique quand elle abordait le sujet des martyrs, surtout des martyrs contemporains dont le culte clandestin avait fait partie de son éducation domestique. Autant que j'ai pu me rappeler plus tard, dans mes accès de reconnaissance rétrospective, la tendance de ses improvisations, il m'a semblé qu'après la notion élémentaire du Christ et de son église, celle qu'elle s'appliquait le plus à éclaircir et à faire entrer dans notre esprit, était la notion de la sainteté, non-seulement comme objet de prédilection pour le ciel, mais aussi comme puissance imposante sur la terre ; et alors elle cherchait, dans l'inépuisable répertoire de ses souvenirs, les légendes les plus propres à renforcer l'impression qu'elle voulait produire. Une de ces légendes s'est si bien gravée dans ma mémoire et dans mon imagination, avec l'accent, le geste et le regard de celle qui la racontait, que je sens encore aujourd'hui, après soixante ans, sa parole accentuée vibrer dans mon cœur.

Le héros du récit était un moine, ce qui rendait nécessaire un préambule pour expliquer les motifs de la proscription des ordres religieux et de leur disparition totale du territoire breton. Or la légende en question avait pour but et devait avoir pour effet de nous prouver qu'ils étaient bons à quelque chose.

La scène se passait dans un pays couvert de forêts au milieu desquelles quelques disciples de saint François s'étaient construit un asile qui promettait de satisfaire leur goût pour le silence et la solitude. Un seul, plus difficile que les autres sur les conditions du progrès ascétique auquel il aspirait, s'était bâti une cellule sur un roc inaccessible et avait sacrifié tout commerce avec ses semblables pour goûter, dans toute leur plénitude, les douceurs de la vie contemplative. Il y avait déjà plusieurs années que le solitaire et ses frères marchaient d'un pas inégal dans les voies de la perfection, quand une tempête nocturne dont les rafales présageaient quelque chose de sinistre, vint éclater tout à coup sur le couvent et sur la forêt dont elle faisait craquer les arbres ; et, ce qui était plus effrayant encore, on entendait, de loin en loin, comme un cri de désespoir poussé par une voix humaine qui, se renforçant toujours davantage, porta l'effroi des auditeurs à son comble, en articulant ou plutôt en hurlant distinctement cette parole épouvantable, répétée par les échos d'alentour : *Damned ôn*, je suis damné !

La tempête se calma ; mais le calme ne faisait que donner plus de retentissement à cette exclamation du damné, laquelle devenait chaque jour de plus en plus formidable et rendait également impossible le sommeil et la prière. Il fallait nécessairement vaincre ou fuir. Une première tentative d'exorcisme fut essayée par un moine qui avait paru moins troublé que les autres ; mais à peine avait-il franchi la lisière de la forêt, que le terrible *Damned ôn* avait éclaté comme un tonnerre à ses oreilles, lui laissant à peine assez de présence d'esprit pour retrouver le chemin de sa cellule ; et l'épouvante fut si contagieuse parmi les autres moines, que le prieur seul, sur le refus de tous, eut le courage de tenter l'aventure. Il sortit donc, muni de tous les secours spirituels, et à peine fut-il entré dans la forêt, que la voix redoutée se fit entendre. Un signe de croix lui donna le courage de franchir ce premier obstacle; mais il n'eut pas plutôt fait quelques pas dans la même direction, que la même voix, devenue plus caverneuse et plus infernale par le voisinage, vint jeter à la fois la terreur dans son âme et le trouble dans ses sens; et, quand il rentra au couvent, on s'aperçut qu'il avait perdu la raison.

Alors enfin quelqu'un se souvint du frère qui avait cherché, dans une cellule plus solitaire, un asile contre les distractions même légitimes de la vie conventuelle. Cet idéal de bonheur auquel il avait aspiré et que d'autres, avant lui, avaient trouvé dans un commerce de plus en plus intime avec Dieu, il était parvenu enfin à le réaliser autant que le permettaient les conditions de l'existence terrestre, et il était maintenant trop près du ciel pour que les bruits de la terre montassent jusqu'à lui. Ni la tempête nocturne qui s'était abattue sur le couvent, ni la voix mystérieuse qui y avait porté l'épouvante, n'avaient troublé les méditations du solitaire que sa sainteté, fruit d'un long progrès spirituel, mettait à l'abri de toutes les terreurs, en même temps qu'elle lui conférait la puissance de braver l'enfer et ses légions. Cette puissance surnaturelle était maintenant la dernière ressource de ses frères contre l'ennemi que le prince des ténèbres avait déchaîné contre eux.

L'homme de Dieu prit donc le chemin de la forêt et, à la première explosion de la voix sinistre, il fit un signe de croix, puis continua sa marche. Une seconde explosion, renforcée par un double et triple écho, ne l'arrêta pas davantage. Avançant toujours dans la direction dont elle était partie, il cherchait du regard l'être satanique qu'il avait mission d'expulser, quand tout à coup le cri de *Damned ôn* sortit, avec un redoublement de violence, d'un buisson d'épines qu'il avait devant les yeux. Toujours calme et intrépide, il marche droit à l'ennemi et apercevant une tête de mort à moitié cachée par les feuilles, il la pose froidement sur sa main gauche, puis avec un geste impérieux et un ton d'autorité qui lui venait d'en haut, «puisque tu es damné, s'écria-t-il, je te somme « de redescendre dans le puits de l'abîme dont tu n'au- « rais dû jamais sortir, et de ne plus troubler le repos « des chrétiens. » En même temps il jeta la tête loin de lui avec une formule de malédiction qui eut son plein effet ; car, à dater de ce jour, la paix fut rétablie dans le pays, et les moines purent vaquer tranquillement à leurs prières.

Je puis dire que jamais récit biblique, légendaire, historique ou dramatique ne produisit sur moi une impression je ne dis pas seulement aussi forte, mais aussi durable que celle qui me resta de celui-là. Après la violente secousse imprimée à mon imagination, la sainteté fut, pour mon appréciation enfantine, ce que dut être la poudre à canon pour ses premiers expérimentateurs, c'est-à-dire une force capable de renverser tous les obstacles. Ce n'était encore qu'une lueur et une lueur bien faible, mais qui, sous l'empire de circonstances heureuses pouvait devenir lumière ; et j'ai souvent été tenté de faire remonter à cet épisode ineffaçable de mon enfance, mon invincible prédilection pour les œuvres d'art exécutés sous l'influence de cet idéal ascétique, source des plus pures inspirations et si bien compris par les grands poëtes et les grands artistes des siècles de foi.

Ma première ébullition d'enthousiasme ne pouvait me laisser indifférent au sort des moines que je regardai dès lors comme des êtres privilégiés, et leur expulsion devint ainsi mon second grief contre la République déjà coupable à mes yeux d'un péché irrémissible, pour avoir tenu éloigné de ses ouailles, pendant dix ans, le consolateur spirituel dont il m'était facile d'apprécier les bienfaits par le spectacle que j'avais tous les jours sous les yeux.

Ce furent là les premiers éléments de mon éducation politique, éléments qui devinrent de plus en plus disparates, à cause de la divergence des opinions que j'entendais exprimer autour de moi, et auxquelles malgré mon jeune âge, il m'était impossible de rester indifférent. D'un côté, je subissais, bon gré mal gré, l'ascendant toujours croissant du colonel Hervé à qui son rôle de maître d'école ne suffisait pas dans ses rapports avec nous; d'ailleurs je n'avais pas de peine à m'apercevoir qu'il avait, dans presque toutes ses appréciations, la sympathie du bon curé que je regardais comme inaccessible à n'importe quelle faiblesse, faiblesse d'intelligence ou faiblesse de caractère. D'un autre côté, l'opinion dominante, parmi les insulaires, était hostile à la cause pour laquelle les chouans avaient combattu, et cette disposition des esprits était renforcée par l'autorité du capitaine Dréano qui, sans désavouer au fond ses prédilections républicaines, avait accueilli le nouveau pouvoir comme le seul remède aux maux qui avaient pesé sur toute la France et particulièrement sur la Bretagne.

Enfin j'avais, dans mes souvenirs de famille, une autorité plus décisive encore, celle de mon propre père qui, bien que fils d'une des victimes de Quiberon, s'était réconcilié, par l'entremise du général Brune, avec le gouvernement consulaire et avait même accepté, en vue du bien qu'il y avait à faire, les fonctions, pour lui très-pénibles, d'officier municipal, fonctions qui avaient fini en 1803 et dont le dernier acte avait été une lettre écrite par ma mère et signée par lui, l'avant-veille de sa mort, pour supplier encore une fois les autorités départementales d'envoyer un prêtre dans la paroisse. C'était au plus fort des réjouissances auxquelles avait donné lieu, surtout parmi les populations maritimes, la proclamation de la paix d'Amiens. La joie des habitants de l'île d'Arz, en particulier, était en proportion de la misère inouïe qui les avait dévorés depuis 1793, et qui avait fini par supprimer presque entièrement les mariages. Maintenant les mers allaient enfin redevenir libres, les bénéfices proportionnés à la longue interruption des relations commerciales, et, comme la lettre testamentaire de mon père avait produit l'effet désiré, les besoins temporels et spirituels allaient enfin être satisfaits.

Quand j'arrivai à l'île d'Arz en 1804, l'illusion qu'on s'était faite sur la longue durée de la paix, venait de se dissiper ; mais la rupture ne fut imputée qu'à l'Angleterre, et ce fut contre elle seule que fut dirigé le concert de malédictions que je ne cessai plus d'entendre jusqu'en 1814 ; à quoi il faut ajouter l'exaspération croissante produite par le récit des traitements que les Anglais faisaient subir à nos marins, prisonniers sur leurs pontons. Ces griefs, trop fréquents pour être oubliés, semblaient avoir absorbé tout le ressentiment dont mes compatriotes étaient capables, et, si j'excepte l'école d'Hervé, le presbytère et la maison maternelle, je ne me souviens pas d'avoir jamais entendu proférer un blâme vraiment énergique contre les crimes, encore si récents, de la révolution française, ce qui était une lacune assez grave dans une éducation comme la mienne. Je me souviens du jour et du lieu où je reçus ma première leçon d'histoire contemporaine. J'accompagnais ma mère se rendant à Auray sur une chaloupe de l'île d'Arz, et quand nous eûmes descendu la rivière jusqu'à la baie de Cardelan, la pauvre femme fut tout à coup assaillie par un souvenir d'enfance qui remontait à 1792, quand elle venait d'atteindre sa quinzième année. En revenant d'Erdeven où elle était allée visiter sa tante maternelle, elle avait aperçu, dans cette même baie de Cardelan, plusieurs navires, les uns à l'ancre, les autres à la voile, que des canots montés par des forcenés à costume municipal, semblaient vouloir prendre à l'abordage. C'était le moment où l'on commençait à exécuter, sur tout le littoral de la Bretagne, le décret qui mettait le clergé fidèle dans la cruelle alternative de choisir entre l'apostasie et l'exil, décret plus particulièrement odieux aux populations bretonnes, chez qui le besoin religieux avait toujours dominé tous les autres. C'était pour échapper à la persécution dont le signal venait d'être donné par les autorités départementales, qu'une centaine de prêtres des paroisses environnantes était venue s'embarquer dans la baie de Cardelan, et c'était pour les soumettre aux perquisitions les plus indécentes que les commissaires du département venaient les visiter au moment du départ. On avait espéré faire un immense butin ; mais on ne trouva d'argent que sur un seul, à qui un de ses paroissiens avait pu faire passer une somme de 249 livres. Il fallut se dédommager en confisquant tous les objets qui pouvaient tenter la convoitise, sans excepter les médailles et les crucifix. Le premier pas avait été fait dans cette voie de spoliation impudente, et l'on ne reculait plus devant rien.

Les habitants de la côte voisine avaient aperçu dans la matinée du 24 septembre les manœuvres de cette petite flotte, composée d'un brick et de plusieurs chasse-marées. Bientôt ils virent avec une anxiété croissante les commissaires monter à bord : il y eut alors des manifestations passionnées surtout parmi les femmes, bien plus sensibles que les hommes à la suppression du culte et à la privation indéfinie des sacrements ; aussi avaient-elles formé sur la pointe la plus rapprochée de Port-Navalo, un groupe auquel s'était mêlée par l'effet d'une curiosité sympathique, la tante avec la nièce encore trop jeune pour être au courant des misères du temps et pour comprendre le but de cette singulière démonstration. Mais, quand elle vit de près la douloureuse anxiété peinte sur les visages, quand elle vit les chasse-marées mettre à la voile, et des mères, comme obéissant à un signal, s'agenouiller avec leurs enfants sur la plage, elle commença à comprendre quelque chose à ce mystère et elle emporta de cette scène une impression dont sa jeunesse ne put la défendre, et des pressentiments sinistres que les événements ne tardèrent pas à réaliser.

On devine sans peine l'effet que devait produire un pareil récit même sur un enfant, surtout quand cet enfant savait par expérience tout ce qu'il y avait de trésors de tendresse dans le cœur d'un prêtre. Je ne comprenais pas que le monde pût exister sans intermédiaire entre Dieu et lui, ni que les champs pussent être fertiles, ni les familles heureuses, sans autels, sans processions et sans cérémonies religieuses ; et j'avais à la fois une pitié rétrospective pour ceux qu'on avait privés temporairement de cette consolation, et des malédictions rétrospectives contre ceux par qui cette privation temporaire leur avait été infligée.

Quelque temps après, une autre rencontre non moins imprévue vint renforcer en moi ce double sentiment. En approchant de Vannes, nous nous aperçûmes que la mer, en se retirant, avait laissé à découvert un fragment de squelette que nos matelots, habitués à ce genre de découvertes, reconnurent aussitôt pour un débris de cadavre humain, et j'appris alors, pour la première fois, qu'on avait immolé là, dix ans auparavant, plusieurs centaines de victimes, après la catastrophe de Quiberon. Un mouvement de curiosité instinctive me fit demander à ma mère si mon aïeul paternel que je savais avoir été l'une des victimes de ce désastre avait été enseveli dans cette vase, avec les autres? Sa réponse négative me tranquillisa pour le moment; mais, à dater de ce jour, l'horreur que je conçus pour les bourreaux et pour leurs instigateurs, ne fit que croître avec l'âge, et elle atteignit son point calminant en 1815, le jour où je vis exhumer ces ossements épars auxquels s'étaient mêlés des débris de chiens galeux qu'on avait noyés dans le port. Et cependant les archives départementales n'avaient pas encore révélé, à cette époque, les circonstances horriblement aggravantes de cette atroce exécution.

Mon maître d'école Hervé qui aimait les improvisations, surtout les improvisations militaires, et qui, d'ailleurs, était très-riche en souvenirs personnels, d'un intérêt très-dramatique, aurait pu nous initier, dans la mesure que comportait notre âge, à la portion d'histoire contemporaine dans laquelle il avait figuré comme acteur ; mais la défiance des insulaires qui s'obstinaient à le croire complice de certains actes qui avaient souillé la dernière période de la Chouannerie bretonne, le forçaient à passer légèrement sur tout ce qui pouvait rappeler le souvenir de cette période, la seule cependant où il eût joué un rôle de quelque importance.

Mais à défaut de l'enseignement oral qui m'était refusé, une fantaisie d'enfant me fit découvrir une autre espèce d'enseignement qui, quoique bien au-dessus de ma portée, fut pour moi le commencement d'une initiation régulière à l'histoire de l'époque désastreuse que tant de familles, encore plus éprouvées que la mienne, avaient eu à traverser.

La fantaisie dont je veux parler, fut tout simplement le désir de construire un cerf-volant de grandes dimensions, pour lequel il fallait trouver du papier de dimensions correspondantes. Heureusement la moitié de l'étage supérieur de la maison maternelle était louée à la commune, pour servir de salle municipale ; et, plus heureusement encore, je réussissais quelquefois à m'y glisser imperceptiblement à la suite des témoins d'un mariage civil. Un jour que l'assistance était plus nombreuse, et se prêtait davantage à la satisfaction de ma curiosité, je découvris, dans un coin, un monceau de documents imprimés qui me parurent merveilleusement propres à figurer sur un cerf-volant. Dès le lendemain, j'attachais un clou recourbé à l'extrémité d'une longue perche que j'introduisais de nuit dans le sanctuaire municipal par une ouverture qu'on avait pratiquée au panneau inférieur de la porte, pour inviter les chats à faire la chasse aux souris.

Mon premier butin fut une circulaire adressée par

l'administration départementale aux communes *fidèles*, pour signaler à leur zèle des prêtres réfractaires qui avaient échappé à la vengeance des lois. D'autres circulaires ordonnaient des réjouissances fratricides, ou des mesures de terreur pour déjouer les complots des ennemis intérieurs de la République. Il y avait des pièces comminatoires relatives à la levée des marins, et aux pénalités encourues par quiconque ne se conformerait pas à la loi du *Maximum* dans le trafic des denrées alimentaires. Il y avait des prescriptions, d'une teneur encore plus mystérieuse pour moi, sur l'observation des fêtes décadaires, sur la nomenclature du calendrier républicain et sur les fêtes commémoratives des héros révolutionnaires. Tout cela était déjà de l'histoire ancienne et, à ce titre, les papiers qui s'y rapportaient, avaient été jetés au rebut. Mais pour moi, avec mes naïves croyances héréditaires, c'était une nouveauté saisissante ou plutôt repoussante, et je ne me lassais pas de provoquer des explications là-dessus, tantôt auprès de ma mère et de ma grand'mère, tantôt auprès de celui dont l'influence providentielle n'était pas moins assurée sur mon intelligence que sur mon cœur; mais je me gardais bien de lui dire à quelle source je puisais les renseignements qui motivaient mes questions; car je craignais son blâme, et, d'un autre côté, je tenais à renouveler ma manœuvre nocturne, dès que ma provision de documents serait épuisée.

Ceci se passait au commencement de 1808, avant que j'eusse atteint ma onzième année. En voyant ma curiosité se porter tout à coup sur des intérêts dont l'enfance et même l'adolescence se préoccupent rarement, il me crut capable de comprendre des choses qui étaient bien au-dessus de ma portée, et il me traita dès lors, non pas avec plus de tendresse, cela était impossible, mais avec un redoublement de confiance dont je ne sentais pas tout le prix. Par suite de l'illusion qu'il s'était faite sur ma précocité, il ne voyait plus ce que j'étais, mais ce que je pouvais devenir, pour la plus grande gloire de Dieu et la consolation de ma famille. Il y avait, dans ses conversations avec ma mère, des réticences mystérieuses qui réveillaient en elle des souvenirs et des pressentiments qu'elle ne pouvait pas dominer ; puis elle se rassurait en voyant que, non content de m'avoir dans la maison de Dieu et dans la sienne, il se faisait accompagner par moi dans les presbytères des paroisses voisines où, par un privilége dont nul enfant de chœur n'avait encore joui, je m'asseyais à la table du curé, revenu d'exil en même temps que le mien, et puisant, comme lui, dans cet honorable souvenir, une verve de conversation qui avait son effet sur tous les convives.

J'écoutais beaucoup, et je n'écoutais pas toujours sans fruit. Persécution, couronne du martyre, apostasie étaient des mots que je commençais à comprendre; mais ce que je comprenais le mieux, c'était la générosité des Espagnols envers nos prêtres proscrits, et les traits que j'entendais raconter à l'appui des éloges qu'on faisait de ce peuple, produisaient sur moi une impression assez vive pour qu'on pût me soupçonner capable d'enthousiasme, quand mon heure serait venue.

Je me souviens d'une impression du même genre, que j'emportai vers la même époque, du presbytère d'Arzon, où le nouveau curé avait réuni, pour fêter sa prise de possession, tous ses confrères des paroisses environnantes. Parmi eux on remarquait le curé de Sarzeau, que la noblesse de sa figure et de son maintien, mais surtout l'autorité de sa parole distinguaient entre tous les autres. Il était de ceux qui avaient préféré à la sécurité de l'exil le péril quotidien du service des âmes ; et, comme son courage personnel, servi par une vigoureuse constitution, égalait son dévouement au salut de ses ouailles, il pouvait, à son gré, attendrir, égayer ou exalter ses auditeurs par le récit des épreuves de tout genre qui l'avaient assailli, sans jamais l'ébranler. Plein de respect pour la vertu de résignation dont il donnait, au besoin, le précepte et l'exemple, il avait néanmoins un goût plus prononcé pour la résistance énergique, quand elle était légitime, et il étendait cette légitimité, pour les prêtres comme pour les laïques, à tous les cas d'aggression qui offraient quelques chances de succès contre l'aggresseur. C'était ainsi que, surpris au milieu d'une lande par un dragon qui le poursuivait, le sabre au poing, il l'avait arrêté tout court en s'armant d'une grosse pierre et en menaçant de lui casser la tête, s'il ne cessait sa poursuite. D'autres aventures, qui demandaient des qualités d'un autre genre et qui étaient déjà connues dans le pays, prouvaient à ceux qui ne le savaient pas encore que, dans cette âme si fortement trempée, la présence d'esprit égalait au moins l'énergie du caractère. J'étais assurément bien loin de comprendre tout ce que j'entendais ; néanmoins je subissais une sorte de fascination qui faisait que le héros de la fête était aussi devenu le mien. Je me mettais sur son passage partout où j'avais la chance de pouvoir contempler de près son visage vraiment majestueux ; je le suivais dans le jardin et surtout à l'église où il me semblait plus majestueux encore. Quand j'ai voulu analyser plus tard cette première impression que l'alliance de la beauté physique et de la beauté morale dans le même sujet, avait produit sur ma jeune imagination. J'ai été tenté d'y voir une sorte de manifestation rudimentaire du sens esthétique, resté jusqu'alors inerte. Mais ce genre d'analyse rétrospective de soi-même est presque toujours trop subtil pour être exempt d'illusion. Ce qu'il y a de certain, c'est que l'image qui venait de se graver dans mon esprit, ne fit que s'y graver davantage, à mesure que le progrès de mon éducation tant chrétienne que classique me mit plus à même de comprendre la valeur des dons qui avaient conquis, pour ainsi dire à mon insu, mes sympathies enfantines. Aussi ne fus-je pas médiocrement fier quand, dans l'automne de 1813, mes récents succès de collége me procurèrent l'honneur, alors très-envié, d'être invité à passer une partie de mes vacances dans le presbytère de Sarzeau. Or ce presbytère, comme la plupart des presbytères d'alors, était pour la génération nouvelle, la source la plus abondante et la plus pure d'enseignements historiques, dans leur rapport avec l'appréciation du passé, les épreuves du présent et les menaces de l'avenir. Je pouvais alors comprendre les jugements sévères que j'entendais porter sur la guerre d'Espagne que l'on qualifiait d'impie, sur le catéchisme impérial que l'on qualifiait de servile, sur la captivité du pape, que l'on ne croyait pas assez flétrir en la qualifiant de sacrilége !

On comprend sans peine l'état d'exaspération dans lequel je me trouvai en sortant de cette atmosphère brûlante que je venais de respirer pendant toute une semaine et qui devenait encore plus brûlante à mesure qu'on approchait de la catastrophe. Aussi les autorités départementales devenues, pendant les Cent-Jours, les alliés des vieux révolutionnaires, firent-elles à cet indomptable champion de la foi bretonne, l'honneur de le croire capable d'exciter une guerre civile, et envoyèrent-elles, sur le simple soupçon de dispositions hostiles, une escouade de gendarmerie pour cerner son presbytère; et bien que les gendarmes eussent manqué leur proie, leur tentative n'en contribua pas moins à hâter l'explosion des hostilités dans tout le canton (1). Mais je reviens à mon île et à mon curé qui, depuis les cinq ou six campagnes que j'avais faites avec lui, me traitait avec une affection plus communicative et plus sérieuse, parce qu'il commençait à me croire mûr pour le projet qu'il méditait depuis longtemps. Ce projet ou plutôt cette espérance, nourrie secrètement par ma mère, était la seule perspective consolante, bien que fort éloignée, qui se fût offerte à son imagination inquiète. La mer était pour elle un élément doublement hostile, parce qu'elle l'avait privée de son père dès le berceau, et de son mari presque au sortir de dessous l'aile maternelle. L'idée de voir son fils faire le même apprentissage et courir les mêmes chances, avait été pour elle une source d'angoisses de plus en plus douloureuses, à mesure que le terme fatal approchait; car déjà plus d'un enfant de mon âge m'avait donné l'exemple et avait cherché, sur les rôles de l'inscription maritime, une sauvegarde contre la conscription militaire que tous les marins avaient en horreur même avant qu'elle eût dévoré, comme elle le fit bientôt, les populations de la terre-ferme : il fallait donc choisir de deux maux le moindre, ou bien encore se réfugier dans le sanc-

(1) Ce personnage extraordinaire et presque légendaire mourut en 1826. Bien que sa mort fût marquée par la plus haute piété, ce fut cependant son énergie qui excita surtout l'admiration.

tuaire que l'on travaillait à repeupler et que l'héroïsme récent des prêtres fidèles avait rendu doublement attrayant pour les âmes pures et fortes qui se sentaient la vocation de marcher sur leurs traces.

Mais, pour profiter de cette dernière ressource, il fallait appartenir au petit nombre de familles privilégiées que les vengeances ou les cupidités révolutionnaires n'avaient pas trop appauvries. Or les conséquences de la confiscation encourue par mon père, pour avoir pris part, en 1799, à la dernière campagne de la chouannerie, avaient été considérablement aggravées par la catastrophe qui avait brusquement terminé sa carrière navale et qui devait être suivie d'une longue agonie rendue doublement douloureuse par la prévision des embarras domestiques qui allaient être la conséquence de sa mort. Heureusement ma grand'mère avait eu pitié de sa fille et avait quitté, dès 1805, sa résidence de Port-Louis, pour venir partager avec nous, dans sa maison de l'île d'Arz, nos courtes joies et nos longues tristesses. Plus heureusement encore pour nous tous, il ne lui était pas impossible, le cas échéant, de prélever sur son modeste revenu de quoi couvrir, au moins en partie, les frais d'une éducation spéciale qui promettrait des résultats proportionnés au sacrifice.

Le prêtre qui veillait à ma destinée, savait tout cela. Il savait aussi qu'il y avait, à la tête du séminaire de Vannes, un autre prêtre beaucoup plus riche que lui, qui avait été son compagnon d'exil en Espagne et dont la mission était, non-seulement de préparer des successeurs au vieux clergé dont les rangs s'éclaircissaient de plus en plus, mais encore de faciliter, avec son propre patrimoine, les vocations ecclésiastiques, surtout dans les campagnes, où les familles les plus respectables étaient aussi les familles les plus ruinées. Les subventions provenant d'une telle source et dans un tel but n'avaient rien d'humiliant ni dans le fond, ni dans la forme. C'était un emprunt qu'on était censé contracter, soit à charge de remboursement facultatif, soit à charge de transfert éventuel à un autre élève qui se trouverait un jour placé dans les mêmes conditions que l'emprunteur; et c'est parce que cette dette sacrée a souvent été payée en nature, c'est-à-dire en instruction gratuite, qu'on a vu, dans la génération suivante, un si grand nombre de prêtres qui avaient été élevés dans les presbytères, réaliser par leurs succès dans l'enseignement ou dans le ministère, les espérances qu'ils avaient fait concevoir à leurs maîtres (1).

La grande difficulté se trouvant donc aplanie, il ne restait plus qu'à notifier aux parties intéressées le projet depuis longtemps mûri, dont l'exécution devait être immédiate. C'était le premier bonheur vivement senti par ma mère depuis son veuvage; mais ce bonheur était un peu gâté par le chagrin avec lequel j'accueillis cette ouverture. Elle ne soupçonnait ni la force du lien qui m'attachait à cette seconde patrie devenue mille fois plus chère que la première, ni le charme qu'avaient pour moi mes fonctions semi-sacerdotales, ni l'empire qu'avaient pris sur mon cœur non-seulement l'affection filiale et fraternelle, mais encore le sentiment, très-sérieux pour mon âge, que m'avait inspiré le consolateur de ma mère et parfois aussi le mien, sentiment que je ne

---

(1) Le prêtre dont il est ici question était l'abbé le Gall, mort en 1831. Nul ecclésiastique n'a si bien mérité que lui du diocèse de Vannes.

pouvais pas analyser alors, mais dans lequel je suis sûr qu'il entrait encore plus de vénération que de reconnaissance. L'idée de vivre en dehors de cette tutelle ne s'était jamais présentée à mon esprit, pas plus que celle de placer hors de l'île d'Arz, le centre de mes affections ou de mes intérêts, ce qui était pour moi une seule et même chose; et l'ambition qu'on avait pour moi, était tellement au-dessus de ma portée, que je courais risque de devenir suspect d'ingratitude. En vain les femmes les plus pathétiques (je veux dire celles qui s'étaient signalées auprès du lit des mourants, pendant la proscription des prêtres, comme Marie Carrick et Pélagie Dréano, la digne sœur du grand capitaine), en vain, dis-je, ces deux âmes charitables essayèrent-elles de m'émouvoir en me parlant de la miséricorde de Dieu envers ma famille et des consolations qu'elle avait droit d'attendre de moi, je n'étais pas d'âge à trouver dans l'avenir et surtout dans un avenir incertain une compensation au sacrifice qu'allait me coûter mon départ immédiat pour Vannes. Aussi mes adieux furent-ils tristes, comme si j'avais dû partir pour une terre étrangère, sans espoir bien défini de retour, et cette tristesse qui était comme un pressentiment de mes misères, ne fut que trop justifiée par le changement complet qui se fit dans mon existence.

CHAPITRE II.

Le pensionnat dans lequel je dus faire mon premier apprentissage, était situé dans la rue la plus étroite et la plus sombre de la ville, et notre appartement me faisait l'effet d'être le plus sombre de toute la rue. Mais il y avait une chose qui atténuait un peu cette première impression, c'est que l'hôtesse était de l'île d'Arz et qu'elle en portait le costume mieux adapté qu'aucun autre à un certain air de dignité matronale qui lui était naturel, mais qui dégénérait trop souvent, vis-à-vis des élèves peu protégés, en sévérité intempestive. Du reste, il ne lui manquait aucune des qualités propres à lui concilier le respect, et il nous est arrivé plus d'une fois d'y ajouter l'admiration, quand, après la prière du soir qu'elle disait avec nous, elle nous faisait des improvisations, soit sur l'ancien testament qui avait été son étude favorite, soit sur les profanations, les persécutions et même les exécutions dont elle avait été témoin et souvent témoin très-alarmée à cause des dangers courus par son propre frère, l'un des héros du clergé breton pendant les jours d'épreuve qu'on venait de traverser, et devenu, depuis la pacification religieuse, le pasteur vénéré de la paroisse de Surzur.

C'était lui qui avait persuadé à sa sœur, veuve du capitaine le Sant, de s'établir à Vannes, pour y soigner l'éducation de ses deux fils, à l'exemple de plusieurs autres veuves de l'île d'Arz qui suppléaient, par les mêmes moyens qu'elle, c'est-à-dire par la rétribution de quelques pensionnaires, à l'insuffisance de leur revenu. Pour ceux qui comprenaient les difficultés d'une telle tâche et qui voyaient de près la manière dont elle était remplie, c'était un spectacle vraiment édifiant que celui de ces mères prévoyantes et fortes qui sacrifiaient une aisance relative dans leur pays et ce qui leur restait de jeunesse, à des chances incertaines de vocation ecclésiastique, la seule qui offrît à leurs enfants un asile sûr contre les menaces de la conscription.

Ce genre de spéculation avait été impossible avant la conclusion du concordat, parce que l'enseignement officiel n'offrait pas alors des garanties suffisantes aux familles chrétiennes. D'ailleurs le collége de Vannes ne fut guère réorganisé qu'en 1805. Cette réorganisation, impatiemment attendue, selon la diversité des espérances, ne fut accueillie, dans aucune paroisse, maritime ou rurale, avec plus de satisfaction qu'à l'île d'Arz. Ce fut comme le signal de l'émigration temporaire projetée depuis longtemps par un certain nombre de femmes qui avaient appris de la génération précédente et particulièrement de la veuve Mahé qui en avait donné le premier exemple, à mettre le bienfait de l'éducation au-dessus de tous les priviléges, et qui avaient en outre puisé un surcroît d'aptitude dans la nécessité de se donner à elles-mêmes et à leurs enfants, l'instruction religieuse que le prêtre pouvait rarement leur donner. Ces deux causes réunies avaient produit des effets qui furent longtemps pour moi d'autant plus inexplicables que je ne voyais aucun symptôme de ce genre se manifester dans la population de l'île aux Moines, plus favorisée que la nôtre, sinon sous le rapport de l'intelligence, du moins sous le rapport de la fortune; mais elle n'avait pas eu, comme nous, dans la dernière moitié du xviiie siècle et surtout après l'élan donné par la guerre d'Amérique, une sorte d'aristocratie diminutive, composée non-seulement de fonctionnaires en retraite avec leurs familles, mais encore de plusieurs rejetons de familles nobles à la tête desquelles brillaient, mais sans aucun rayon de popularité, les deux frères de Castellane, dont le souvenir fut promptement effacé par celui de *vénérable et discret Messire* François Portanguen, qui était le recteur de la paroisse. Ses charités, jointes à celles de sa belle-sœur, Anne Guillemot, avaient laissé une telle impression parmi les habitants, que les bénédictions données à la mémoire de l'un et de l'autre, plus de vingt ans après leur mort, furent, entre les souvenirs de mon enfance, l'un des plus durables et des moins compromis par les distractions de mon âge (1).

Outre l'influence permanente des familles étrangères domiciliées dans l'île, il y avait l'influence périodique

(1) Je cite quelques noms que je trouve inscrits sur le registre de la paroisse : Dubois de la Salle, Thomas Tascon, venu de Sarzeau, demoiselle Marie-Anne Dubodan Kermain, demoiselle Angélique de la Lande, demoiselle Marie Desplaces, plus des brigadiers aux fermes du Roi, des ambulants aux devoirs de la Bretagne, etc., etc.

des prêtres missionnaires qui venaient des paroisses environnantes pour aider le pasteur à réveiller les âmes de son troupeau, quand il craignait qu'elles ne fussent engourdies. Une secousse de ce genre avait eu lieu en 1754, sous les auspices de deux prêtres en qui le patriotisme local doublait le zèle pour la conversion des pêcheurs. Ces deux zélés missionnaires étaient l'abbé le Joubioux, recteur de Noyalo et l'abbé le Tallec, recteur de Plouharnel, tous deux originaires de l'île d'Arz et, de plus, issus de familles alliées entre elles depuis plus de cent ans (1); aussi la mission, qu'ils dirigèrent ensemble, fut-elle mémorable, non-seulement par l'élan qu'ils imprimèrent aux âmes, mais encore par les deux monuments qu'ils laissèrent après eux pour entretenir ou réveiller les impressions qu'ils avaient cherché à produire; je veux dire le calvaire du cimetière et le tableau du maître-autel, copié sur la fameuse descente de croix de Lebrun.

Une autre secousse encore plus forte, si l'on en juge par le nombre des missionnaires, fut imprimée ou du moins tentée en 1788, quand les nuages précurseurs de la tempête qui devait déconcerter tant d'esprits et troubler tant de consciences, s'accumulaient à l'horizon. Mais, pour la plupart des marins, surtout pour ceux qui avaient pris des cargaisons et des idées dans le nouveau monde, tous ces symptômes passèrent inaperçus. Aussi cette dernière mission fut-elle plus stérile que toutes les précédentes, du moins par rapport à la moitié soi-disant la plus intelligente de la population. Il en fut tout autrement pour les femmes qui, ne subissant presque jamais

---

(1) En 1648, se fit le mariage de Jean le Tallec avec Jeanne Le Joubioux.

l'influence étrangère, et subissant rarement, du moins en matière de croyances, l'influence conjugale, s'associèrent à la tristesse si imposante de tous ces pasteurs qu'elles ne devaient plus revoir et qui allaient être dispersés ou engloutis par la tourmente révolutionnaire. Et cependant quels pressentiments pouvaient être assez sombres pour les dix années de torture morale qui survinrent et qui mirent si souvent les âmes les plus fortes à de si terribles épreuves?

Maintenant, si l'on réunit par la pensée les influences diverses que je viens d'énumérer et qui furent senties, avec plus ou moins d'intensité, pendant tout le cours du XVIIIe siècle, on comprendra sans peine qu'elles aient eu pour effet d'élever le niveau des esprits aussi bien que celui des caractères, et ceux qui seraient curieux de savoir où en était le niveau de la moralité, seront certainement édifiés d'apprendre que, dans l'espace de cent ans, il n'y eut d'enregistrée qu'une seule naissance illégitime!

Voilà de quelle école étaient sorties les femmes courageuses qui, à dater de l'année 1805, vinrent, avec leurs fils ou leurs neveux, frapper à la porte du collége de Vannes qui venait de se rouvrir indistinctement pour les vainqueurs et pour les vaincus. Il y eut des mères dont le dévouement fut récompensé par les plus merveilleux succès et qui se virent périodiquement encombrées par les couronnes de laurier que la distribution annuelle des prix faisait pleuvoir chez elles. La plus heureuse en ce genre était sans contredit la veuve Monnier à laquelle on avait de la peine à pardonner son bonheur, dont elle jouissait avec un double orgueil, car en voyant son fils marcher si bien sur les traces de son père que ses talents avaient élevé, jeune encore, au grade de capitaine de frégate, elle nourrissait son ambition maternelle des espérances les plus flatteuses. Qu'eût-ce donc été, si elle avait pu prévoir que son fils, après vingt années de succès dans l'enseignement philosophique, irait un jour, grâce à l'influence de ses nombreux disciples, représenter, dans notre assemblée législative, les principes à la propagation desquels il avait consacré la plus belle partie de sa vie?

Mais la perle de cette colonie transplantée de l'île d'Arz, à Vannes, celle qui représentait le mieux la nationalité insulaire, était sans contredit la demoiselle Hédan, qui s'était faite la mère adoptive des trois enfants de sa sœur. Fille et belle-sœur de capitaine et, de plus, nièce d'un prêtre qui avait eu sa bonne part des misères de l'exil et des émotions du retour, elle était riche de l'expérience d'autrui et de la sienne, et elle n'était dépourvue d'aucun des dons qui pouvaient lui apprendre à tirer parti de cette richesse. Douée d'une piété à la fois tendre et solide jointe à une rare finesse d'observation, qui perçait dans son regard, sans en altérer la douceur, elle combinait les résultats de son jugement avec les impulsions de sa charité, de manière à rendre ses consolations et ses conseils aussi efficaces que le comportait la faiblesse humaine. Grâce à une sorte d'intuition dont une âme moins charitable que la sienne aurait pu abuser, elle devinait tout d'abord ce qu'il y avait de défectueux dans les caractères, et c'était surtout à combler ce genre de lacunes qu'elle appliquait tous ses soins, laissant à d'autres, plus compétents qu'elle, celui de découvrir et de combler les lacunes de l'instruction proprement dite.

Pour comprendre la nature des difficultés qu'elle avait

à vaincre, il faut savoir que son pensionnat, le premier de tous, tant pour la qualité que pour la quantité des élèves, était composé de manière à mettre quelquefois en face l'un de l'autre, comme rivaux de jeu ou rivaux d'étude, le fils enrichi d'un parvenu révolutionnaire et le fils appauvri d'une victime de la révolution. C'était là surtout que le tact exquis dont cette femme admirable était douée, trouvait à s'exercer avec succès. L'idée de flatter un enfant riche ne se serait pas plus présentée à son esprit que celle d'insulter un enfant pauvre; mais elle trouvait moyen de tirer de ce contraste même, qui se renouvelait souvent sous ses yeux, des leçons qui, à force d'être répétées, pouvaient tôt ou tard porter leurs fruits. Ni celles auxquelles j'ai assisté plus d'une fois, ni celles que j'ai reçues directement pour mon propre compte et dont je ne comprenais pas toujours la portée, ne sont sorties de ma mémoire. Son thème favori, dans ses conversations avec moi, n'était pas le respect que je devais à mes supérieurs, mais bien plutôt le respect que je me devais à moi-même, respect qu'elle ne trouvait pas suffisamment inculqué, du moins dans le sens où elle l'entendait, par ceux qui traçaient à la jeunesse la voie qu'elle devait suivre. Ce fut alors que j'entendis, pour la première fois, la distinction, inintelligible pour moi, entre l'orgueil et la fierté. Plus tard, quand mes succès de collége lui parurent dangereux pour mon âme, elle redoubla d'efforts pour me faire sentir ce qu'il y avait de misérable dans les enivrements de l'amour-propre :
« Sois fier, mon enfant, me disait-elle souvent, mais
« ne sois pas orgueilleux. » C'était comme une devise dont elle cherchait à me rendre digne, et qu'elle allongeait quelquefois en y ajoutant ces paroles qui sentaient

un peu trop le terroir : « Nous autres îlois nous ne de-
« vons rien faire qui dégrade (1). » Elle ne se lassait pas
de répéter cette leçon ou d'autres du même genre à ceux
qu'elle supposait capables de les comprendre, et elle se
trompait rarement sur les aptitudes ou sur les tendances
des jeunes gens confiés à ses soins. Ce fut sous son influence et, en quelque sorte, sous ses auspices, que naquit, pour faire explosion plus tard, l'enthousiasme de
notre poëte Brizeux pour sa chère Bretagne, et ceux qui
ont entendu de sa bouche l'expression ardente des sentiments qu'il conservait encore, au bout de quarante ans,
pour celle qu'il appelait sa seconde mère, ne révoqueront
jamais en doute la part qu'elle eut au développement de
son intelligence aussi bien que de son cœur.

Quant à moi, malgré l'intérêt maternel qu'elle me
portait, je ne pouvais avoir avec elle que des relations ac-
cidentelles; car je n'allais dans sa maison que pour profiter des leçons qu'un vénérable ecclésiastique donnait à
d'autres élèves qui aspiraient, comme moi, à suivre les
cours du collége où les classes élémentaires n'avaient pas
été rétablies, ce qui astreignait les nouveaux venus à un
noviciat plus ou moins prolongé.

Avant que le mien fût terminé, c'est-à-dire avant que
je fusse admis à prendre part aux exercices réguliers du
collége, j'avais été initié à bien des choses. Mes compagnons de chambre, d'étude et de jeu étant venus là des
points opposés du département et appartenant presque
tous à des familles qui avaient fourni leur contingent de
victimes à la révolution, il en était résulté, sans aucune

---

(1) A Vannes, les femmes de l'île d'Arz étaient désignées sous le nom barbare d'*iloises*, pour les distinguer des bourgeoises de la ville.

préméditation de notre part, un véritable enseignement mutuel, auquel chacun contribuait suivant la mesure des crimes ou des catastrophes dont son canton avait été le théâtre. Ces fragments d'histoire contemporaine qui s'accumulaient tous les jours, ne restaient pas oisifs dans notre mémoire, comme des fragments d'histoire grecque ou romaine, mais s'élaboraient à notre insu, de manière à faire participer toutes nos facultés au surcroît d'énergie que nous tirions de cette revue rétrospective faite, pour ainsi dire, à bout portant. Les émotions ou plutôt les répulsions devinrent encore plus fortes, quand nous entrâmes au collége et qu'au premier appel fait par le professeur, nous entendîmes des noms sinistres avec lesquels nous n'étions que trop familiarisés. Heureusement pour ceux qui les portaient, l'article qui les concernait dans notre code de discipline, fabriqué par nous-mêmes, était un de ceux que nous respections le plus, à cause de notre répugnance instinctive à faire retomber sur les enfants l'odieux ou la responsabilité des crimes commis par leurs pères. D'ailleurs, les grands coupables, ceux qui s'étaient montrés encore plus ennemis de Dieu que des hommes, avaient été tellement abaissés par la publication du concordat, qu'on pouvait presque se consoler de leur insolence passée par leur abjection présente, à quoi il faut ajouter la confiance que l'empereur, récemment couronné par le pape, inspirait encore, à cette époque, à la plupart des pasteurs revenus de l'exil et, par conséquent, à leurs ouailles dont nous faisions partie. Aussi la conscription, qui devait, un peu plus tard, soulever des résistances formidables, était-elle plutôt acceptée comme un devoir que subie comme une charge ; et la preuve de cette incroyable révolution dans les esprits nous est fournie par le chiffre authentique des désertions devenues tellement rares par suite de la paix rendue à l'Église de France, que l'un des cantons les plus récalcitrants du département, le canton de Grand-Champ, ne comptait pas un seul réfractaire en 1802. Mais en 1804 on vit recommencer la progression ascendante qui ne s'arrêta plus et devint tout à coup très-significative, quand il fut question d'incorporer les conscrits bretons aux régiments dirigés contre l'Espagne. Alors ceux en qui le sentiment de justice se trouvait exalté par celui de la reconnaissance pour les bienfaiteurs de nos prêtres exilés, furent exposés à des tentations terribles.

A ce premier ébranlement vint bientôt se joindre celui que produisit la nouvelle de la captivité du saint-père. En voyant la joie que causait aux vieux révolutionnaires cette nouvelle rupture de la France avec le chef de l'Église, nous nous demandions naturellement ou nous demandions à nos guides s'il fallait prendre au pied de la lettre les injonctions du catéchisme impérial en matière d'obéissance, et les menaces de damnation éternelle lancées contre les conscrits récalcitrants par les mandements épiscopaux ?

Les moins tourmentés parmi nous étaient ceux à qui une vocation précoce jointe souvent à l'attrait de services périlleux, avait fait prendre la résolution de se consacrer au service des autels, le seul asile resté inaccessible aux agents de la conscription. Mais les élèves qui aspiraient à cette exemption étaient tenus d'en faire la déclaration officielle dès qu'ils étaient admis à suivre les cours du collége. Cette formalité, qui au fond n'engageait à rien, mais qui présentait à un enfant de treize ans tous les caractères d'un engagement solennel, me troubla d'autant plus que je ne voulais confier à personne mes inquiétudes secrètes sur les obstacles que je craignais de trouver en moi-même à l'accomplissement du vœu le plus cher de ma pauvre mère. J'avais déjà failli trahir mes arrière-pensées mondaines le jour où, seul entre tous mes camarades de pension, je voulus inscrire mon nom sur la liste des élèves qui suivaient les cours de dessin, institués, me répondit-on, pour les carrières civiles seulement et dont, par conséquent, les candidats ecclésiastiques étaient exclus. Cet échec me découragea complétement et je n'osai plus espérer de retrouver une occasion de réaliser le rêve que j'avais choyé depuis mon enfance, c'est-à-dire depuis les tribulations que m'avait suscitées ma passion pour les images.

Tous les ans, à la rentrée des classes, il fallait renouveler mon terrible engagement et chaque renouvellement ajoutait à mes angoisses et à mes scrupules; car je voyais approcher le jour où il faudrait peut-être choisir entre le séminaire et le bivouac, et, à chaque nouvelle conscription, j'avais sous les yeux des scènes de plus en plus déchirantes de douleur maternelle qui, en me donnant des remords anticipés, avaient pour effet d'ébranler mes résolutions.

A l'exception de ceux qui vécurent avec nous ou qui reçurent nos confidences, personne ne pourrait donner une idée des tortures morales auxquelles nous étions en proie; car les hommes à qui leur caractère sacré joint à leur courage héroïque dans la persécution, avait donné le droit de parler à nos consciences, commençaient à ne plus tenir compte des circulaires épiscopales qui leur enjoignaient de prêcher l'obéissance aux lois de l'empire et surtout à celles qui grossissaient chaque année l'impôt

7

du sang; et lorsque, en dépit des précautions de la police, ils surent enfin, d'une manière certaine, que le pape avait lancé une bulle d'excommunication non-seulement contre l'usurpateur de ses États, mais aussi contre les fauteurs et complices de l'usurpation, leur résistance prit un caractère bien autrement grave. On ne gagnait rien à leur dire que l'obéissance à l'empereur était le plus saint des devoirs; cette maxime ne convenait pas plus aux pasteurs qu'à leurs ouailles, et ni les uns ni les autres n'étaient disposés à comprendre les préceptes du christianisme dans le sens du catéchisme impérial. D'ailleurs, il y avait un bon nombre de vieux prêtres qui, ayant contracté l'habitude des résistances énergiques, étaient tout prêts à recommencer. Quelques-uns même furent dénoncés au ministre de la police, pour avoir prêché ouvertement l'insurrection contre le pouvoir impérial, pendant une mission qui avait eu lieu au bourg de Guern. Il est certain qu'on y avait discuté hardiment et à haute voix la plus dangereuse de toutes les questions, à savoir, si les catholiques étaient plus liés envers l'empereur que l'empereur n'était lié envers le pape? Déjà on avait fait circuler des rumeurs vagues sur les dispositions et les manifestations de plus en plus hostiles du clergé breton; et, dès 1809, un décret impérial avait supprimé toutes les missions, en même temps qu'une pénalité sévère était décrétée par le nouveau Code contre tout prêtre qui critiquerait une loi ou un acte quelconque du gouvernement, et contre toute association de plus de vingt personnes, qui se réunirait pour délibérer sur les affaires religieuses. En 1811, la persécution prit un tel caractère de violence, qu'on fut tenté de croire qu'elle allait devenir sanglante. Les arrestations se multiplièrent sur divers points de l'Empire, et un décret impérial prescrivait aux tribunaux de poursuivre, comme provocateur à la guerre civile, quiconque serait convaincu d'avoir transmis ou communiqué le bref lancé par le souverain pontife. Enfin, la démence du despotisme fut poussée si loin, que, sans tenir compte de la réclamation des évêques, on proscrivait la théologie de Bailly, ainsi que tous les ouvrages religieux où la suprématie du saint-siége était formellement reconnue.

Un des résultats les plus déplorables de notre fausse position vis-à-vis des agents de ce terrible pouvoir, était l'habitude que nous contractions de n'en respecter aucun. Tantôt c'était du sanctuaire de la justice que nous venait le scandale, quand nous voyions exécuter, devant la porte du collége, de pauvres déserteurs qui, pour ne pas prendre part à une guerre impie, avaient regagné, à travers mille périls, non pas leur chaumière où les garnisaires étaient en permanence, mais les bois qui en étaient le plus rapprochés. Tantôt c'était l'université, notre vénérable mère, qui nous scandalisait par la servilité de ses règlements organiques rédigés dans des termes qui étaient encore plus propres à soulever le dégoût que l'indignation. Enfin le scandale nous vint encore de plus haut, quand une circulaire épiscopale du mois de mars 1813 vint nous apprendre « que la « France était tranquille, que le monarque venait d'as- « surer la prospérité de la religion, et que, si quelques « désastres avaient été essuyés dans les dernières cam- « pagnes, on devait s'estimer heureux d'être appelé à « les réparer. » Et pour nous faire concourir, par notre enthousiasme, à cette réparation, un de nos professeurs, celui qui avait le plus besoin de se concilier les autorités locales, non content de donner à ses élèves les bulletins de la grande armée pour sujets de composition, traduisait en latin toutes les proclamations militaires et les faisait ensuite retraduire en français, non sans se récrier sur les sublimes beautés de l'original! Quelles leçons pour la jeunesse et à quelle dépression de caractère ne serions-nous pas descendus, si rien en nous et autour de nous n'avait contre-balancé ces dégradantes influences? Heureusement nous comprenions la sympathie, presque toujours muette, dont nous étions l'objet de la part des deux professeurs que nous révérions le plus à cause de l'auréole qu'ils avaient rapportée de l'exil, et aussi à cause de l'enthousiasme qu'ils avaient toujours exprimé pour les Espagnols.

Au plus fort de l'émotion qu'avaient causée parmi nous certains épisodes de la guerre d'Espagne et particulièrement celui du siége de Saragosse, malgré la suppression des plus importants détails, le hasard voulut, mais un hasard providentiel, qu'on mît entre nos mains, pour nous exercer à la traduction française, un livre très-médiocre au point de vue de la latinité classique, mais qui, au point de vue plus élevé de l'enseignement des grandes vertus, semblait avoir été rédigé tout exprès pour des enfants appelés à de grandes épreuves. Ce livre était l'histoire des Machabées par le vénérable Lhomond, histoire qui était lettre close pour nous, comme toutes les autres histoires anciennes et modernes, et sur laquelle notre professeur, très-prudent de sa nature, n'était ni apte ni disposé à nous donner des commentaires héroïques. Nous n'en percevions pas moins de vagues rapports de ressemblance entre les héros juifs et les nôtres; nous nous enflammions au récit de ces luttes entre une vieille religion que ses enfants voulaient défendre et une religion nouvelle qu'on voulait élever sur ses ruines, et nous regardions, en quelque sorte, Judas Machabée comme le chef de la plus ancienne chouannerie dont il fût fait mention dans l'histoire.

Un autre livre encore plus propre à exalter nos imaginations, et qui circulait clandestinement parmi les élèves des classes supérieures, était *la Jérusalem délivrée* du Tasse, que je brûlais de lire à mon tour, à cause de l'impression que ce poëme chevaleresque semblait produire sur mes condisciples plus heureux que moi. Le jour vint enfin où je pus satisfaire ma dévorante curiosité, mais ce fut en trompant la vigilance de notre hôtesse qui, entre autres engagements de son état, avait pris celui de dénoncer tous les livres suspects au censeur du collége, quand il ferait son inspection périodique dans les chambrées. Or *la Jérusalem délivrée* était un livre plus que suspect, et ce fut à force de stratagèmes et de nuits blanches que je parvins à dévorer jusqu'à la tige ce fruit défendu qui me parut plus propre à corriger qu'à aggraver les conséquences du péché originel.

Ce fut pour moi comme la découverte d'un monde nouveau; car mon ignorance, ainsi que celle de mes camarades, n'était égalée que par notre simplicité. Nous savions un peu d'histoire contemporaine, et voilà tout; encore n'en savions-nous que ce qui se rapportait immédiatement aux épreuves subies par nos familles respectives, et ce n'était pas seulement le fil des traditions nationales, c'était aussi le fil des traditions provinciales qui avait été rompu pour nous. C'était au point que nous ignorions même les noms des champions qui s'étaient le plus illustrés dans la lutte soutenue par nos parlements pour la défense de nos droits et de notre nationalité méconnus.

Toute notre politique, si l'on peut donner ce nom à des instincts alimentés par quelque chose de mieux que le progrès intellectuel, toute notre politique, dis-je, se concentrait, presqu'à notre insu, sur un seul point, la liberté des âmes, ce qui est autre chose que la liberté des intelligences, telle que l'avaient proclamée, avec plus de naïveté que de prévoyance, les premiers dépositaires de la puissance révolutionnaire. Cette seconde liberté est bien plus indépendante que l'autre dans ses allures, ses conquêtes sont plus bruyantes et plus applaudies, et comme elle n'est pas trop gênée par son respect pour le passé, elle marche toujours en avant vers de nouvelles conquêtes qui ne se font pas toujours au profit des plus nobles besoins de la nature humaine. Au contraire, les besoins auxquels se rapporte la liberté des âmes sont à la fois plus sacrés et plus impérieux : plus sacrés, parce que leur objet est la source même de la vie spirituelle ; plus impérieux, parce que ces besoins sont ceux pour lesquels l'homme, dans les conditions normales, sacrifie le plus volontiers sa vie; de sorte que, dire à ceux qui font ou sont prêts à faire ce sacrifice, que leurs prétendus besoins sont une dérogation à la dignité humaine, c'est une insolence que les peuples susceptibles ne se bornent pas toujours à châtier par le mépris, surtout quand on y ajoute les mesures de répression les plus impitoyables, y compris l'échafaud !

Il est vrai que la foi, la piété et la résignation pouvaient former un triple rempart derrière lequel la résistance passive ne pouvait manquer d'être invincible ;

mais ce système de défense, suffisant pour ouvrir les portes du ciel et pratiqué trop souvent devant des ennemis peu scrupuleux, nous semblait incompatible avec l'interprétation que nous donnions à la belle devise de nos ancêtres : *potius mori quam fœdari ;* car nous entendions par là mourir à la manière des croisés, et non pas à la manière des martyrs, sans que cette préférence dérogeât en rien à l'espèce de canonisation anticipée que nous décernions à ceux de nos prêtres qui avaient subi ce genre de mort.

Il est donc certain qu'à nos yeux l'intérêt religieux dominait tous les autres, comme il les avait dominés dès le début de la guerre civile et pendant toute sa durée, jusqu'à la catastrophe de Quiberon. Aussi le général Hoche, le seul entre tous les agents du despotisme républicain qui eût un peu compris la légitimité du besoin religieux, demandait-il avec instance, comme première condition d'une pacification sérieuse, la rentrée des prêtres dans leurs paroisses et le rétablissement du culte dans les églises. Là fut toujours la véritable pierre d'achoppement dans toutes les négociations entamées par les divers pouvoirs qui se succédèrent avant l'avénement du général Bonaparte, sous le titre de premier consul. En faisant ce que Hoche avait conseillé de faire et même davantage, et en ajoutant à cette concession un hommage à la fois habile et sincère aux insurgés qu'on avait voulu flétrir par la qualification de brigands, le nouveau maître des destinées de la France faisait une spéculation dont le succès ne pouvait être compromis que par ses propres fautes. Or, à l'époque dont je veux parler, les fautes s'étaient tellement aggravées et cette aggravation avait pris, dans le Morbihan, un caractère si manifeste de persécution religieuse, que les élèves qui passaient de la classe de philosophie dans le séminaire ecclésiastique ne pouvaient s'empêcher de penser à leurs devanciers, ni maîtriser entièrement les pressentiments qui obsédaient leur imagination, sans ébranler leur courage.

On se figure sans peine l'impression qu'une pareille perspective et de pareilles confidences faisaient sur des enfants qui comprenaient déjà la portée des sacrifices qu'ils auraient à faire; car la précocité des prévisions était plus développée chez nous qu'aucune autre, et comme ces prévisions portaient sur des éventualités que la complication des faits contemporains rendait de plus en plus insaisissables, nous nous familiarisions d'avance avec des idées qui, partout ailleurs, eussent été au-dessus de notre âge.

Il est vrai que la composition et l'organisation du pensionnat auquel j'appartenais, favorisait merveilleusement ces dispositions. Outre sa supériorité numérique sur presque tous les autres, il avait encore la gloire de fournir les champions les plus valeureux tant pour la formidable gymnastique de la *Soule* que pour les collisions trop souvent sanglantes auxquelles donnait lieu l'insolence d'une certaine populace révolutionnaire dont les exploits ne nous étaient que trop connus (1). Grâce à ces hostilités intermittentes, il s'était formé parmi nous une sorte de hiérarchie assez analogue à la hiérarchie militaire, et qui assignait aux plus braves un genre de supériorité devant laquelle tous les autres s'incli-

---

(1) Ces combats des rues ainsi que les autres préludes de notre aventureuse campagne de 1815, sont racontés plus au long dans l'ouvrage intitulé : *La petite chouannerie.*

naient, et qui donnait au pensionnat de la veuve Le Sant un lustre que lui enviaient tous les autres pensionnats. Là se trouvaient les enfants des familles les plus atteintes dans leurs biens et leurs affections, et les plus indomptables dans leur résistance. Grâce à des traditions domestiques, assez récentes pour n'avoir rien perdu de leur vigueur, les idées de sacrifice et de dévouement leur étaient déjà familières et le rayonnement de courage qui se faisait autour d'eux, imprimait aux autres un élan qui ne pouvait manquer d'être irrésistible, quand le jour de l'explosion serait venu. On distinguait dès lors, entre tous ces candidats à la dignité ecclésiastique, ceux que l'énergie de leur caractère devait désigner au choix de leurs camarades, le jour où l'on procéderait à l'organisation de la compagnie des écoliers, pour notre mémorable campagne de 1815 ; mais, à l'époque où notre organisation scolastique avait atteint, au dedans et au dehors, toute la perfection dont elle était susceptible, un intervalle de deux années nous séparait encore de la catastrophe des cent jours.

1813 ! l'une des dates les plus tristes dans les souvenirs de toute ma vie ! jamais nous n'avions vu tant d'exécutions sur la place du collége, jamais nous n'avions eu à traverser tant de mares de sang pour y arriver ; et ce sang, nous osions dire entre nous que c'était du sang innocent, quand c'était celui de quelque pauvre réfractaire qui, plutôt que d'aller tuer des Espagnols, s'était exposé à commettre quelque vol avec effraction nocturne pour ne pas mourir de faim, attendu que les garnisaires étaient en permanence au foyer domestique.

Un autre spectacle moins tragique, mais plus émouvant, qui se renouvelait sans cesse sous nos yeux, était celui des séparations déchirantes auxquelles donnait lieu le départ forcé d'un fils unique qu'on croyait avoir soustrait par un remplacement dispendieux à toutes les mauvaises chances de la conscription, devenue, depuis le fatal hiver de 1812, plus dévorante que jamais. La plupart des élèves de notre pensionnat voyaient arriver des frères ou d'autres proches parents qui venaient leur dire un dernier adieu, et nous les suivions, avec toutes la sympathie* dont nos cœurs étaient capables, jusqu'au lieu où toutes ces recrues étaient formées en bataillons provisoires qui se mettaient aussitôt en marche, la plupart pour ne plus revenir !

Des tristesses d'un autre genre m'attendaient, cette même année, dans mon île natale, où le nombre des marins capturés par les croisières anglaises et envoyés sur les pontons, s'était accru dans une proportion désespérante, ce qui produisait, pour un grand nombre de mères de famille, un veuvage temporaire qui ne différait du veuvage définitif que par l'espérance, remède d'autant plus impuissant, que la famine, suite d'une mauvaise récolte, était venue se joindre aux autres calamités dont ces pauvres insulaires étaient frappés. Jamais, dans mes vacances précédentes, je n'avais trouvé ma mère si soucieuse sur ma vocation. Comme j'avais passé la limite d'âge fixée par les règlements pour l'inscription maritime, le dilemme se posait avec son inflexible rigueur : le séminaire ou le bivouac, ce qui voulait dire pour elle et pour beaucoup d'autres mères : le séminaire ou la mort. En me voyant éluder toutes les questions, même indirectes, qu'elle hasardait avec moi sur ce sujet de plus en plus scabreux, elle crut découvrir une arrière-pensée qui menaçait de compromettre tôt ou tard ses plus chères espérances et, pour déjouer ce nouvel ennemi, elle résolut de faire comme les autres veuves dont j'ai déjà parlé, c'est-à-dire d'émigrer à Vannes pour achever mon éducation et commencer celle de mon jeune frère à qui je pouvais désormais servir de précepteur ; et comme c'était surtout aux frais de ma grand'mère que devait s'opérer cette seconde émigration, il fut convenu qu'elle nous suivrait de près avec son mari, dont l'ardente piété devait être, pour tous ceux qui le connurent de près ou même de loin, une véritable prédication vivante.

Chose étrange ! malgré les dégoûts que j'avais essuyés dans mon pensionnat, malgré le charme qu'aurait dû avoir pour moi la perspective d'une vie de famille que la désuétude n'avait fait que me rendre plus chère, malgré les arguments de ma mère, malgré sa joie dont je ne devinais pas la vraie cause, les préparatifs de départ me firent l'effet de préparatifs funèbres, et il me fut d'autant plus difficile de surmonter ma tristesse, que tout concourait à aggraver mes pressentiments. Des trois hommes qui avaient fait de l'île d'Arz la plus intéressante des paroisses maritimes du Morbihan, l'un, le colonel Hervé, poussé à bout par la recrudescence des calomnies dont il n'avait jamais cessé d'être l'objet, venait de transplanter son domicile et son école dans la presqu'île de Rhuys ; l'autre, le capitaine Dréano, était déjà atteint de la maladie à laquelle il devait succomber quelques mois plus tard ; et le troisième, bien qu'il fût encore en état de remplir ses fonctions sacerdotales, devait cependant le devancer dans la tombe. Hélas ! je ne soupçonnais pas que ce dût être sitôt. Il avait joui de mes récents succès avec un orgueil qu'il ne cherchait pas même à combattre, et il se croyait le droit de fonder là-dessus, pour moi et pour les miens, les plus magnifiques espérances. C'était lui surtout qui avait décidé ma mère à courir les chances d'une nouvelle émigration, parce qu'il était persuadé qu'il en résulterait un commencement d'initiation à des devoirs plus sérieux pour lesquels son aveugle tendresse lui faisait croire que j'étais mûr. Le jour même de mon départ, je voulus servir sa messe à ce même autel où j'avais conquis ce droit par la force, sept ans auparavant, et je n'eus pas de peine à m'apercevoir qu'il était plus ému qu'à l'ordinaire. Cette émotion devint un tremblement de tous ses membres, quand, après avoir déposé ses ornements sacerdotaux, il me pressa convulsivement contre son cœur en me remettant une bourse qui contenait, disait-il, tout l'argent qu'il possédait, et il me demandait en retour un souvenir dans mes prières. Je le quittai sans deviner la cause de ce redoublement de tendresse et sans soupçonner que cet adieu devait être le dernier. A quelques semaines de là, les paroissiens en masse encombraient le chemin qui conduisait de sa demeure au cimetière, et témoignaient par l'unanimité ainsi que par l'intensité de leurs regrets, qu'ils appréciaient la perte qu'ils venaient de faire dans ce pasteur incomparable, comme s'ils avaient prévu qu'il ne serait jamais complétement remplacé. A dater de ce jour, l'île d'Arz ne fut jamais pour moi ni pour bien d'autres ce qu'elle avait été de son vivant. Aussi mes visites y devinrent de plus en plus rares, jusqu'au jour où d'autres bienfaiteurs, mus par des sentiments analogues à ceux dont j'ai signalé les effets, vinrent réparer, dans une certaine mesure, les pertes que ce pauvre pays avait faites.

J'avais à peine atteint ma seizième année et j'étais loin

d'avoir fait preuve d'une raison précoce, quand des circonstances que ma mère jugeait impérieuses m'élevèrent tout à coup à la dignité de père de famille et m'imposèrent de nouveaux devoirs que j'eusse été hors d'état de remplir, si je n'avais été soutenu par le patronage affectueux de trois hommes dont l'expérience, chèrement achetée, devait suppléer, dans un avenir très-rapproché, à ma complète ignorance des hommes et des choses.

L'un était ce même abbé Legal qui avait encouragé si à propos mes premiers débuts et qui avait applaudi à mes succès avec une joie proportionnée à l'importance qu'il attachait à ma conquête; car il ne doutait pas que je ne vinsse bientôt faire, sous ses auspices, le sévère apprentissage de soldat de l'Église militante. Le second était le chanoine Bertrand, dont le cœur noble et expansif, joint à un enjouement plein de cordialité, avait souvent distrait de ses souffrances son vieil ami le bon curé de l'île d'Arz, en faisant venir alternativement les larmes dans ses yeux et le sourire sur ses lèvres. C'était lui qui avait reçu le dernier soupir de ce saint homme, et qui s'était fait, devant son cercueil, l'interprète attendri de la douleur publique. Quel titre plus sacré à ma reconnaissance? Et cependant il en avait un encore plus sacré à celle de ma mère dont il avait suivi de loin les courtes joies et les longues tribulations et dont il avait béni le mariage clandestin dans un grenier de Port-Louis.

Mon troisième patron, l'abbé Gayet, dont je ne devais découvrir que plus tard la supériorité sur les deux autres, n'était pas au fond moins affectueux, mais il était plus intelligent et par conséquent plus sévère. Cette sévérité systématique dont il usa d'abord envers moi, faillit plus d'une fois me faire perdre courage ; mais, après quelques épreuves préliminaires, je ne tardai pas à m'apercevoir des progrès que je faisais dans son affection aussi bien que dans son estime qu'il n'en séparait jamais. Si d'autres, avant lui, m'avaient inspiré le goût du travail, il fut le premier à m'en inspirer la passion, et il me l'inspira si bien que je ne fis bientôt plus de différence entre le jour et la nuit, au risque d'aggraver les symptômes de maladie pulmonaire auxquels ma subite croissance avait donné lieu. L'abus que je faisais de mes forces échappa quelque temps à sa vigilance ; mais du jour où il s'en aperçut, l'intérêt qu'il me portait devint une véritable tendresse, tellement contraire à ses habitudes, que mes condisciples en étaient à la fois stupéfaits et jaloux. Non-seulement il m'exemptait de toutes les tâches tant soit peu fatigantes, mais il me laissait libre de tous mes mouvements, liberté dont heureusement je n'étais pas tenté d'abuser, car mes heures les plus agréables étaient celles que je passais à l'entendre, surtout quand, à l'occasion d'un passage d'Horace ou de Virgile, il faisait ressortir la différence ou même le contraste qui existait entre les vertus païennes et les vertus chrétiennes. Sa plus belle digression en ce genre était celle qu'il répétait tous les ans à l'occasion de la plus impertinente des odes d'Horace (*exegi monumentum*), dans laquelle il ne voulait voir qu'une bouffée d'orgueil cynique à laquelle il opposait triomphalement l'humilité de sentiment et de langage, qui, selon lui, avait toujours distingué, depuis l'épanouissement du christianisme, les poètes véritablement inspirés.

Mais il y avait un autre sujet sur lequel il était encore plus éloquent, c'était l'Espagne et les Espagnols; il y avait une ville, je crois que c'était Santander, dont le nom seul lui faisait venir les larmes aux yeux, et à cette occasion il ne manquait jamais, lui le moins communicatif des hommes, de nous raconter deux ou trois anecdotes qui nous faisaient tressaillir d'admiration. Comme son cœur se dilatait de reconnaissance et d'amour quand il trouvait l'occasion d'échanger quelques paroles avec les prisonniers transportés à Vannes vers cette époque, et comme son accent était propre à renforcer notre propre enthousiasme pour eux ! Car, dès le premier jour de leur arrivée, nous partagions tout avec eux, argent, vêtements, nourriture, et nous nous donnions une peine incroyable pour nous préparer d'avance aux conversations que nous avions avec eux en latin, et notre professeur nous savait probablement plus de gré de cette courtoisie que de tous les sacrifices que nous aurions pu faire sur l'autel de la patrie.

Ce fut pour moi quelque chose de plus qu'une bonne fortune de m'être trouvé sous la discipline d'un tel maître pendant tout le temps que dura le premier élan d'enthousiasme par lequel nous saluâmes, au printemps de 1814, le retour inopiné des Bourbons. D'un autre côté la terreur fut grande parmi les bourgeois révolutionnaires, surtout parmi ceux dont le rôle n'avait pas été purement passif dans les scènes atroces qui avaient suivi la catastrophe de Quiberon. Leurs fils siégeaient sur les mêmes bancs que nous, en face ou à côté de ceux que leurs pères avaient contribué à rendre orphelins. Quelle tentation pour des âmes neuves et ardentes en qui la passion politique ne pouvait manquer d'être rendue plus violente par l'absence même de toute autre passion ! Or l'âme de l'abbé Gayet, pour n'être pas aussi neuve que la nôtre, n'en était pas moins ardente, comme le disaient assez son geste, son accent, sa physionomie et surtout son regard noblement expressif; mais son éducation de gentilhomme qu'il ne devait pas à sa naissance et qui avait été renforcée, d'abord par un supplément d'éducation cléricale à Saint-Sulpice, ensuite et surtout par l'éducation du malheur, lui avait appris à prendre en pitié plutôt qu'en haine ceux qu'il appelait les véritables victimes des passions révolutionnaires, c'est-à-dire les persécuteurs, les spoliateurs et les bourreaux. On verra dans la suite si cette prédication devait rester stérile.

Pour le moment, la générosité nous était plus facile que jamais ; car nos cœurs débordaient tellement d'allégresse qu'il était difficile d'y trouver place pour un autre sentiment; et ce n'était pas seulement l'enthousiasme dynastique qui en faisait les frais, c'était bien plus l'enthousiasme de la liberté recouvrée, c'est-à-dire de la liberté la plus sacrée pour les populations chrétiennes, la liberté de vocation qui implique la liberté du sacrifice. Aussi nous fallait-il des réjouissances extraordinaires, comme l'occasion qui les provoquait, et le principal du collège qui avait des faiblesses trop connues à se faire pardonner, poussa l'indulgence pour nos fantaisies jusqu'à nous permettre de nous organiser militairement, c'est-à-dire de former autant de compagnies que de classes, avec des officiers que leur supériorité reconnue désignait d'avance au choix de leurs camarades. Ce fut lui qui fit les frais de la première bannière blanche que nous portâmes dans nos fêtes, auxquelles il manquait rarement d'assister la tête ornée d'une cocarde qui surpassait toutes les nôtres, sinon en blancheur, du moins en dimensions. Enfin, pour se faire pardonner les vers et la prose de ses mauvais jours, et aussi pour combler les lacunes les plus graves de notre éducation historique, il forma une petite bibliothèque bien innocente pour l'instruction de ses élèves de rhétorique, mais dont l'usage me fut par conséquent interdit jusqu'à l'année suivante, c'est-à-dire jusqu'au jour où il faudrait changer les leçons de l'abbé Gayet contre les siennes, changement dont je me serais consolé bien plus difficilement, si la petite bibliothèque dont l'accès m'avait été fermé jusqu'alors, ne m'avait offert quelque chose de plus qu'une compensation.

Mon tour vint enfin, quand je rentrai dans Vannes après mes vacances, que je n'avais pas voulu passer à l'île d'Arz où je ne pouvais compter sur aucune sympathie politique. C'était dans les derniers beaux jours d'automne, et je tenais enfin le volume si longtemps et si ardemment convoité, dont le titre avait suffi pour exalter mon imagination. Pour mieux savourer ma lecture, je cheminai bien loin sur la route de Nantes et, après avoir trouvé un buisson bien solitaire dans un champ que baignait la petite rivière de Saint-Laurent, je me mis à lire l'*Histoire de Louis XVI*, par l'abbé Proyart!

Non, jamais lecture, dans aucune langue ancienne ou moderne, ne fit sur mon âme une pareille impression. Tous ces détails déchirants étaient nouveaux pour moi ainsi que les noms des principaux acteurs de cet horrible drame, qui avait trouvé des approbateurs chaleureux et des complices d'intention, d'un bout à l'autre de la Bretagne. Je ne comprenais pas le silence et l'inaction de la population parisienne, et tout en pleurant à chaudes larmes, je sentais surgir au fond de ma conscience quelque chose d'analogue au cri de Clovis dont je ne savais pas même le nom, et, dans ma naïve indignation, je me disais : « Si nous avions été là ! »

Le livre passa de mes mains dans celles des plus impatients d'entre mes camarades, et comme il trouvait des lecteurs non moins bien préparés, il devint bientôt le thème favori non-seulement de nos conversations, mais encore des amplifications oratoires que nous composions en sus de la tâche quotidienne, et dans lesquelles l'horreur pour les bourreaux tenait souvent une plus grande place que la pitié pour la victime.

Ce double sentiment fut considérablement renforcé par deux cérémonies funèbres auxquelles nous assistâmes avec un recueillement facile à comprendre, puisque l'une était le service expiatoire du 21 janvier, et l'autre rappelait le souvenir, encore trop récent, des exécutions sanglantes qui avaient suivi la catastrophe de Quiberon. Il y avait là de quoi réveiller bien des regrets et bien des remords. Je n'avais pas oublié le fragment de squelette que j'avais aperçu jadis à marée basse, près de l'ermitage, ce qui ajoutait un motif de plus à la curiosité respectueuse que je partageais avec mes condisciples, et nous allâmes voir exhumer tous ces ossements broyés et salis qu'on allait enfin déposer dans une terre bénite. Il y eut un service solennel dans la cathédrale, et l'évêque, oubliant qu'il y avait des loups parmi les brebis de son bercail, prononça une oraison funèbre dont l'expiation ne devait pas se faire attendre. Il y avait déjà plus de matière combustible qu'il n'en fallait pour faire éclater l'incendie.

Telles étaient, au commencement de l'année 1815, les positions et les passions respectives, quand nous reçûmes la nouvelle du débarquement de Napoléon dans le midi de la France. Aussitôt nous nous assemblâmes dans la cour du collége, et là il fut décidé qu'on adresserait sur-le-champ une pétition au ministre de la guerre pour obtenir l'incorporation de trois cents d'entre nous au premier corps d'armée qui se mettrait en marche. Nous portâmes nous-mêmes notre pétition au nouveau préfet qui promit de la transmettre et de l'appuyer; mais il nous donna à entendre que nos services ne seraient pas acceptés, et il le fit en termes si mystérieux et avec un air de sécurité si parfaite, que nous eûmes presque honte d'avoir fait de si bruyantes avances et d'avoir douté un instant de la fidélité des généraux chargés de repousser l'invasion. Regardant donc la guerre comme à peu près terminée, nous partîmes pour nos vacances de Pâques, jouissant d'avance de la victoire dont nous attendions la nouvelle, quand tout à coup des gendarmes expédiés de chaque chef-lieu de canton vinrent apporter l'ordre de substituer le drapeau tricolore au drapeau blanc sur les clochers des paroisses. La consternation fut grande et parfois mêlée de malédictions dans les familles qui, après avoir largement payé leur dette de sang, avaient espéré que le gouffre de la conscription ne se rouvrirait jamais pour elles. Il y eut trop de manifestations de ce genre, surtout dans les campagnes, pour que les écoliers, en rentrant après Pâques au collége de Vannes, ne se trouvassent pas pourvus d'un surcroît d'énergie puisée à la plus pure et à la plus intarissable de toutes les sources.

Rien n'est intolérant comme les fortes convictions dans les fortes natures, surtout à l'âge que nous avions alors; à quoi il faut ajouter la notion instinctive de l'honneur, plus puissante que jamais depuis les jours de persécution et qui ne nous permettait de rien faire nous-mêmes ni de rien approuver dans autrui, qui eût la moindre apparence de servilité. Je dirais presque que le mépris. surtout de la part de nos adversaires, nous faisait plus de peur que le péché. Et cette manière de voir, ou plutôt de sentir, n'était pas de notre invention. Dès les premiers jours de la révolution, nos devanciers avaient essuyé de la part de la classe inférieure de la bourgeoisie, organisée en garde nationale, des provocations insolentes qui n'étaient pas toutes restées impunies, bien que les armes fussent très-inégales. Enfin la police avait réussi à imposer au moins une trêve, quand une brochure publiée, en 1790, par un petit bourgeois qui donnait des leçons d'anglais dans le collége de la marine fondé par Louis XVI en 1787, fit tout à coup éclater une explosion dont les conséquences furent sur le point d'être tragiques. L'auteur, qui avait sans doute des patrons à flatter, parlait, avec le plus sublime dédain, de tous ces campagnards dépaysés, plus propres à manier la bêche que la plume, et indignes de figurer ailleurs que dans leurs villages, avec *leurs coudes percés et leurs chaussures rustiques*, et il terminait sa diatribe en signalant aux autorités locales l'avantage et même la convenance d'exclure du collége de Vannes tous les jeunes paysans dont les familles seraient atteintes et convaincues du crime irrémissible de pauvreté.

Ce fut comme une étincelle tombée dans une poudrière. Les collégiens en masse s'assemblèrent d'abord sur la grande place, puis s'étant partagés en deux bandes, ils se dirigèrent, avec une impétuosité qu'on n'eut pas le temps de prévenir, les uns vers la maison Castello, pour s'emparer du coupable, les autres vers la halle, pour s'emparer de la potence ; car on avait résolu de le pendre après qu'on l'aurait forcé à faire amende honorable à genoux. Mais, avant qu'on eût terminé les préparatifs qui ne pouvaient être qu'une feinte, on apprit que le coupable s'était prudemment enfui de la ville de Vannes, où il ne devait plus jamais rentrer.

Des scènes sanglantes auraient pu être la suite de son imprudence ; car parmi les instigateurs de cette menaçante démonstration, se trouvaient quelques-uns des plus fameux champions de la lutte terrible qui devait s'engager plus tard. A dater de ce jour, l'incompatibilité de prétentions et de principes, entre la ville et la campagne, ne fut plus un doute pour personne.

Quelque chose de cette disposition dédaigneuse et pire qu'aristocratique, se remarquait encore, de notre temps, mais plus particulièrement pendant les cent jours, dans cette portion de la bourgeoisie qui avait contracté l'habitude de prendre en pitié nos croyances et qui regardait l'appel que Napoléon venait de faire à son concours comme une dernière chance de recouvrer le terrain qu'avaient fait perdre à la révolution le concordat et ses conséquences. Tel fut au fond le mobile de la fédération, du moins dans les départements de l'Ouest, et si l'on avait pu avoir des doutes sur son véritable but, elle ne tarda pas à les dissiper par des actes de vandalisme et de brutalité qui inquiétèrent les curés dans leurs presbytères et forcèrent l'évêque lui-même à s'enfuir de son palais épiscopal.

Cette fuite ne fut pas seulement une cause de rancune contre ceux qui l'avaient rendue nécessaire ; elle fut encore plus une blessure incurable faite à notre susceptibilité religieuse que des symptômes trop significatifs avaient déjà commencé à effaroucher. Cependant l'idée d'une insurrection à main armée n'entrait pas plus dans notre esprit que celle d'une émigration dans le nouveau monde ; mais l'idée d'une soumission servile aux exigences capricieuses des nouveaux fonctionnaires, n'y entrait pas davantage, et les traditions de résistance, au moins passive, étaient assez fortement enracinées parmi nous, pour que la prudence la plus vulgaire conseillât de passer à côté d'elles plutôt que de les heurter de front.

Cette faute était surtout impardonnable dans les républicains sincères qui savaient combien il leur en avait coûté de s'être aliéné les populations chrétiennes de la Bretagne, c'est-à-dire de la province la plus capable, grâce au caractère connu de ses habitants, de réaliser, au moins en partie, les rêves des utopistes de l'Assemblée constituante. Le souvenir de l'abus impitoyable que les ministres de Louis XIV avaient fait de l'autorité despotique de leur maître, vivait encore dans les traditions de famille, et la génération qui avait assisté aux dernières luttes de notre parlement contre les protégés de madame Du Barry, avait encore des représentants parmi nous. Qu'eût-ce donc été si, au moment où le grand problème d'organisation politique était posé, on avait fait appel à ces brûlants souvenirs pour faire comprendre à un peuple plus fier que jamais de ses anciennes libertés, les garanties que lui offriraient soit pour leur rétablissement, soit pour leur maintien, des institutions plus ou moins républicaines ; car les rancunes suscitées par des procédés aussi insolents que l'avaient été ceux du duc d'Aiguillon, n'étaient pas faites pour s'éteindre en un quart de siècle, et il ne fallut rien de moins que le prestige dont s'entoura Louis XVI dans sa prison et sur l'échafaud, pour raffermir peu à peu, à l'aide des fautes du régime impérial, le dogme chancelant de la légitimité.

Voilà où en était notre politique en 1815, politique d'expectative nullement menaçante, tant qu'on ne nous ferait pas un crime de nos convictions qui avaient l'avantage d'être également adaptées à notre position et à la tournure du caractère breton, bien différent en cela du caractère français que ses qualités impétueuses précipitent sur l'agression quand elle n'est encore qu'une menace. Nos prêtres, en bravant tous les dangers pour sauver ou fortifier les âmes, avaient élevé la résistance passive à la hauteur d'une vertu héroïque, et l'un des fruits de notre éducation exceptionnelle avait été de placer sur la même ligne, sauf la couronne du martyre, les résistances du même genre dans la vie civile et surtout dans la vie militaire. A quelles digressions émouvantes ne devait pas prêter un pareil thème devant des enfants qui, grâce à une expérience chèrement achetée, étaient en état de comprendre que, dans la période terrible que leurs familles avaient traversée, la servilité n'avait pas joué un moindre rôle que la férocité! Si nous avions été plus familiarisés avec l'histoire biblique, nous aurions été tentés d'en vouloir à l'écrivain sacré d'avoir tu le nom de l'officier qui, au péril manifeste de sa vie, refusa d'obéir au roi Saül qui lui ordonnait de tuer Achimelech, coupable de pitié envers David fugitif; et, si nous avions été au courant de la carrière militaire du général Desaix, celui de ses exploits que nous aurions glorifié, de préférence à tous les autres, eût été son refus de bombarder Genève, quand son maître lui en eut donné l'ordre. Que de lauriers non sanglants du même genre auraient pu être cueillis en Espagne, si des généraux bretons, bien pénétrés de notre devise nationale, avaient été appelés à déployer, par des refus motivés, l'énergie caractéristique de leur race! Car les traditions de ce genre abondaient en Bretagne, et, sans remonter aux résistances qu'y avait rencontrées, à plusieurs reprises, le despotisme de Louis XIV, il y avait, dans les souvenirs plus récents des deux règnes qui avaient suivi le sien, des leçons qui n'avaient besoin que de circonstances analogues pour porter leurs fruits, c'est-à-dire pour montrer ce que peut l'éducation traditionnelle et domestique pour entretenir et renforcer au besoin les grandes qualités de caractère et de cœur, sans lesquelles ce genre d'héroïsme n'est pas possible. Sous ce rapport, on peut dire que la Bretagne a été privilégiée entre toutes les provinces de la monarchie française; car il n'en est pas une seule qui ait opposé aussi souvent qu'elle, au roi ou à ses ministres, ce mode de résistance, tout en le combinant, sans hypocrisie de conduite ou de langage, avec la fidélité monarchique qu'elle avait transférée à la dynastie des Bourbons, mais à condition que ces derniers ne blesseraient ni sa fierté ni ses droits. Or cette condition fut violée sous Louis XV, de la manière la plus outrageante; de là des conflits scandaleux dont l'autorité royale avait l'air de sortir victorieuse, mais qui la minaient sourdement dans l'estime des populations. On en eut une preuve bien mortifiante, surtout pour un roi qui s'appelait le *bien-aimé*, le jour où l'on inaugura, devant un concours immense, la statue que les États lui avaient votée et qui était entourée de quatre figures symboliques dont une représentait, dans l'intention de l'artiste, la Bretagne à genoux devant son maître. L'indignation fut telle, parmi les spectateurs, qu'on se vit obligé d'interrompre la fête et de donner, aux quatre statues accessoires, une signification arbitraire et détournée qui n'avait rien de commun avec leur destination primitive.

Or ceci se passait en 1756, avant que la Bretagne fût livrée à la merci des protégés de madame Du Barry. Contre cette suprême ignominie il n'y avait de lutte possible que par la résistance passive, et ce genre de protestation s'enracina si bien dans les mœurs nationales, qu'il fut pratiqué avec une hardiesse toujours croissante, non-seulement par le parlement et les États, gardiens vigilants de nos libertés provinciales, mais encore par les avocats et les procureurs qui savaient, au besoin, désobéir à des sommations illégales. Le clergé lui-même s'était laissé gagner par l'exemple des classes au sein desquelles il puisait sa force sociale, et l'on avait vu, en 1766, le chapitre entier de la cathédrale de Rennes refuser énergiquement son concours à une cérémonie religieuse qui impliquait l'abandon des priviléges de la province.

Enfin il vint un jour où ce principe si cher de la résistance passive devait recevoir la plus dangereuse de ses applications, quand, à la veille de la révolution de 89, les officiers bretons attachés aux deux régiments de Rohan et de Penthièvre que le comte de Thiard voulait faire marcher contre les derniers représentants des libertés provinciales, aimèrent mieux briser leur épée que de la faire servir à l'exécution de cette entreprise aussi injuste que brutale. On sait avec quelle rapidité s'accrut le nombre de leurs imitateurs qui répugnaient, comme eux, à se rendre les complices des violences légales qui se commettaient sous leurs yeux. Vint ensuite la résistance passive du clergé, laquelle fut presque universelle et ne cessa qu'après la persécution décennale dont il avait été l'objet ; de sorte que, sous ce rapport, la tradition nationale n'avait rien perdu de sa vigueur. Il est vrai que les trois quarts de siècle qui se sont écoulés depuis, ont considérablement adouci ces aspérités de mœurs et de caractères ; mais il n'en est pas moins vrai que, dans tous les changements politiques auxquels nous avons assisté depuis cinquante ans, la Bretagne a été le pays qui a le plus respecté la religion du serment et qui a gardé l'attitude la plus fière devant les pouvoirs nouveaux ; et cette fierté héréditaire se conservait encore, à l'époque dont je parle, sinon parmi les habitants des châteaux, du moins parmi les habitants des presbytères et des chaumières.

Pour ne pas dégénérer de nos prédécesseurs, notre attitude vis-à-vis de nos bruyants adversaires fut donc d'abord aussi calme que fière. Ils avaient beau nous provoquer, chaque fois qu'ils en trouvaient l'occasion, en nous appelant *calotins* ou *brigands*, nous nous conformions à la consigne donnée par le sage abbé Gayet, en sa qualité de censeur du collége, et nous passions outre. Tant qu'on n'exigerait rien de nous qui fût contraire à la conscience et à l'honneur, il était d'avis que nous fissions aux circonstances les concessions compatibles avec les lois de chacune de ces deux puissances.

Malheureusement il y avait un autre professeur qui n'était disposé à admettre cette restriction ni en théorie ni en pratique ; et, comme il était en outre principal du collége et père de famille, il était à craindre que si son point de vue venait à l'emporter sur l'autre, il n'en résultât, entre lui et nous, quelque conflit qui, outre l'atteinte plus ou moins grave portée à la discipline, pourrait entraîner la suppression ou du moins la fermeture indéfinie de l'établissement dont la résurrection avait été son ouvrage. Or il n'imaginait pas de calamité plus grande que celle-là, soit pour le département, soit pour lui-même, et son plan de conduite fut tracé en conséquence.

Mais avec toute son expérience en matière d'éducation purement littéraire, il ne possédait même pas les pre-premiers éléments de l'autre éducation, je veux dire celle des caractères, et toute sa science d'observation, du moins comme professeur, se bornait à constater nos progrès dans l'interprétation des auteurs classiques, et l'emploi plus ou moins heureux des figures de rhétorique dans nos amplifications. Quant à la nuance des répressions, laquelle aurait demandé d'ailleurs un tact plus délicat que le sien, il n'y avait pas lieu à s'en occuper, attendu que les transgressions étaient excessivement rares. Et ce fut cette rareté même et la discipline exemplaire observée par les élèves de toutes les classes, par les grands comme par les petits, dans nos chambrées comme dans l'enceinte du collége, ce furent, dis-je, toutes nos habitudes de subordination transmises par nos devanciers et jamais démenties, excepté par le devoir, qui l'empêchèrent de soupçonner nos dispositions intérieures et le degré d'énergie dont nous étions capables.

Si, en face de la brusque révolution qui venait de s'accomplir, il n'avait montré que de la faiblesse, nous nous serions contentés de le plaindre ; mais quand nous vîmes la cocarde tricolore remplacer la cocarde blanche qu'il avait si pompeusement étalée devant nous, un autre sentiment, dont il lui fut facile de mesurer le progrès, vint se joindre à la pitié qu'il nous inspirait. et d'autres actes, empreints du même caractère, ne tardèrent pas à rendre nos positions respectives aussi insoutenables pour lui que pour nous. C'était en vain qu'il recourait à ses plus habiles manœuvres pour esquiver la tempête, il y avait trop d'écueils autour de lui pour que sa barque pût les éviter tous ; mais le plus formidable de ces écueils était notre intolérance, et il eut bientôt occasion de s'en apercevoir.

La décoration que portait le premier élève de la classe était une fleur de lis en relief sur une petite médaille d'argent. Avant 1814, ce relief avait été une colombe, emblème de l'Esprit-Saint, et quand cet emblème religieux dut faire place à un emblème purement politique, nous avions été un peu scandalisés, et notre cher professeur, l'abbé Gayet, l'avait été davantage. Maintenant il s'agissait de placer sur nos poitrines un troisième emblème qui était un flagrant démenti donné aux deux autres et à nous-mêmes. Le préfet du département exigeait ce changement comme un acheminement à d'autres victoires, et il rendait notre pauvre principal personnellement responsable de ce qui pourrait arriver aux élèves décorés, s'ils continuaient à étaler un signe factieux devant les gardes nationaux ou les soldats de la garnison. Dès le lendemain les emblèmes séditieux furent retirés de toutes les classes, mais sans qu'on annonçât l'intention de leur en substituer d'autres. La sommation pour la classe de rhétorique fut remise au lendemain. On s'attendait à une vigoureuse démonstration.

En effet, quand notre professeur, après un doucereux préambule qui avait pour but d'apprivoiser un peu nos humeurs sauvages, eut laissé tomber à mi-voix la fatale demande, je lui fis, en me donnant pour l'interprète de mes camarades, une réponse aussi insolente que déclamatoire dans laquelle je lui disais de garder ses aigles pour lui, attendu que nous ne voulions pas changer de décoration aussi souvent que d'autres changeaient de cocarde.

Il avait prévu que sa demande donnerait lieu à quelque scandale et, dans cette prévision, il avait composé un discours saturé des prophéties les plus menaçantes sur les malheurs qui ne pouvaient manquer de nous arriver, si nous continuions à agiter passionnément des questions qui étaient si fort au-dessus de notre âge. Cette lecture fut à peine écoutée jusqu'au bout. On était impatient de sortir pour féliciter librement le jeune orateur qui avait parlé à la satisfaction de tous, et pour lui faire décerner les mêmes félicitations par les autres classes. Ce fut une ovation d'autant plus flatteuse, que l'abbé Gayet, qui passait assez près de nous en ce moment, ne parut pas la désapprouver. A dater de ce jour, mon rôle, dans les graves éventualités qui se préparaient, fut comme tracé d'avance, et la classe de rhétorique, qui venait de donner le premier branle, devint bientôt, au mépris des prédictions du professeur, un foyer de fermentation d'autant plus actif, qu'on y était devant une autorité suspecte contre laquelle on se faisait un malin plaisir et presqu'un devoir de réagir, dès qu'on était hors de sa présence.

Cependant on avait appris bien vite au dehors ce qui s'était passé dans l'intérieur du collége et, pour nous extorquer une amende honorable à l'aigle que nous avions insultée, on avait résolu d'en peindre un avec ses ailes bien déployées, au-dessus de la porte par laquelle nous étions obligés d'entrer, et l'on disait tout haut qu'on saurait bien nous faire passer sous le joug ; mais, dès le matin même du jour où nos ennemis s'étaient promis cette jouissance, l'oiseau se trouva couvert de boue ; et l'on eut beau le débarbouiller et le placer, jour et nuit, sous la protection d'une sentinelle, il se trouvait toujours un écolier qui, par un stratagème des plus comiques, parvenait à détruire chaque nuit les restaurations de chaque jour et nous donnait la satisfaction de passer sous cette porte plutôt en vainqueurs qu'en vaincus.

Il fut alors question d'employer la force des baïonnettes pour nous contraindre à crier *vive l'Empereur!* mais cette idée féroce fut énergiquement repoussée par le général Rousseau qui, fort heureusement pour les deux partis, commandait alors les forces du département en homme bien résolu à ne pas les faire servir au triomphe des mauvaises passions qui s'agitaient autour de lui. On renonça donc, cette fois, à nous mettre la baïonnette sur la gorge ; mais à quelques jours de là, à la suite d'un banquet ou plutôt d'une orgie patriotique où s'étaient réunis tous les fédérés du département, les plus exaltés d'entre eux eurent assez de crédit auprès de certaines autorités subalternes, très-mal disposées contre nous, pour obtenir l'ordre de faire afficher sur la porte même du collége un exemplaire de cette constitution impériale où Dieu était pris pour garant de la haine vouée à la famille des Bourbons.

La consigne brutale donnée à la sentinelle, qui n'était pas un soldat, était d'avoir l'œil sur l'affiche et d'enfoncer sa baïonnette dans le corps du premier écolier qui s'aviserait de la déchirer ou de cracher dessus. Il était facile de prévoir que l'indignation donnerait lieu à quelque manifestation de ce genre, et en effet nous vîmes le factionnaire faire un mouvement pour exécuter sa consigne contre un élève qui l'avait bravé; heureusement le coup fut détourné par un bras d'enfant et l'arme alla s'enfoncer avec fracas dans la porte. Pendant ce temps-là, d'autres champions s'étaient rués sur la maudite affiche, et après s'en être disputé les lambeaux, ils venaient les étaler dans la cour comme des trophées et recevoir leur part des bruyantes félicitations dont nous comblions à l'envi les héros de cette journée.

On comprend sans peine l'exaltation que dut produire en nous une victoire qui avait failli nous coûter si cher. On comprend plus aisément encore la terreur de notre pauvre principal sur qui pesait une double responsabilité, l'une vis-à-vis des autorités locales, l'autre vis-à-vis de nos parents. Les deux épreuves que nous venions de subir, lui en faisaient craindre chaque jour de nouvelles qui ne pourraient manquer de devenir sanglantes et, pour comble de désespoir, toutes ses allocutions pathétiques et ses lieux communs sur la prudence ne produisaient sur nous aucun effet. Heureusement, au plus fort de ses angoisses, il apprit que le général Rousseau avait défendu de renouveler les mesquines provocations dont nous avions été l'objet, et en effet, plusieurs jours se passèrent dans une espèce de trêve que tout annonçait devoir être durable.

Mais il y avait, dans le camp ennemi, des hommes qui ne pouvaient être satisfaits, tant que notre sang n'aurait pas coulé : c'étaient ceux qui s'étaient crus perdus ou du moins ruinés par le retour des Bourbons, et qui ne nous pardonnaient pas la peur que leur avait faite cette révolution si joyeuse pour nous. Persuadés que le général Rousseau ne se prêterait jamais à leurs projets de vengeance, ils soudoyèrent quelques forcenés parmi lesquels figurait un futur galérien récemment expulsé du collége, et ils les apostèrent sur la grande place avec des instructions qui ne tardèrent pas à être remplies. En effet, trois écoliers qui rentraient en ville après avoir passé leur jour de congé dans les champs, furent tout à coup assaillis par une centaine d'agresseurs, sous prétexte que les fleurs blanches qu'ils portaient innocemment à leurs chapeaux, étaient un signe séditieux. La lutte fut plus longue que ne semblait le comporter l'inégalité du nombre, et elle ne se termina que par l'arrivée d'un piquet de gendarmerie qui conduisit notre champion tout haletant au corps de garde de la mairie.

A mesure que les écoliers rentraient en ville, on leur racontait tous les détails de la scène qui venait de se passer et qui n'était rien en comparaison de celle qui allait se passer dans le corps de garde. Les traitements les plus barbares et les plus ignominieux furent infligés à notre pauvre camarade, pour le forcer à dénoncer ceux qu'on appelait ses complices ; car l'officier de gendarmerie, gagné d'avance par nos persécuteurs, n'avait pas manqué de transformer cette innocente bravade de trois enfants en une tentative criminelle pour renverser le gouvernement impérial. Cette supposition une fois admise, on se croyait tout permis et l'on ne reculait ni devant l'insulte, ni devant la torture, ni même devant la flagellation avec effusion de sang, et il ne fallut rien moins que l'intervention énergique d'un officier du poste voisin pour mettre un frein à la rage des deux bourreaux acharnés sur la malheureuse victime, qui crachait encore le sang à pleine bouche, quand elle fut transférée de nuit dans la prison du petit couvent. Là un autre bourreau l'attendait, moins brutal, mais plus raffiné, c'était le geôlier à qui on avait fait sa leçon d'avance et qui lui signifia tout d'abord que, s'il ne déclarait pas ses complices, il serait fusillé dans huit jours. Il se le tint pour dit et fit ses préparatifs en conséquence. Mais ils furent interrompus, dans l'après-midi du troisième jour, par une escouade de gendarmes qui venaient le tirer de son cachot, non pas pour le conduire au supplice, mais pour lui en donner au moins l'avant-goût par l'appareil militaire qu'on avait eu soin de déployer sur son passage. Quand son escorte le fit entrer dans la cour du collége, il ignorait ce qui l'y attendait, et quand nous y arrivâmes à notre tour et que nous vîmes la pâleur de son visage et le regard de triste adieu qu'il promenait sur nous tous, nous fûmes consternés : mais la consternation fit bientôt place à l'indignation, quand nous entendîmes notre principal lire la sentence par laquelle Lemanach était expulsé du collége de Vannes, exclu à jamais de l'Université impériale, et condamné à quitter la ville dans les vingt-quatre heures.

Au sortir de ce spectacle, à la fois barbare et indécent, notre indignation, comprimée depuis trop longtemps, débordait de nos âmes comme un torrent qui aurait rompu ses digues. On se disait que la mesure était comble et qu'après les outrages de plus en plus révoltants dont on nous avait abreuvés, notre premier devoir était, non pas de nous disperser dans nos familles, mais de nous procurer la seule vengeance qui nous fût douce, c'est-à-dire la vengeance collective. Enfin les mots terribles d'insurrection à main armée furent prononcés sans ambages, et personne ne recula ni devant le mot, ni devant la chose. Seulement il fut décidé qu'à partir de ce jour, nous aurions l'air d'être parfaitement résignés à notre sort, et qu'un comité, choisi parmi les élèves de rhétorique, serait chargé de l'organisation du complot. La confiance dont mes camarades m'honorèrent en cette occasion, était la récompense, non moins périlleuse que flatteuse, du langage hardi que j'avais tenu à notre principal, quand il s'était agi de changer nos décorations. Mais je n'avais ni l'esprit assez mûr, ni l'imagination assez calme, pour trouver des solutions aux innombrables difficultés qui ne pouvaient manquer de surgir devant nous. Le seul élève de rhétorique qui aurait pu remplir presque toutes les conditions voulues, était notre futur lieutenant, Jean-Louis le Quellec, à qui sa supériorité d'âge et de connaissances, la solidité de son caractère et surtout ses habitudes modestes et laborieuses avaient concilié, depuis longtemps, l'estime de ses camarades; mais alors, il se relevait à peine d'une cruelle maladie qui avait épuisé ses forces, de sorte que, pour le moment, il ne pouvait nous aider que de ses conseils.

Heureusement, mon condisciple Olivaux, le plus cher et le plus sympathique de mes collègues, avait pris assez d'ascendant sur moi pour suppléer, dans une certaine mesure, à mon inexpérience, et cet ascendant était d'autant plus sûr que mon cœur avait été d'accord avec ma raison pour le lui laisser prendre. Attiré vers lui, dès le premier jour, par ses qualités affectueuses que révélaient, au premier abord, la douceur de sa physionomie et la suavité de son accent, je n'avais pas même soupçonné les qualités énergiques qu'il tenait comme en réserve et dont la subite manifestation nous causa autant d'étonnement que de joie. Son premier exploit, sur lequel nous fondâmes d'abord de grandes espérances, fut la conquête d'un officier de Bergerac, nommé Lespinasse, qui parlait, comme nous, du retour désastreux de Napoléon, mais qui n'en gardait pas moins, au fond du cœur, une fidélité inviolable à son drapeau. C'était une des âmes les plus chevaleresques que j'aie jamais rencontrées, et il y avait dans celle de mon ami, des germes qu'un pareil contact ne pouvait manquer de réveiller. Comme ils logeaient tous deux sous le même toit, leurs conversations étaient fréquentes et j'y assistais quelquefois, mais non avec un intérêt de pure curiosité. Je hasardais des questions qui, si elles n'étaient pas venues d'un enfant, auraient pu paraître suspectes. Enfin je poussai l'indiscrétion jusqu'à demander à ce brave homme de m'apprendre l'exercice du fusil comme supplément de traitement médical pour la faiblesse de ma constitution ; et dès le lendemain, au point du jour, je commençais mon apprentissage dans la caserne de la rue Saint-Yves.

Les relations de confiance qui s'établirent rapidement entre le maître et l'élève, eurent pour effet de me faire commettre, quand le moment décisif fut venu, la plus incroyable de toutes les folies; et, ce qui est plus incroyable encore, c'est qu'elle fut commise avec l'assentiment de mes collègues poussés à bout, comme moi, par l'impatience de nos camarades qui voulaient, à tout risque, entrer en campagne.

Il avait donc été décidé que nous tenterions l'escalade nocturne du fort Penthièvre, défendu par une faible garnison de vétérans, et qu'après notre victoire, dont nous ne doutions pas, nous appellerions à nous, par nos salves d'artillerie, les habitants des paroisses circonvoisines, lesquels formeraient ainsi le premier noyau d'une insurrection générale ; mais il nous fallait un homme du métier, pour nous faire monter à l'assaut, et cet homme était tout trouvé, si mon maître de gymnastique militaire consentait à se mettre à notre tête.

Telle fut l'étrange et naïve ouverture que je me chargeai de lui faire et qui fut accueillie avec un mélange ou plutôt un conflit de sentiments qui aurait vivement intéressé un observateur moins absorbé que moi. D'un côté, il aimait son drapeau autant que nous aimions le nôtre, et le code militaire, avec ses sanglantes pénalités, lui traçait clairement la route qu'il avait à suivre. De l'autre côté, il était ému de tant de courage et de franchise, et les efforts même qu'il faisait pour cacher son émotion, la rendaient encore plus visible. Il regrettait presque d'être lié par un serment qui le privait du bonheur de combattre à notre tête, et il finit par me dire que, pour se débarrasser au plutôt d'un regret si coupable, il renonçait à toutes relations ultérieures avec moi.

Cet échec, auquel nous n'étions pas préparés, nous découragea pour quelques jours. Nous savions maintenant qu'outre les dangers auxquels nous nous exposions avec pleine connaissance de cause, il y avait encore les dangers non moins graves auxquels nous exposions ceux qui recevaient nos confidences. Cependant il était urgent de faire un choix, et il fallait le faire de manière à trouver réunis, dans le même homme, l'enthousiasme et l'expérience, un cœur ardent et une tête froide, mais surtout une âme assez noble, pour deviner, par notre seul accent, que nous n'étions pas des traîtres.

Un homme se rencontra cependant qui remplissait et au delà toutes ces conditions, et nous n'eûmes pas à l'aller chercher bien loin, car le chevalier de Margadel occupait un château que nous pouvions apercevoir du lieu même où se tenaient nos délibérations. C'était un des survivants de la dernière armée vendéenne et qui avait conquis sur le champ de bataille tous ses grades, jusqu'à celui de major de division qu'il occupait au moment de la dernière pacification. Son air martial, sa taille presque gigantesque, ses grands yeux noirs pleins de feu, sa parole ferme et sonore, et surtout sa blessure dont il boîtait encore un peu, en avaient fait depuis longtemps un personnage intéressant pour ceux d'entre nous qui avaient entendu parler de ses exploits. Mais quand nous sûmes qu'il avait commencé sa carrière, que nous trouvions si belle, d'une manière assez analogue à celle dont nous voulions commencer la nôtre, et que lui aussi s'était échappé du collége pour combattre avec ses cinq frères sous ce même drapeau que nous voulions arborer, nous comptâmes sur sa sympathie aussi sûrement que si elle nous avait été promise par le ciel, et nous décidâmes que les cinq membres du comité se rendraient le lendemain soir à son domicile pour lui soumettre tous nos projets, et lui en offrir la suprême direction.

Le premier abord fut froid, parce qu'il savait que la police n'était pas scrupuleuse sur les moyens qu'elle employait pour surveiller ses démarches. Mais sa réserve ne tint pas contre des protestations aussi franchement accentuées que les nôtres, et, sans le moindre préambule diplomatique, il nous mit au courant des préparatifs d'insurrection qui se poursuivaient avec activité sur plusieurs points du département, et il nous démontra la nécessité de concerter nos opérations avec celles du conseil supérieur dont il était membre, et auprès duquel il offrit de nous servir d'intermédiaire.

Il fallut donc attendre, au risque d'exaspérer nos camarades par la lenteur de nos résolutions, et au risque, bien autrement sérieux, d'être devancés par la vigilance de la police et d'expier, par l'incarcération ou par quelque chose de pis, l'audace de notre entreprise avortée. Ce danger devenait chaque jour d'autant plus imminent qu'il était presque impossible de tenir si longtemps secrète une conjuration qui comptait tant de complices d'un âge si peu rassurant; et la preuve qu'il en avait transpiré quelque chose, c'est qu'on s'occupait, nous disait-on, à dresser, dans les bureaux de la préfecture, une espèce de liste de proscription, sur laquelle étaient portés quarante ou cinquante élèves désignés aux autorités locales comme les plus turbulents et les plus incorrigibles. Il n'était pas question de procéder contre eux par des voies de police universitaire, comme on avait fait à l'égard de Lemanach; on nous assurait que le parti était pris de les garrotter deux à deux comme des forçats et de les faire partir sous bonne escorte pour Belle-Isle, où ils seraient tous, sans distinction d'âge, incorporés dans les bataillons coloniaux. Il fut donc résolu que nous partirions dès le mercredi suivant, et nous fîmes en toute hâte nos préparatifs matériels et spirituels pour ce jour-là.

Si nos ennemis avaient été dans l'habitude de fréquenter les églises, ils auraient sans doute soupçonné quelque chose en voyant les confessionnaux si obsédés ; et, s'ils avaient pu entendre ce qui se passait entre les pénitents et leur confesseur, ils auraient été stupéfaits du langage pathétique tenu par celui-ci, pour combattre la détermination déjà prise. Cette opposition fut à peu près universelle parmi le clergé du diocèse, du moins en ce qui concernait les écoliers du collége, dont l'extermination, si la guerre se prolongeait, laisserait sans successeurs la génération de prêtres-martyrs que la persécution et l'exil avaient prématurément vieillis et qui s'éteignait rapidement. Mais comme les remontrances que nous eûmes à essuyer n'allaient pas jusqu'à qualifier de péché mortel l'irrévocable résolution que nous avions prise, nous ne nous crûmes pas obligés de la comprendre dans notre acte de contrition, et la dernière bénédiction du prêtre ne fut pas conditionnelle.

Parmi les écoliers qui avaient été initiés au complot, il y en eut qui se crurent dégagés, au dernier moment, de l'engagement qu'ils avaient pris de ne le révéler à personne, pas même à leurs parents les plus proches. Mon ami Olivaux fut de ce nombre, et je n'ai pas besoin de dire combien ce chagrin gâta pour moi la joie du départ, sans parler du vide que son absence devait laisser dans nos rangs. Personne n'était doué, comme lui, de tous les dons requis pour devenir l'inspirateur de notre barde le Thiec et son successeur après sa mort. Mais il avait été placé sous la tutelle immédiate d'un prêtre étranger à tous les genres d'enthousiasme, et dont la responsabilité était trop directement engagée pour qu'il fût possible à son pupille de lui laisser, par une évasion nocturne, non-seulement l'aiguillon du remords, mais les angoisses de la plus cruelle incertitude. Il lui avoua donc, sans détour, le rôle qu'il avait joué dans la conjuration et qui constituait un engagement tellement sacré aux yeux de ses camarades et aux siens, qu'il était décidé à tout braver plutôt que ne pas le remplir. Sur quoi le Mentor effrayé, se transformant tout à coup en geôlier, trouva que le meilleur argument pour réfuter son jeune interlocuteur, était de fermer sur lui la porte à double tour, sauf à lui rendre la liberté quand il serait plus sage.

Je crus, aussi moi, pouvoir faire la même confidence à ma mère, d'autant plus que cette confidence avait été devancée depuis longtemps par des soupçons auxquels il manquait peu de chose pour devenir une certitude; car, outre qu'elle me voyait souvent sortir et rentrer à des heures indues, elle avait surpris mon jeune frère coulant des balles et fabriquant des cartouches dans le grenier. La pauvre femme était donc déjà pourvue d'une certaine dose de résignation, quand je vins lui révéler tout le complot et lui avouer, en balbutiant quelques mots d'excuse, le rôle que j'avais joué dans les opérations préliminaires. Cet aveu répondait d'avance à toutes les objections. Aussi n'en fit-elle aucune. Il n'y eut ni lamentations, ni étreintes maternelles, ni rien de ce qui aurait pu ébranler ma résolution, et elle attendit que je fusse hors de sa présence, pour se soulager par des larmes.

Le rendez-vous de notre état-major provisoire était au château même de M. de Margadel, où l'aînée de ses filles nous fit une distribution de cartouches et de cocardes blanches auxquelles elle avait travaillé sans relâche durant toute la nuit avec ses sœurs. Quoique nous eussions déjà souvent admiré en elle ce mélange d'enthousiasme naïf et de raison précoce si charmant à l'âge de quatorze ans qu'elle avait alors, quoiqu'elle nous eût plus d'une fois enchantés par son accueil et électrisés par ses paroles, on croira sans peine que dans ce moment elle nous parut plus intéressante que jamais, surtout quand nous la vîmes attacher la croix de Saint-Louis sur la poitrine de son père, pour qui la séparation fut déchirante, non-seulement à cause des chances fatales que pouvait amener une guerre civile dont on ne prévoyait pas le terme, mais surtout à cause de la prise qu'il donnait à ses ennemis, en laissant à leur merci une mère et six enfants sans défense.

A minuit, nous arrivions au château de Pont-Sale qui était notre première étape.

Mais mon intention n'est pas de reproduire ici et encore moins de mutiler l'histoire de la petite chouannerie, où j'ai raconté, autant pour l'édification des générations futures que pour la gloire de la génération passée, tous les incidents qui m'ont paru propres à mettre en relief, je ne dis pas les grandes combinaisons, mais les grandes qualités qui y furent déployées. Assurément les motifs d'exaspération ne manquaient ni aux chouans proprement dits, ni surtout aux écoliers qui, outre leurs récents griefs, venaient d'apprendre, en se dirigeant vers le bourg de Sainte-Anne, que les fédérés, détachés à leur poursuite, avaient promis de rentrer dans Auray avec nos têtes sanglantes au bout de leurs bayonnettes. Et cependant, dès la première victoire, remportée près de Sainte-Anne, le surlendemain de notre départ, nous étions assez maîtres de nous-mêmes pour n'écouter que notre respect et notre pitié pour les vaincus ; nous prodiguions à leurs blessés des soins presque fraternels, nous faisions même des frais d'hospitalité pour leur mettre un peu de joie au cœur, et nous ne pouvions nous défendre d'un malin plaisir en voyant l'ébahissement où les jetait la générosité incompréhensible de nos procédés.

Une chose contribua surtout à nourrir et développer en nous ces heureuses dispositions, ce fut l'ascendant, de plus en plus prononcé, que prit sur nous le chevalier de Margadel. Dans sa famille, nous n'avions vu briller que ses vertus domestiques. Ici nous venions de voir briller sa bravoure dans le combat et sa charité après la victoire ; car ce fut lui qui mit le premier appareil sur la blessure du commandant de la colonne que nous avions écrasée. Tout en nous prêchant par l'exemple, il ne négligeait pas de nous prêcher par la parole, et la sienne, impérieuse et retentissante sur les champs de bataille, avait, dans ses épanchements avec nous, quelque chose de vibrant et de tendre qui nous touchait et nous fortifiait à la fois. Plein de sollicitude pour nos âmes et attentif à ménager nos corps, on le voyait s'approcher de nos rangs, dans nos marches et dans nos veillées, pour nous dire quelques paroles d'édification et pour partager sa provision de chocolat avec ceux d'entre nous qui paraissaient plus faibles ou plus épuisés que les autres. Aussi notre confiance en lui prit-elle bientôt un caractère que nous aurions alors appelé filial, mais que je serais tenté d'appeler féodal, dans ce sens que nous lui étions dévoués à la vie et à la mort, non pas de par la loi de la discipline militaire qui n'a de prise que sur les volontés, mais de par la loi de l'honneur, en prenant ce mot dans son acception la plus élevée. Nous brûlions de trouver une belle occasion pour lui prouver que nous n'étions pas moins dignes de son estime que de son affection. Enfin, cette occasion, si ardemment désirée vint s'offrir à nous dans la matinée du 10 juin, quand le général Rousseau vint nous attaquer à Muzillac, pour empêcher le débarquement des armes et des munitions qui nous arrivaient d'Angleterre.

Le récit de ce dramatique combat de Muzillac a fait couler bien des larmes, depuis quarante ans, soit qu'on l'ait entendu de la bouche même des acteurs, soit qu'on l'ait lu dans l'ouvrage où j'en ai raconté les émouvants détails. Parmi les morts, atteints dès la première charge, se trouvaient notre capitaine et notre barde, et nous n'étions pas encore assez aguerris pour n'en être pas troublés; mais ce trouble n'atteignait pas un groupe d'écoliers placés à notre première ligne et qui ne semblaient pas plus craindre les boulets que les balles. « A moi, mes enfants », leur cria Margadel, en voyant gravir vers nous les tirailleurs ennemis dont le chef tomba roide mort sous son premier coup. Quand l'artillerie ennemie commença son feu, nous n'avions presque plus de cartouches et, ne pouvant pas riposter, nous nous couchions à plat ventre, pour laisser passer la mitraille par-dessus nos têtes. Ce fut alors qu'un des nôtres s'étant plaint, au nom de tous, du manque de munitions, reçut cette superbe réponse : « Eh bien,
« si vous n'avez plus de munitions, faites semblant
« d'en avoir et cela aura le même effet qu'une dé-
« charge. »

Autant notre attitude avait été ferme pendant la lutte, autant elle fut édifiante dans la poursuite, à cause de l'énergie avec laquelle nous défendîmes les blessés contre la rapacité de quelques mauvais chouans, aussi âpres au butin qu'implacables dans leurs vengeances. Cette journée fut comme le point culminant de cette curieuse campagne, et on eut la générosité de nous en attribuer presque toute la gloire, sans doute pour adoucir le chagrin des pertes douloureuses que nous venions de faire. Avant même que nos larmes fussent séchées, on nous avait proclamés *compagnie d'élite* avec tous les priviléges attachés à cette distinction, et, à partir de ce jour, nous devînmes les favoris de toute l'armée, des paysans comme des marins, mais plus particulièrement du bataillon de Gamber qui nous savait gré d'avoir rendu possible, par la fermeté de notre attitude passive, la vigoureuse attaque de flanc qui avait décidé de la victoire.

Pour compléter notre éducation militaire, il ne nous manquait qu'un revers, et le 20 juin, nous trouvâmes ce triste complément, avec les circonstances les plus aggravantes, dans la désastreuse journée d'Auray qui aurait été plus désastreuse encore, si l'humanité du général Rousseau n'avait déjoué à temps les projets, hautement avoués, des féroces auxiliaires qui lui étaient venus des départements voisins. Après cette catastrophe, qui nous rappelait, par la proximité des lieux, celle de Quiberon, il ne nous restait plus d'illusion sur le capacité militaire de notre général en chef, Desol de Grisoles, ni sur celle de ses conseillers réputés les plus influents. Celle de M. de Margadel, au contraire, ne fut pas seulement mise hors de doute pour nous qui le croyions infaillible, mais elle le fut aussi pour les nombreux témoins de la scène qui s'était passée quelques jours auparavant près de Kerlili. Tous les efforts des plus intelligents entre nos chefs pour faire comprendre à Desol qu'il fallait, à tout prix, empêcher la jonction du général Rousseau avec le général Bigarré, avaient échoué contre son incurable stupidité. Notre héros, qui en prévoyait les conséquences, était pâle et tout haletant de colère ; on entendait de loin les éclats de sa voix impérieuse et les menaces qu'il mêlait à sa véhémente apostrophe. Son dernier mot fut qu'il aurait mille fois mieux aimé subir de nouveau toutes les misères de l'émigration que de continuer une guerre si niaise.

Ce fut cette faute qui permit à nos ennemis de nous jeter sur les bras les forces disponibles de deux départements, tandis que les nôtres étaient réduites de plus d'un tiers par la quantité de demandes de congé auxquelles on se croyait obligé de faire droit, au moment même où les colonnes d'attaque marchaient vers leurs positions respectives pour converger ensuite sur nos lignes. Et pendant ce temps, notre général allait visiter l'amiral Hotham à bord de son vaisseau !

On peut dire que jamais si grande ineptie ne fut déployée sur un si petit théâtre. Et quelles conséquences ne pouvait-elle pas entraîner, surtout pour nous, poursuivis, comme nous l'étions, par des haines héréditaires qui, si elles cessaient d'être contenues, n'épargneraient pas plus les enfants qu'elles n'avaient épargné les pères; car l'exemple donné par le général Rousseau qui avait mis en liberté tous les prisonniers, n'avait pas été suivi par les fédérés de Vannes qui avaient mis sous les verroux, avec des intentions barbares hautement avouées, deux de nos camarades surpris en mer par un bateau de douane et destinés sans doute à faire les frais d'un spectacle analogue à ceux de 1795, si la nouvelle de la bataille de Waterloo n'était venue changer nos positions respectives et donner la prépondérance au parti le moins disposé à abuser de ses avantages.

Avec un adversaire aussi loyal que le général Rousseau, les négociations étaient faciles, et elles le grandirent encore davantage dans notre estime. Je fus un de ceux qui allèrent demander, pour la compagnie des écoliers, le privilége de monter la garde à la porte de celui qui nous avait si généreusement combattus. Une fois entrés dans Vannes, notre plus haute ambition fut d'étonner, par nos dispositions plus que conciliantes, non-seulement nos ennemis du champ de bataille, mais même les bourreaux de nos pères et ceux de Lemanach qui devaient naturellement s'attendre à de sévères représailles. Jamais pareil spectacle ne s'était vu ni dans nos villes, ni dans nos campagnes, depuis le commencement de nos guerres civiles. Les soldats et les chouans, assis à la même table dans les auberges, buvaient à la santé les uns des autres, et quand ils étaient de faction à la même porte, ils ne pouvaient s'empêcher de violer la consigne qui leur prescrivait le plus rigoureux silence. Il y avait là pour nous un rôle de conciliation qui flattait à la fois notre cœur et notre goût, et dont nous nous acquittions avec un zèle qui n'avait pas besoin d'être stimulé. Ce fut surtout à notre instigation que, pour donner une sorte de sanction religieuse à cette fraternité qui était en partie notre ouvrage, on résolut de réunir les deux armées autour du même autel dressé sur une place publique assez spacieuse pour qu'on y pût déployer tout l'appareil militaire que comportait la circonstance. Il y eut un moment solennel qui fut comme le point culminant de cette imposante cérémonie ; ce fut quand, après la triple salve dont l'élévation de l'hostie avait donné le signal à deux batteries parallèles, on vît les troupes de ligne arborer, en signe de réconciliation, les couleurs qu'elles avaient récemment combattues.

Après cette cérémonie, qui fut vue de très-mauvais œil par certains pécheurs endurcis, les officiers supérieurs des deux armées se réunirent dans un banquet dont les nôtres eurent la prétention de faire les honneurs et les frais. Jamais on ne vit de courtoisie plus chevaleresque entre des adversaires réconciliés. Le général Rousseau, trop fier et trop sûr de lui-même pour éluder aucun sujet de conversation, parla de la dernière campagne, sans jactance comme sans embarras, louant les dispositions prises à Muzillac, le courage avec lequel les enfants du collége avaient défendu leur position, mais, par-dessus tout, la manœuvre décisive qui avait été faite sur son flanc gauche, et dont l'auteur, assis modestement devant lui, dans son costume de paysan, ne comprenait rien à cet éloge pas plus qu'à l'émotion visible du général qui, en apprenant qu'il avait eu affaire au fameux chouan Gamber, ne crut pas s'abaisser en lui tendant fraternellement la main. Enfin, pour mettre le comble à la délicatesse des ses procédés, il fit à peine mention du combat d'Auray, ce qui contribua sans doute à rendre possible l'exécution de l'ordre incroyable en vertu duquel les chouans et leurs chefs se trouvèrent placés pendant quelque temps sous ses ordres.

C'était le moment de mettre bas les armes, si nous avions été sages ; mais cette détermination exigeait un genre de courage dont nous n'avions pas encore fait l'apprentissage et qui d'ailleurs impliquait le sacrifice du plus légitime de tous les bonheurs, celui de jouir ensemble de la récompense de nos sacrifices. Pour avoir une idée de la continuité et de l'intensité de cette jouissance, il faudrait avoir été témoin des joies moitié enfantines et moitié viriles entre lesquelles se partageaient nos journées, sans laisser la moindre prise aux rancunes politiques, si vivaces de leur nature. Au lieu de l'hospitalité forcée que procuraient aux autres chouans les billets de logement distribués au hasard, nous avions les honneurs d'une hospitalité plus que volontaire; car pour avoir des hôtes inoffensifs, comme nous passions pour l'être, nos coreligionnaires politiques et d'autres qui ne l'étaient pas encore, avaient fait, auprès des autorités tant civiles que militaires, les démarches les plus actives et les plus persévérantes, dont le résultat avait été de les exempter de tous les inconvénients attachés à la présence d'une garnison trop peu disciplinée ; car, depuis notre exploit de Muzillac, tous les chouans, les marins, aussi bien que les paysans, avaient pris au sérieux notre privilége de compagnie d'élite et, partout où se produisait quelque désordre, l'intervention d'un écolier n'était pas moins efficace que celle d'un officier supérieur.

Ce genre de service sur lequel on n'avait pas compté, excita si bien la reconnaissance de nos hôtes, qu'on vit les plus farouches d'entre eux s'apprivoiser peu à peu jusqu'à venir assister à nos exercices militaires sous les avenues boisées de la Rabine; car, depuis notre rentrée dans Vannes, j'avais repris mes fonctions de capitaine instructeur, fonctions complétement stériles pendant toute la durée de la campagne, et que mes camarades m'avaient invité à reprendre pour notre amusement réciproque et aussi pour celui des spectateurs parmi lesquels se trouvaient des juges assez compétents, à qui nous ne paraissions pas indignes de leur attention, voire même de leurs éloges. C'est ce qui arriva un matin à un inspecteur aux revues qui fut frappé de l'aspect et de la tenue de notre petite troupe et qui profita de la première occasion pour entretenir M. de Margadel du parti qu'on pourrait tirer éventuellement de dispositions aussi encourageantes que les nôtres. C'est de cet entretien que date l'idée généreuse, qui fut mûrie plus tard, de regarder notre compagnie comme une école militaire toute spéciale qui avait fait son apprentissage et conquis ses titres sur le champ de bataille, et qui offrait, outre les garanties d'aptitude et de courage, celle d'une inviolable fidélité à tous ses devoirs.

Ce qu'il y avait de flatteur dans la bonne opinion que M. de Margadel avait de nous et qu'il s'efforçait de faire partager aux autres, c'est qu'il nous connaissait mieux que personne, même mieux que nos professeurs, sans en excepter un seul. Notre dévouement désintéressé à une cause qui, pour lui et pour un très-petit nombre d'autres, n'était pas une cause purement politique, le transportait d'admiration et il nous en savait gré comme d'un service personnel. Étranger à toutes les petitesses qu'enfante l'orgueil de caste, et doué d'une sagacité rare pour discerner les qualités latentes, quelque rude qu'en fût l'enveloppe, il donnait à chacun le genre d'encouragement qui lui était propre ; mais il étendait à tous, sans distinction de grade ni de costume, ce ton de familiarité affectueuse et presque paternelle qui avait marqué ses premières relations avec nous. Maintenant que notre enthousiasme pour lui, composé d'admiration, de reconnaissance et de dévouement, avait, pour ainsi dire, atteint son apogée, qu'on se figure, s'il est possible, ce que nous dûmes éprouver le jour où les officiers et sous-officiers de la compagnie furent invités, pour la première fois, à une fête de famille, dans ce même château du Gras-d'Or où, trois mois auparavant, nous avions été témoins et témoins très-émus, de la séparation la plus déchirante. Quel contraste entre les pressentiments d'alors et les félicitations d'aujourd'hui, entre les rudes épreuves courageusement subies par cette épouse héroïque et l'immense joie du retour, rendue plus expansive par notre présence! Mais l'héroïne du jour était pour nous la jeune enfant que nous avions trouvée si belle, quand elle pleurait en attachant la croix de Saint-Louis sur la poitrine de son père, et que nous trouvions plus belle encore depuis qu'elle ne savait pleurer que de joie. C'était une scène qui aurait pu transporter nos imaginations dans les beaux siècles de la chevalerie, si l'histoire du moyen âge nous avait été aussi familière que l'histoire des Machabées, et cette fête se renouvela plus d'une fois, avec les mêmes émotions de part et d'autre, pendant notre séjour à Vannes, séjour que nous prolongions indéfiniment, bien que les plus raisonnables d'entre nous l'appelassent quelquefois *les délices de Capoue.*

Mais avec toutes ces fêtes, que devenaient les vocations ecclésiastiques? Question scabreuse que nous nous adressions malicieusement entre nous et que nos mères s'adressaient entre elles avec de tristes pressentiments qui ne furent pas tous démentis. La mienne avait plus de motifs que les autres pour douter de l'accomplissement du plus cher de ses vœux. Outre que mes dispositions antérieures n'avaient jamais été complétement rassurantes, elle voyait dans le rôle que je venais de jouer et dans les succès d'amour-propre qui en avaient été la suite naturelle bien qu'imprévue, un obstacle de plus en plus inquiétant, qui prit tout à coup pour elle un aspect formidable, quand elle sut à quelle tentation la bienveillance des autorités militaires allait nous exposer. L'idée de voir son fils revêtir un costume de lieutenant pour servir n'importe quelle dynastie, lui était encore plus insupportable que celle de le voir monter à bord d'un navire de l'île d'Arz. Elle avait vu de près les officiers républicains des garnisons de Lorient et de Port-Louis ainsi que ceux qui commandaient les colonnes mobiles dans les campagnes environnantes, et il lui était resté, des impressions de son enfance et de sa jeunesse, une invincible antipathie pour les épaulettes, antipathie qui se réveilla dans toute sa force quand elle vit ce nouvel orage s'amonceler sur sa tête. Non contente de faire un appel direct à mes obligations filiales tant envers elle-même qu'envers ma grand'mère qui avait hypothéqué ses biens pour nous, elle alla chercher au dehors des renforts dont la puissance lui était connue, et en faisant agir simultanément sur mon cœur les allocutions pathétiques du chanoine Bertrand et surtout celles de l'abbé Gayet, elle remporta une victoire tellement complète, que je promis de me démettre, sur-le-champ, de mes fonctions si attrayantes de capitaine instructeur, et de me soustraire, par une prompte retraite, aux inconvénients de cette vie de garnison qui, à dire vrai, commençait à perdre son charme pour moi.

Il en était de même pour le plus grand nombre de mes camarades, malgré l'humeur qu'ils convinrent entre eux de me témoigner. D'autres désertions suivirent la mienne, et peu à peu les rangs se dégarnirent tellement, que la compagnie se trouva réduite à sa plus simple expression. Chacun emporta son fusil et sa giberne, comme trophées de famille, et presque tous, au moment de se séparer, prirent avec leurs camarades et avec eux-mêmes, l'engagement de se retrouver au collége pour le jour de la rentrée des classes.

Jamais vacances n'avaient été si douces, pour les enfants comme pour les parents; car les trois mois qui venaient de s'écouler avaient été pleins de périls pour les uns et pleins d'angoisses pour les autres. Mais à présent que la crise était passée, on se félicitait de l'occasion qu'elle avait offerte à la génération nouvelle de se montrer digne de ses pères. En vain quelques esprits prosaïques et superficiels déploraient-ils, avec une insistance qui touchait au radotage, l'irréparable lacune que laisserait nécessairement, dans nos études classiques, une si longue interruption; toutes ces lamentations, rarement sincères, n'en imposaient à personne, pas plus que les prédictions incessantes dont de faux amis rebattaient nos oreilles sur la supériorité que prendraient inévitablement sur nous ceux qui avaient continué à faire des thèmes et des versions, pendant que nous courions les champs avec un fusil sur l'épaule.

Heureusement ce fut le contraire qui arriva, et si ce problème avait été posé d'avance à un esprit libre de tous préjugés et familiarisé, par l'observation plus que par l'étude, avec les conditions essentielles du véritable progrès intellectuel et moral, il aurait dit, sans hésiter, que tout ce qui contribue, surtout dans la jeunesse, à élever et fortifier le caractère, contribue, dans la même proportion, au développement de l'intelligence, bien qu'il n'en augmente pas toujours les acquisitions. C'est alors la dimension de hauteur qui gagne intellectuellement parlant, au préjudice de la dimension de largeur, et qui, pour continuer la métaphore, se ligue avec la conscience pour fournir à l'homme ou même à l'enfant, quand il en a besoin, des motifs de détermination. Voilà comment je serais tenté d'expliquer le double phénomène qui se produisit, avant notre départ, dans la classe de rhétorique : une énergie précoce dans nos résolutions et une intelligence encore plus précoce de nos auteurs classiques, particulièrement de Tacite pour lequel nous trouvions des commentaires, pour ainsi dire vivants, dans tout ce qui se passait sous nos yeux. Y avait-il alors un seul collége en France, dont les élèves ou même les professeurs pussent se vanter de comprendre, mieux ou même aussi bien que nous, l'application qu'on pouvait faire à un si grand nombre de contemporains, de ce passage foudroyant qui semblait être une divination de l'historien : *Transfugæ e transfugis, et proditores e proditoribus, inter recens et vetus sacramentum invisi deis errabitis?* et notre compétence n'était pas moindre pour l'intelligence du charmant épisode de Nisus et Euryale, au neuvième livre de l'*Énéide*, épisode qui semblait avoir été fait exprès pour nous et que nous comprenions par une sorte d'intuition, avant que notre professeur, qui le comprenait beaucoup moins, se fût donné la peine de nous le traduire. Il n'y avait pas, dans toute la littérature, ancienne ou moderne, une devise qui fût mieux adaptée à nos sentiments et à notre position, que ces deux beaux vers dont la première lecture nous fit tressaillir d'une joie sympathique :

« Est hic, est animus lucis contemptor, et istum
« Qui vita bene credat emi, quo tendit, honorem. »

La perfection de l'éducation classique serait de trouver nos aspirations instinctives revêtues de la plus belle expression dont elles soient susceptibles, de manière qu'à l'aide d'une culture progressive, nous retrouvions, à l'état de beauté littéraire, ce qui a été d'abord en nous à l'état d'instinct. Les premières années du siècle se prêtaient merveilleusement, ou plutôt tristement à une foule de rapprochements de ce genre. Le spectacle avec lequel nos yeux étaient le plus familiarisés, depuis notre enfance, était le spectacle des ruines, et nous disions, avec nos pasteurs, qu'on était bien lent à les réparer. Comme la chose était autrement dite et même chrétiennement motivée dans l'admirable leçon que le protégé de Mécène faisait aux maîtres du monde, sous la forme poétique la mieux appropriée à son but :

Delicta majorum immeritus lues,
Donec templa refeceris....

A quelle magnifique exégèse ce texte n'aurait-il pas prêté, surtout dans la bouche des professeurs que leur qualité de prêtre avait exposés à tous les genres de persécution, et qui, comme notre cher abbé Gayet, apportaient à la génération nouvelle, des pensées sanctifiées par le malheur et mûries par un long exil!

Malheureusement notre ignorance complète de l'histoire ancienne et moderne annulait d'avance toutes les inductions que nous aurions pu tirer des antécédents historiques, et tout le renfort qu'aurait pu nous donner l'autorité des grands noms. Il fallait nécessairement y suppléer par l'instinct, et ce supplément nous faisait rarement défaut. Jamais les suggestions de cet instinct ne nous servirent si bien qu'à l'ouverture de la guerre d'Espagne. Aucun de nous ne connaissait le fameux mot de Caton d'Utique : *La gloire n'est pas la justice ;* et cependant nous parlions et parfois même nous agissions comme si nous avions été les inventeurs de cette formule ; car ceux d'entre nous qui, à l'époque des vacances de Pâques, avaient à traverser la forêt de Camors, ne se faisaient pas scrupule de fraterniser avec les déserteurs, bien que la police eût signalé ces derniers comme des malfaiteurs et des assassins. Quel désordre d'idées de telles qualifications appliquées à de tels actes n'auraient-elles pas produit dans nos jeunes cerveaux, si les proclamations officielles avaient eu assez d'empire sur nos esprits, pour modifier, au détriment de nos caractères et de nos consciences, nos notions instinctives du juste et de l'injuste!

Cette lutte avait définitivement cessé après notre campagne de 1815, et quand nous nous retrouvâmes au collége le 15 octobre de la même année, il eut été difficile de rien imaginer de plus pacifique que notre humeur. Non-seulement nous avions déposé toute rancune contre notre principal, ce qui eut exigé un miracle trois mois auparavant, mais nous avions octroyé une amnistie sans réserve à ceux qui, au lieu de partager nos aventures, avaient mieux aimé composer le petit auditoire des prudents professeurs restés à leur poste pour n'être pas suspects de connivence avec nous. Enfin, il y eut une réconciliation sincère et presque cordiale avec ceux de nos condisciples dont l'enthousiasme pour le régime impérial n'impliquait aucune arrière-pensée révolutionnaire, dans le genre de celles qu'on imputait, à tort ou à raison, à tous les fédérés de la Bretagne.

Mais toutes ces dispositions conciliantes ne remédiaient pas à l'atteinte grave qu'avait portée à la discipline scolaire la position respective des écoliers et des maîtres. Cet inconvénient se faisait surtout sentir dans la classe de philosophie où je ne pouvais pas empêcher, avec la meilleure volonté du monde, que ma présence ne fût un embarras pour le professeur trop novice qu'on venait de nous donner; car j'étais le seul officier qui eut repris le cours de ses études, et ce retour, dans lequel on voulait voir un acte d'abnégation, me donnait nécessairement un surcroît d'influence non-seulement sur ceux de mes condisciples qui avaient fait la dernière campagne avec moi, mais aussi sur les élèves des autres classes aux yeux desquels j'étais devenu le principal représentant de la grande idée que nous avions mise en action.

Pour contre-balancer l'abus que j'étais exposé à faire d'une autorité si prodigieusement irrégulière, j'avais dans mon ami Olivaux, que j'avais retrouvé plus sage et plus affectueux que jamais, un conseiller qui ne tarda pas à devenir mon collègue pour toutes les démonstrations ou commémorations dont l'idée me passait par la tête; car, depuis le printemps de 1816, jusqu'aux vacances de la même année, nous vécûmes dans une sorte d'excitation fiévreuse, produite par la quantité d'anniversaires dont nous exigions impérieusement la célébration : anniversaire de serment, anniversaire de deuil, anniversaire de victoire, sans compter toutes les fêtes politiques qui se donnaient en ville, et pour lesquelles on nous avait habitués à croire qu'on ne pouvait pas se passer de nous. C'était un enivrement continuel, propre à faire tourner bien des têtes, mais surtout la tête de celui qui, en l'absence de ses deux collègues lancés dans d'autres carrières, remettait son écharpe de soie blanche à franges d'or, pour jouer le principal rôle dans ces grandes occasions.

Il va sans dire qu'il n'était plus question de discipline ni de subordination, et qu'entre nos devoirs et nos plaisirs, la lutte n'était jamais longtemps douteuse ; car notre pauvre principal qui avait à se faire pardonner son attitude équivoque des cent jours, aimait mieux lâcher la bride à nos fantaisies, que d'encourir le soupçon de tiédeur dans ses nouvelles affections politiques. Il ne pouvait donc pas refuser les congés que j'allais lui demander au nom de mes camarades, et ces demandes se renouvelèrent si souvent, que l'abbé Gayet, dont la dignité ne s'accommodait pas de tous ces enfantillages, en fit des plaintes aux autorités locales qui se gardèrent bien d'en tenir compte. Les bruits qui couraient sur l'impression que notre glorieuse campagne avait produite en haut lieu, entouraient nos fronts, du moins ceux des trois officiers, d'une espèce d'auréole anticipée, et cette anticipation jointe aux visites-courtoises que nous recevions de tous les personnages importants qui arrivaient dans le pays, avaient fait de nous une puissance avec laquelle il était difficile de ne pas compter.

Cette conviction entra si bien dans mon esprit et je la fis si bien entrer dans celui de mes camarades, y compris le sage Olivaux, que je leur fis adopter, sans la moindre opposition, l'idée absurde et presque insolente, de former deux compagnies de garde nationale qui seraient placées sous la direction immédiate du commandant militaire du département, et seraient ainsi indépendantes de la garde bourgeoise, soit pour leur organisation, soit pour leurs manœuvres.

Chose incroyable! non-seulement aucune objection ne fut élevée contre mon plan, ni par l'autorité civile, ni par l'autorité militaire, mais elles se montrèrent l'une et l'autre si indulgentes et même si empressées en ce qui concernait les moyens d'exécution, que je ne craignis plus d'aller faire à notre principal cette étrange ouverture. Sa surprise fut grande, comme on peut bien l'imaginer, mais sa consternation fut plus grande encore. Comment concilier la discipline du collége avec les habitudes nouvelles que nous allions contracter, l'autorité du professeur en classe, avec celle du capitaine instructeur? Cette objection, bien qu'elle fût la plus forte pour lui, ne fut pas celle sur laquelle il insista le plus. Sa plus grande préoccupation paraissait être le scandale inouï que le collége de Vannes allait donner, non-seulement à la Bretagne, mais à la France toute entière, attendu qu'il n'y avait pas d'exemple d'une pareille anomalie dans les annales universitaires, même sous le régime impérial. A plus forte raison devions-nous nous en abstenir sous la tutelle toute maternelle de l'université royale qui ne permettrait jamais, disait-il, que le paisible sanctuaire des lettres fut profané par le maniement des armes.

C'était le plus mauvais argument qu'il pût employer avec nous; car nous n'avions pas encore digéré l'affront bien autrement inouï que nous avions reçu de cette même université *royale*, quand elle avait voulu exiger de nous l'arriéré de la rétribution universitaire pour nos trois mois de campagne.

Aussi notre résolution unanime fut-elle de passer

outre et, pour battre le fer pendant qu'il était chaud, je procédai immédiatement à l'organisation des deux compagnies, et à une autre tâche terriblement délicate, celle de choisir les officiers et sous-officiers de manière à consommer l'œuvre de réconciliation universelle que j'avais en vue, mais dont je n'avais fait part qu'à mes confidents intimes.

Plein d'une sotte confiance dans ma popularité que je croyais inébranlable, je fis la répartition des grades de manière à satisfaire à la fois et ceux qui avaient combattu et ceux qu'un obstacle quelconque avait empêchés de combattre, concession blessante pour ceux qui allaient se voir frustrés d'une prétention légitime et sur la résignation desquels je n'avais pas le droit de compter. Enfin, pour mettre le comble à la surprise que je m'attendais à exciter, je voulus faire une avance à la fraction loyale de nos ennemis, et comme j'avais trouvé dans mon condisciple Julien Taslé, un adversaire politique dont je n'avais jamais méconnu les qualités d'esprit et de cœur, j'espérai faire partager à mes camarades l'estime que j'avais pour lui, en lui donnant le grade de sergent dans ma compagnie de grenadiers.

Ce ne fut pas cette nomination qui excita la tempête dont je fus assailli, quand le général Leridan, notre supérieur immédiat, vint lire sur la garenne, devant les deux compagnies, la liste de promotions que tous regardaient d'avance comme mon ouvrage. Ce qui donna lieu à l'explosion de colère qui interrompit, à deux reprises différentes, cette malencontreuse lecture, ce fut la nomination tout à fait inattendue de deux officiers, auxquels j'avais osé espérer que mon amitié tiendrait lieu des titres militaires qui leur manquaient. Bien au contraire, ce fut leur impopularité qui rejaillit sur moi, et les cris provoqués par leurs noms devinrent tellement séditieux que, pour ne pas trop compromettre la discipline, il fallut donner l'ordre de rompre les rangs.

On comprend que l'idée d'avoir affaire à de pareils élèves ne devait pas être très-rassurante pour les professeurs. Il était clair que leur autorité allait être désormais subordonnée à celle des chefs militaires, et que l'ordre dans lequel seraient accomplies nos tâches, si différentes les unes des autres par leur objet, ne pourrait pas être réglé par la discipline du collége. Malgré cela, ils parurent se résigner à leur sort, et déjà le jour et l'heure étaient fixés pour la distribution des armes, quand tout à coup on vint nous dire que l'abbé Gayet, celui à qui notre corps enseignant devait son principal lustre, avait déclaré catégoriquement que du jour où notre projet d'armement aurait reçu un commencement d'exécution, il se regarderait comme libre de tout engagement et ne remplirait plus ses fonctions. On savait qu'il n'était pas homme à menacer en vain et que, sa résolution une fois prise, il n'y avait pas d'autorité civile ou militaire qui fût capable de l'ébranler. D'un autre côté, les sentiments de respect et de reconnaissance qu'il m'avait inspirés, étaient trop fortement gravés dans mon cœur pour que je pusse supporter l'idée d'avoir contribué, même indirectement, à lui faire prendre une détermination dont les plus insouciants d'entre nous n'auraient pu s'empêcher de déplorer les conséquences.

J'allai donc moi-même le supplier, au nom de tous, de regarder comme non avenu tout ce qui avait été dit et fait relativement à ce projet d'organisation militaire dont les conséquences, regardées par lui comme inévitables, lui avaient paru également incompatibles avec nos devoirs et avec nos progrès, et je reçus en retour les conseils les plus paternels, les plus prévoyants et surtout les plus appropriés à ma situation, qui m'aient jamais été donnés par un homme investi de ce genre d'autorité complexe. Il se faisait ainsi le continuateur intelligent de mon curé de l'île d'Arz, et je touchais au moment où sa tâche allait devenir bien plus difficile que celle de son prédécesseur.

M. de Margadel, après avoir passé plusieurs mois à Paris, comme député du Morbihan, était revenu plein des plus charmantes espérances, et il avait voulu nous en faire part au milieu des réjouissances d'une fête de famille, à laquelle nous étions invités, disait-il, au même titre que ses autres enfants. Jamais, en effet, on ne vit une adoption plus cordiale que celle dont nous étions pour lui l'objet. Il jouissait de ce qu'il appelait notre gloire plus qu'il ne jouissait de la sienne propre, et il ne pouvait se lasser de répéter les noms des hommes généreux qui s'étaient rendus les interprètes sympathiques de ses vœux en notre faveur et avaient fait parvenir jusqu'aux oreilles même de Louis XVIII le récit (sans doute fort exagéré) de notre petite campagne des cent jours. Des témoins oculaires attestaient l'émotion du roi ainsi que celle du comte d'Artois qui, après avoir payé ce qu'il appelait son tribut d'admiration, avait exprimé, les larmes aux yeux, l'espoir d'avoir un jour l'occasion d'en faire davantage.

Ce n'était pas sans peine que M. de Margadel avait remporté cette victoire. Parmi ceux qui partageaient avec lui l'honneur de représenter la fidélité morbihannaise, il y en avait pour qui l'éloge qu'on faisait de la nôtre était un sanglant reproche, et qui voyaient de très-mauvais œil les progrès de la négociation qui nous concernait. Tant que M. de Vaublanc, qui faisait profession de ne pas s'occuper de bagatelles, fut chargé du ministère de l'intérieur, l'intrigue ourdie contre nous avait d'autant plus de chances de succès, qu'on avait trouvé moyen de nous décerner une récompense qui devait, disait-on, satisfaire notre ambition. Cette récompense, suggérée par le préfet à qui elle avait été suggérée par d'autres, était la décoration du lys, que le portier de la préfecture et le bedeau de la cathédrale portaient avec une fierté sans pareille, depuis le jour où le duc d'Angoulême avait fait son entrée triomphale dans leurs édifices respectifs. Voilà de quelle insultante mystification on n'eut pas honte de rendre complice un Montmorency, un rejeton de la famille la plus illustre de France et la plus capable d'apprécier, par ses propres traditions, le genre de mérite qu'il avait mission de récompenser. Avant de nous dire en quoi consistait cette récompense, le noble marquis nous avait annoncé pompeusement que c'était une marque de la munificence royale, et après avoir fait procéder, par voie de suffrage universel, à la désignation des plus dignes, il avait emmené les six élus tout rayonnants d'orgueil et d'espérance ; car, malgré leur modestie, leurs conjectures, après un si pompeux début, n'étaient pas moins exorbitantes que les nôtres, et je n'ai pas besoin d'ajouter que notre déception ne fut pas moins humiliante que la leur. Heureusement nous étions dès lors trop bien instruits pour la faire remonter aussi haut que semblait l'impliquer la prétendue mission du personnage auquel les autorités locales avaient imposé ce triste rôle. Plus heureusement encore, pour la France comme pour nous, M. de Vaublanc ne tarda pas à être remplacé par un homme bien autrement accessible au genre d'enthousiasme qu'il nous importait d'inspirer. Cet homme, dont la sympathie pour nous datait du jour où il avait lu dans un rapport inséré au *Journal de l'Empire*, l'éloge indirect que le général ennemi lui-même avait fait de notre attitude (1); cet homme, qui s'était montré le héros du courage civil, dans un temps où ce genre de courage était le plus rare et le plus difficile de tous, cet homme trop peu connu et surtout trop peu apprécié par les dispensateurs officiels des grands rôles politiques, était M. Lainé.

Ce fut alors que j'entendis, pour la première fois, prononcer son nom, ce nom pour lequel mon respect a toujours été croissant, à mesure que j'ai été plus au courant des hommes et des choses, pendant le demi-siècle que j'ai traversé, et ce n'est pas la moindre des gloires du patron militaire des écoliers, d'avoir deviné d'avance le concours sympathique que lui prêterait cette nature éminemment chevaleresque, pour provoquer, en notre faveur, un acte de munificence royale qui serait à la fois une récompense pour le présent et un encouragement pour l'avenir.

M. Lainé, qui s'était laissé gagner par l'enthousiasme contagieux de M. de Margadel, n'avait voulu partager avec personne le bonheur de nous faire rendre justice et, comme il se défiait des appréciations souvent dénigrantes

---

(1) Le général Bigarré, qui commandait la 13ᵉ division militaire, écrivait au Ministre de la Guerre deux jours après notre combat de Muzillac :

« Les chouans paraissent disposés à mettre bas les armes, excepté cependant les « élèves du collège de Vannes, qui montrent un entêtement coupable, mais heureusement peu dangereux. » (*Journal de l'Empire*, 13 juin.)

des courtisans et des bureaucrates, il avait promis de rédiger lui-même le rapport qui devait précéder la promulgation de l'ordonnance impatiemment attendue. En effet peu de jours après, le Roi y avait apposé sa signature, et le précieux document avait été expédié le jour même à la préfecture de Vannes.

Les dispositions en étaient magnifiques et allaient bien au delà de nos modestes prétentions. Le dévouement des pauvres écoliers qui avaient été tués ou blessés, était récompensé par des pensions accordées à leurs parents ou à eux-mêmes ; plusieurs bourses étaient fondées à perpétuité dans le collége de Vannes, au profit des familles auxquelles appartenaient les petits guerriers qui venaient de l'illustrer. Enfin les trois officiers, dont un seul était rentré au collége avec ses camarades, étaient nommés chevaliers de la Légion d'honneur, et l'ordonnance qui contenait ces glorieuses dispositions, devait être lue tous les ans devant les élèves, le jour de la rentrée des classes.

On comprend que les félicitations et les jouissances d'amour-propre durent être très-inégalement partagées ; car j'étais seul à même de les recevoir, pour ainsi dire, à bout portant. L'un de nos officiers, devenu lieutenant dans un régiment de ligne, était en garnison à Brest ; l'autre, trop modeste dans ses prétentions, avait été pris au mot par ceux qui s'étaient ingérés, sans compétence et sans titre, dans la distribution des récompenses, et on avait abusé de sa candeur au point de lui faire accepter, sans compensation d'aucune sorte, un emploi également indigne de ses talens et de ses services.

Il sortit cependant de sa retraite, pour partager avec moi les honneurs et les enivrements de la grande journée qu'on nous préparait. Pour donner à cette fête, un caractère plus décidément chevaleresque, on l'avait, pour ainsi dire, annexée à une commémoration funèbre des victimes qui, vouées à la même cause que nous, avaient été fusillées par centaines vingt ans auparavant, sur la promenade de la Garenne. Or c'était sur l'emplacement même de ces barbares exécutions, qu'on venait d'élever l'autel autour duquel se pressait, ce jour-là, une foule compacte et sympathique, accourue de toutes les campagnes environnantes pour assister à la messe expiatoire qui devait s'y célébrer ; et c'était à la suite de cette solennité mortuaire que, par une connexion d'idées très-intelligible pour nous, on nous faisait agenouiller au pied du même autel, pour recevoir, en échange du serment prescrit, d'abord l'accolade militaire et ensuite une seconde faveur bien autrement précieuse, du moins pour celui des deux candidats qui devait être décoré, avec l'accompagnement obligé, des mains de mademoiselle d'Olonne ; car elle était, à tous égards, la véritable héroïne de la fête ; elle l'était, sans le savoir et surtout sans le vouloir, à cause de l'admiration qu'excitait son extrême beauté jointe à son extrême jeunesse ; elle l'était pour tous ceux qui savaient entrevoir sur cette physionomie prématurément sérieuse, des préméditations ascétiques qu'elle ne s'avouait peut-être pas encore à elle-même ; elle l'était surtout pour son vieux père, le général d'Olonne, dont la tendresse était redoublée par l'incertitude même de la possession ; enfin je n'ai pas besoin d'ajouter qu'elle l'était surtout pour moi, et que j'emportai de cette cérémonie dont son intervention avait doublé le prix, un mélange d'enthousiasme et de vénération, parfaitement justifié par le sacrifice héroïque qu'elle consomma bientôt après.

Une autre cérémonie plus intime avait lieu, le même jour, dans l'intérieur du collége, et notre principal, après avoir lu, de sa voix doublement solennelle, l'ordonnance royale qui nous concernait, nous annonça qu'il s'était entendu avec les autorités locales pour faire peindre au-dessus de cette même porte, théâtre de nos premières hostilités, des emblèmes commémoratifs de nos exploits et au-dessous desquels on inscrirait notre devise favorite déjà citée dont nous avions fait contre lui une arme de guerre :

Est hic, est animus lucis contemptor, et istum
Qui vita bene credat emi, quo tendit honorem.

Ce ne fut pas tout. Pour mettre le comble à ma reconnaissance ou plutôt à ma confusion personnelle, il voulut ajouter à la grande croix officielle qui accompagnait mon diplôme, une seconde croix, de plus petites dimensions, qui n'usurperait pas la place destinée à une autre croix plus modeste que je portais en même temps, je veux dire la croix de la classe de philosophie; et cette coïncidence, probablement unique depuis la fondation de l'ordre, contribuait, plus que la décoration elle-même, à faire de moi un objet de curiosité soit pour les étrangers qui se croyaient obligés de visiter le collége, soit pour les badauds attroupés deux fois par jour, devant la porte, pour voir le factionnaire qui y était placé, me rendre, souvent à contre-cœur ou en riant dans sa barbe, les honneurs militaires. Et mes camarades étaient là, vigilants et susceptibles, et prenant tellement au sérieux le devoir de la solidarité réciproque, que notre principal était en proie aux plus terribles inquiétudes. Un incident survint qui prouva qu'elles étaient fondées. L'officier de ronde s'étant trouvé à la porte du collége au moment même où le factionnaire me portait les armes, fit un geste de mépris que je n'aperçus pas, mais qui fut remarqué par un groupe d'écoliers au milieu desquels se faisait entendre la voix tonnante de notre caporal Allio, l'un de nos plus formidables champions. Le coupable avait disparu si vite que le châtiment n'était pas possible, mais l'on était décidé à faire en sorte que ce qui était différé ne fût pas perdu, et nos menaces furent si bruyantes qu'elles parvinrent jusqu'aux oreilles du colonel de la Fruglaie qui commandait le régiment auquel appartenait l'auteur de l'insulte dont nous poursuivions la vengeance. Ce gentilhomme dont le nom populaire, joint à ses récents services pour la même cause, était pour nous une garantie de sa bienveillante sympathie, ne trompa point notre attente. Sans faire aux exigences du point d'honneur toutes les concessions que nous demandions, il nous promit la destitution immédiate du provocateur. Nous ne pouvions pas exiger davantage et nous reprîmes le cours, je ne dirai pas de nos études, mais de nos réjouissances momentanément interrompues.

Nous touchions au terme de l'année scolaire, et la classe de philosophie à laquelle j'appartenais et qui avait joué le principal rôle tant dans l'expédition des cent jours que dans les déterminations souvent excentriques qui l'avaient précédée ou suivie, était sur le point de se dissoudre pour fournir quelques candidats aux carrières civiles et un nombre bien plus considérable à la carrière ecclésiastique. Avant cette séparation finale il y eut, dans la grande salle du collége, une espèce de festin beaucoup moins joyeux que les précédents, mais bien plus propre à laisser une impression durable dans l'esprit des convives. A la fin du repas nous vîmes entrer M. de Mar-

Gadel avec un journal à la main, mais ce n'était ni pour nous donner des nouvelles politiques, ni pour nous égayer par ses saillies, qu'il venait nous voir ce jour-là ; c'était pour nous lire un compte-rendu de je ne sais quelle mission qui faisait alors grand bruit, surtout en Bretagne ; ou plutôt c'était pour amener à la suite de cette lecture, véritablement édifiante, une exhortation paternelle non moins émouvante pour lui que pour nous, et qui avait pour but de mettre en garde contre les enivrements de l'orgueil ceux d'entre les assistants qui, par suite de l'intensité et de la multiplicité des jouissances d'amour-propre, offraient plus de prise à ce genre de tentation ; et la direction de son regard disait assez clairement à qui cet avertissement était adressé. L'impression ne fut pas aussi profonde qu'elle aurait dû l'être. Nul d'entre nous n'était à la hauteur d'un pareil langage, et notre expérience des âmes était encore trop élémentaire pour qu'il nous fût possible de deviner ou même de soupçonner tous les trésors que recélait ce noble cœur.

Cependant cette prédication ne fut pas entièrement perdue pour moi, et elle fut si bien appuyée par d'autres prédicateurs qui me touchaient de plus près, que mes pensées, naguère très-frivoles, prirent peu à peu une tournure plus sérieuse qui combla de joie non-seulement ma famille qui ne se faisait plus illusion sur ma vocation, mais aussi mon cher abbé Gayet qui avait ses vues sur moi, et le chanoine Bertrand, l'éloquent consolateur de ma mère, et surtout mon ami Olivaux, le plus intime, le plus indispensable de tous, et que je cherchais à entraîner avec moi à l'école de droit, comme il cherchait à m'entraîner avec lui au séminaire. C'était comme une avalanche d'exhortations renforcées les unes par les autres et dont les plus pathétiques roulaient sur l'immense mérite que je serais sûr d'acquérir en sacrifiant à des vues d'un ordre supérieur la brillante perspective ouverte devant moi ; car, comme la croix d'honneur n'avait jamais été vue, du moins en Bretagne, sur la poitrine d'un prêtre, on se figurait que si je le devenais, cette décoration jointe à la protection éventuelle promise par le comte d'Artois, me ferait franchir rapidement tous les degrés de la hiérarchie sacerdotale, à la grande gloire de ma famille, de mon pays et surtout de mes compagnons d'armes. Ce fut le sage abbé Gayet qui, sans préambule et, pour ainsi dire, à brûle-pourpoint, me fit le premier cette étrange ouverture, au moment même où le principal du collége croyait trouver, dans une autre combinaison, un moyen de pourvoir, à la fois, à l'intérêt de son établissement et au mien ; mais sa batterie ne fut démasquée que plus tard. En attendant, j'eus à soutenir un dernier assaut, le plus rude de tous, bien qu'il me fût livré par un élève qui n'avait jamais exercé la moindre influence ni sur mes idées, ni sur mes déterminations.

Cet élève qui s'appelait Vincent le Hauton, était un de ceux qui avaient mieux aimé être officiers dans une compagnie de paroisse que simple soldat dans la nôtre ; et nous étions obligés de convenir que le rôle qui lui convenait le mieux était celui du commandement, tant à cause de sa belle taille et de sa tournure instinctivement militaire, qu'à cause de l'ascendant que lui donnaient ses manières qui avec nous n'étaient que distinguées, mais qui, avec des subalternes, auraient pu devenir impérieuses, si son affabilité naturelle n'y avait mis obstacle. Cet ensemble de qualités physiques dans lesquelles un observateur plus clairvoyant que nous, aurait pu apercevoir le reflet d'éminentes qualités morales, nous avait, au contraire, prévenus contre lui, et cette prévention était difficile à déraciner à cause des succès superficiels qu'il obtenait au dehors, sans les rechercher, mais aussi sans les repousser comme indignes de lui. Je l'avais vu à Redon, dans l'automne de 1815, à la tête de sa compagnie, peu de jours après que j'eus quitté la mienne, et il m'avait paru si scandalisé de ce qu'il appelait ma défection, que je ne doutai plus de sa prédilection pour sa nouvelle carrière, qui me paraissait d'ailleurs en parfaite harmonie avec ses qualités physiques et morales. Quel ne fut pas mon étonnement quand j'appris, quelque temps après, que cette âme qui m'avait paru si éprise des perspectives de la vie mondaine, venait d'y renoncer à jamais, pour chercher ailleurs la satisfaction des besoins impérieux qui avaient surgi en elle inopinément et presque à son insu? La surprise de ses condisciples fut grande et leur édification plus grande encore, quand ils apprirent, deux ans plus tard, que, non content de son premier sacrifice, il avait cherché une retraite plus sûre à la Trappe, où il a travaillé, depuis près d'un demi-siècle, par la progression croissante de ses vertus ascétiques, à réaliser, autant que possible, cet idéal de perfection dont l'apparition soudaine lui donna la force de remporter une victoire bien plus belle que les nôtres, *hæc est victoria quæ vincit mundum ;* de sorte qu'à un certain point de vue qui pourrait bien être le vrai, on n'aurait pas tort de dire que Vincent le Hauton fut le véritable héros de notre campagne de 1815.

Le fait est que ce n'était plus le même homme, quand je le revis au bout d'un an, presque jour pour jour, sous son costume ecclésiastique. Surtout ce n'était plus la même physionomie, ni le même accent; on voyait que la transformation avait été radicale. Aussi mon impression dominante, en dépit de la surprise que j'éprouvai d'abord, fut-elle celle du respect qui monta peu à peu jusqu'à l'admiration à mesure qu'il développait, avec la verve et la compétence d'un nouveau converti, la thèse favorite des âmes éprises et trempées comme la sienne; je veux dire la thèse du sacrifice volontaire envisagé comme source et condition de bonheur, même dans la vie terrestre. Comme tous mes patrons, tant ecclésiastiques que laïques, il se faisait la plus étrange illusion sur les conséquences que ne pouvaient manquer d'avoir pour mon avancement dans une carrière quelconque, le rôle que j'avais joué dans la dernière campagne et les honneurs qui en avaient été la conséquence; et comme l'idée bizarre de l'abbé Gayet sur mes chances de dignité sacerdotale ne lui avaient pas passé par la tête, il regardait mon entrée au séminaire où mes compagnons d'armes m'appelaient de tous leurs vœux, comme un acte d'abnégation sublime qui impliquait le renoncement anticipé à toutes les jouissances auxquelles l'inexpérience et la vanité font attacher tant de prix. « Vous seul entre « nous tous, me dit-il en saisissant vivement ma croix, « vous seul avez là quelque chose qui vaille la peine « d'être offert en sacrifice, et c'est à ce titre seul que je « vous l'envie. Quel mérite peut-il y avoir pour nous « autres, déshérités comme nous sommes des biens de la « fortune, à entrer dans une carrière où tout est béné- « fice pour nous, même humainement parlant? » Et il poursuivait ce contraste avec une insistance qui me remuait jusqu'au fond de l'âme et qui aurait peut-être fini par triompher de mes irrésolutions, si je n'avais été lié par l'engagement que j'avais pris d'attendre, en tout état de cause, le résultat des négociations entamées, à mon sujet, avec le recteur de l'Académie de Rennes.

Le négociateur, comme je l'ai dit plus haut, était le principal lui-même dont le bon sens, faussé par un engouement inexplicable, n'avait pas reculé devant l'idée de m'associer au corps enseignant de son collége, malgré mon ignorance des procédés techniques, aggravée plutôt que diminuée par ma dernière année de philosophie; malgré mon âge, inférieur à celui de plusieurs des élèves qui m'étaient destinés, malgré mes habitudes de dissipation puérile peu compatibles avec la gravité du rôle auquel on voulait m'appeler, enfin, malgré la double injustice qu'on serait forcé de commettre pour me ménager une position qui répondît aux vues mystérieuses qu'on avait sur moi; car il n'y avait point de place vacante, et pour en avoir une, il fallait violer les droits acquis, c'est-à-dire exiler dans un autre établissement de moindre importance le professeur que je devais remplacer, et blesser les justes susceptibilités de ceux à qui cette vacance offrait la chance d'un avancement depuis longtemps attendu.

A toutes ces objections que je n'osais pas articuler de peur de paraître ingrat, mais qui étaient articulées par d'autres, on répondait que l'idée de faire cette grave exception en ma faveur, avait été parfaitement accueillie par les deux puissances universitaires dont nous relevions immédiatement, et, que le succès pouvait d'avance être regardé comme leur ouvrage. Or ces deux puissances étaient l'inspecteur général, M. Rendu, qui m'avait vu, comme élève, portant ma double croix, et notre nouveau recteur d'Académie, l'abbé le Priol, Breton d'origine, de cœur et de caractère, et, à ce triple titre, très-sensible à l'honneur d'avoir un collége aussi exceptionnel que le nôtre, sous sa juridiction. Aussi, quand ma nomination fut décidée, ne voulut-il pas manquer une si belle occasion de faire connaissance avec nous et ce fut sous ses auspices que je débutai, presqu'à contre-cœur, dans cette carrière si peu attrayante pour moi.

Mon succès, c'est-à-dire mon succès de popularité plutôt que mon succès d'enseignement, dépassa de beaucoup tout ce que je pouvais attendre, et, comme il restait encore au collége un bon nombre de mes compagnons d'armes avec lesquels j'allais courir les champs et sauter les fossés, quand la classe était finie, je parvins peu à peu à concilier mes devoirs avec mes plaisirs. Le bon abbé Gayet qui avait suivi mes petits mouvements d'ascension avec un intérêt tout paternel et qui pensait déjà au moyen de me faire monter plus haut, voyait avec chagrin la peine que j'avais à dépouiller, non pas le vieil homme, mais le jeune homme, et il ne manquait aucune occasion de me faire, à ce sujet, les remontrances les plus pathétiques. Cette insistance, que j'eus quelquefois l'ingratitude de trouver importune, tenait à un projet de retraite qu'il nourrissait depuis longtemps, mais dont il différait l'exécution jusqu'au jour où sa succession ne pourrait m'être disputée par personne. La première fois qu'il me fit cette confidence, ma stupeur fut encore plus forte que ma reconnaissance ; car non-seulement j'étais sûr de ne pas être au niveau de ma tâche pour l'interprétation des auteurs latins destinés à servir d'introduction à la rhétorique, mais j'ignorais jusqu'aux premiers éléments de la langue grecque, et j'allais avoir à traduire, dès mon début, la poésie d'Homère et la prose de Plutarque ou de Xénophon! « Qu'à cela ne tienne, » me répondit-il de son ton de voix le plus caressant, « si vous voulez renoncer à vos vacances et « les passer avec moi à Vannes, je m'engage à vous met- « tre en état de faire honneur à vos patrons et à vous « même, quand le moment sera venu de monter dans la « chaire que je vais laisser vacante. » L'offre était trop généreuse pour n'être pas acceptée. D'ailleurs j'échappais ainsi aux ennuis d'un enseignement quasi-élémentaire, et je me promettais bien de me donner, dans le choix des sujets de composition, toute la latitude compatible avec les prescriptions du programme universitaire.

Mais à peine fus-je entré en fonctions, qu'une invincible tristesse s'empara de moi. Outre que la démission de l'abbé Gayet me faisait perdre le plus cher et le plus sympathique de mes collègues, il y avait un autre vide que je sentais plus douloureusement encore, c'était le vide causé par la disparition successive de presque tous mes compagnons d'armes, et surtout par celle de mon ami Olivaux que personne ne pouvait remplacer. Avec les élèves qui restaient encore, il était impossible de songer à organiser quelque chose qui ressemblât à nos commémorations triomphales ou funèbres des années précédentes ; et ceux qui avaient intérêt à faire oublier nos prouesses, pour échapper au reproche de n'avoir pas fait comme nous, avaient eu assez de crédit auprès des autorités locales pour faire supprimer, non pas toute l'ordonnance royale qui nous concernait, mais au moins l'article, trop blessant pour eux, par lequel M. Lainé en avait prescrit la lecture annuelle, le jour de la rentrée des classes.

Le souvenir de ma dernière entrevue avec Vincent Le Hauton et de la profonde impression qu'elle avait faite sur moi, me fit chercher un remède temporaire là où il avait cherché un remède définitif, et je résolus de suspendre mon cours pendant tout le temps que durerait la première retraite des séminaristes, afin de prendre part, sous la même règle et dans la même clôture, à tous leurs pieux exercices, présidés par ce même abbé Le Gal pour qui ma reconnaissance était plus affectueuse que jamais. Je chercherais en vain à donner une idée de la force, de la douceur et de la variété des émotions qui pénétrèrent dans tous les replis de mon âme pendant cette délicieuse semaine qui fut trop bien remplie pour me paraître courte; car il me semblait impossible que tant d'émotions diverses et qui n'étaient pas toutes superficielles, pussent être éprouvées en si peu de temps. Je n'avais d'yeux que pour mes compagnons d'armes, et, quand je voyais leur attitude si humble et leurs regards si modestement baissés en approchant de la table sainte dans leur nouveau costume, je me rappelais involontairement leur regard et leur attitude du champ de bataille et, par une transition bien naturelle, ma pensée se reportait vers ceux à qui la mort avait donné le genre de consécration le plus enviable après la consécration sacerdotale.

C'était peut-être la première fois qu'un séminaire ecclésiastique offrait un spectacle si curieux et des contrastes si saisissants, et c'était certainement la première fois qu'on avait occasion de constater, sur une aussi grande échelle, l'affinité qui existe entre le métier des armes et le métier des âmes, non-seulement pour l'apprentissage du dévouement désintéressé, mais aussi pour le développement des aptitudes intellectuelles et morales qui déterminent les vocations respectives. On peut même soutenir, par des raisons très-plausibles, que notre genre de guerre, si méprisable aux yeux d'un tacticien, était plus favorable que tout autre à un certain genre de progrès que le tacticien ne connaît pas, et qui n'est apprécié qu'à la longue, à mesure que l'occasion se présente d'en faire l'application pratique. Cette occasion ne devait pas tarder à s'offrir pour les jeunes lévites dont je partageais temporairement les pieux exercices et chaque nouvelle année, de 1818 à 1823, vit sortir du séminaire un nouveau contingent de recrues spirituelles pour renforcer, dans les postes qui en avaient le plus besoin, la vieille milice épuisée dont la mort éclaircissait tous les jours les rangs. Il serait curieux et surtout très-édifiant de les suivre sur le théâtre de leurs nouveaux exploits, et de recueillir, paroisse par paroisse, le souvenir que chacune d'elles a conservé de leur passage; et lors même qu'on se bornerait aux paroisses plus immédiatement en rapport avec la capitale du diocèse, quelle abondante récolte ne ferait-on pas en ce genre, en voyant l'impression que produiraient, sur les jeunes comme sur les vieux, les noms de leurs pasteurs vénérés! Le nom de Diffon et celui de Lohé à Sarzeau, le nom de Guyot à l'île aux Moines, le nom de Laigo à Plæren, le nom de Valy à Plumergat, le nom d'Allio à Kervignac, le nom de Guillôme à Kergrist, le nom d'Olivaux à Auray, le nom de Lomenech à Pluvigner, le nom de Lavenant à Plouai, le nom de Lecorre à Surzur, le nom beaucoup plus populaire d'un autre Le Corre à Landévant, sans compter ceux qu'une mort prématurée ou leur dispersion sur l'extrême limite du diocèse, m'a fait perdre de vue depuis trop longtemps pour que je me souvienne même de leurs noms. Mais pendant la semaine que je passai au séminaire, ils étaient tous présents ou à mes regards ou à ma pensée, et ce n'était pas avec de tels souvenirs ravivés par un tel spectacle, que je pouvais avoir à craindre les défaillances de ma mémoire.

A dater de cette époque, les préoccupations politiques exercèrent sur moi un empire de plus en plus limité, et je songeai sérieusement à remplir les lacunes qu'elles avaient laissées dans mon éducation, mais seulement dans mon éducation classique; car pour ce qui est de l'éducation morale et intellectuelle, non-seulement nos facultés, comme instruments d'acquisition et d'appréciation, avaient mûri et grandi, mais nous avions exercé nos âmes à des vertus qui, pour être purement humaines, n'en constituaient pas moins un véritable progrès; et il était impossible que notre patience à supporter les privations, notre dévouement réciproque, notre désintéressement en présence de tant d'exemples contraires, notre générosité pour les vaincus et surtout notre tendresse pour les prisonniers blessés, ne portassent pas tôt ou tard leurs fruits, bien que nous n'eussions pas conscience du rapport entre l'effet et la cause. De même on pourrait dire que nous touchâmes, sans nous en douter, à une région voisine de l'idéal, en vouant à M. de Margadel, sans comparaison préalable avec les autres chefs, un culte enthousiaste dont il était effectivement plus digne qu'aucun d'eux, et qui, jusqu'à sa dernière heure, ne fut jamais démenti par aucun symptôme de décadence au point de vue du caractère. De sorte qu'à travers bien des comparaisons et bien des illusions de notre âge mûr, la naïve prédilection de notre jeunesse s'est trouvée confirmée, en ce qui le concerne, par le jugement plus froid et plus impartial de nos vieux jours.

Notre instinct ne nous servit pas moins heureusement dans l'estime persévérante et très-ostensible que nous vouâmes, sans que personne nous en donnât l'exemple, au général Rousseau comme à un ennemi loyal et généreux qui comprenait, à notre manière, la valeur du serment militaire et à qui nous savions gré, en dépit des suggestions contraires, de s'être montré héroïquement fidèle au sien.

Nous lui savions encore plus de gré du respect qu'il avait montré aux religieuses de la Chartreuse, le jour du combat d'Auray, quand ses soldats victorieux, après s'être battus pendant douze heures consécutives, avaient voulu pénétrer dans le couvent, pour étancher la soif dont ils étaient dévorés. Dès que la sœur portière eut dit que c'était l'heure de la prière, le général ne permit à aucun des siens de franchir le seuil et cette courtoisie militaire avait été récompensée par une large distribution de vin et de cidre sous les arbres de la grande avenue. Il faut que les asiles de ce genre aient été pour lui l'objet d'une vénération toute particulière ; car, dix-sept ans plus tard, quand il reçut l'ordre de cerner, avec cinq cents hommes, les communautés de la petite ville de Saint-Laurent et particulièrement l'établissement des missionnaires, non-seulement ses procédés, ainsi que ceux de son état-major, furent marqués par la même courtoisie, mais il donna aux sœurs hospitalières, sur la demande du supérieur, un sauf-conduit contre toutes les tracasseries de la police militaire (1).

(1) Voir la *Vie de l'abbé Deshayes*.

Mais ni tous ces souvenirs, gravés dans mon cœur encore plus que dans ma mémoire, ni tous les sentiments d'admiration, de reconnaissance et d'enthousiasme qui s'y rattachaient, ni même les émotions puisées à une source plus pure, pour donner à toutes les autres l'élan et la sanction qui leur manquaient, ne pouvaient fournir à mon esprit l'aliment intellectuel sans lequel mes facultés, malgré le redoublement de leur force expansive, ne pouvaient entrer en action.

Si je n'avais peur d'émettre une assertion trop paradoxale, je serais tenté de dire qu'il y a des cas où l'ignorance, je veux dire l'ignorance relative, peut offrir à un appréciateur intelligent un spectacle plus intéressant que la science même ; c'est quand par suite de circonstances ou de dispositions plus spécialement favorables à un certain genre de précocité, l'élan du cœur et l'énergie du caractère ont devancé, non pas l'intelligence, mais les acquisitions positives qui sont la condition essentielle de son développement. Autant l'absence de ces acquisitions préliminaires est rebutante dans les constitutions défectueuses, autant elle est intéressante, je dirais presque attrayante dans les constitutions normales ; c'est la différence entre la stupidité et la naïveté, mais une naïveté de bon aloi, qui fait pressentir une riche floraison, quand la lumière et la rosée du ciel auront développé les germes latents.

Or il est certain que nous étions naïfs au delà de tout ce qu'on peut imaginer ; naïfs dans nos sentiments, naïfs dans notre appréciation des hommes et des choses, naïfs dans nos craintes et surtout naïfs dans nos espérances.

De toutes ces naïvetés, dont je pourrais citer une foule d'exemples, la plus étrange fut sans contredit l'admiration que je conçus pour Voltaire, quand j'entendis M. de Margadel qui repoussait toute idée de représailles envers les vaincus, citer, à l'appui de sa thèse, les quatre fameux vers de la tragédie d'Alzire :

> Des dieux que nous servons connais la différence :
> Les tiens t'ont commandé le meurtre et la vengeance,
> Et le mien, quand ton bras vient de m'assassiner,
> M'ordonne de te plaindre et de te pardonner.

Non-seulement je ne connaissais pas la pièce d'où cette citation était tirée, mais j'ignorais même, jusque-là, le nom de l'auteur et, par conséquent, le rôle prépondérant qu'il avait joué comme docteur et précurseur de la révolution française; et comme je ne cherchais pas à guérir de mon admiration, je jouissais d'avance du plaisir que j'aurais plus tard à lire toutes les compositions dramatiques de ce grand poëte. Son théâtre complet fut en effet la première acquisition que je fis, après avoir touché, comme les autres officiers, mon arriéré de solde pour toute la campagne. Mais je ne tardai pas à découvrir le serpent caché sous les fleurs et, pour ne pas m'exposer à son venin, je priai le libraire qui était homme à comprendre mes scrupules, de reprendre sa marchandise, ce qui prouve à quel point nous étions naïfs dans nos craintes ! Deux autres poëtes qui avaient puisé leurs inspirations à d'autres sources, et dont les noms m'étaient déjà connus par les citations de notre cahier de rhétorique, avaient été mes compagnons fidèles et attrayants à des titres divers, pendant une grande partie de la campagne; c'étaient Racine et Corneille, ou plutôt deux vieux volumes dépareillés de leurs œuvres, butin enlevé, sous forme d'emprunt, à un condisciple prudent que nous avions retrouvé dans la petite ville de Questembert. Mais ce n'était pas avec des connaissances historiques aussi limitées que les nôtres, qu'il était facile ou même possible de tirer de cette lecture ou de toute autre soit en prose soit en vers, tout le fruit qu'on était en droit d'attendre de notre âge, et je puis ajouter de notre zèle ; car nous étions, avant comme après la campagne, aussi susceptibles de ce genre d'émulation que nos maîtres pouvaient le désirer ; mais l'orientation philosophique, archéologique et même chronologique nous faisait complétement défaut. Nous ne savions même pas la connexion qui existait entre les passions politiques dont nos pères avaient été victimes, et le fanatisme impie du siècle dont ils avaient vu l'épouvantable clôture. Le nom de Jean-Jacques Rousseau, par exemple, nous était parfaitement inconnu, bien que ses œuvres eussent été mises à contribution par un de nos professeurs, pour renforcer les arguments de la philosophie scolastique en faveur de l'existence de Dieu et de l'immortalité de l'âme ; je veux dire qu'à la suite de l'argumentation aristotélique des écoles du moyen âge en faveur de ces deux dogmes, on avait mis, comme concession à l'esprit du temps et surtout à l'esprit universitaire, de longs fragments de la profession de foi du vicaire savoyard, sans nous en nommer l'auteur, ce qui nous faisait soupçonner que c'était la modestie du professeur qui se cachait ainsi sous le voile de l'anonyme, et nous comprenions naturellement dans cette conjecture les fragments qui étaient empruntés à l'*Esprit des lois* de Montesquieu et qui servaient à la fois d'ornement et de soulagement à notre mémoire.

Il y avait près de deux ans que je vivais dans cette douce illusion, quand un condisciple, plus âgé et plus émancipé que moi, me fit connaître le champ dans lequel ces fleurs avaient été cueillies, et j'eus la naïveté de croire que celles qui restaient à cueillir devaient avoir le même parfum. Ma curiosité était d'autant plus facile à satisfaire que, par une faveur après laquelle j'avais longtemps soupiré, j'avais alors libre accès à deux bibliothèques que je pouvais exploiter sans contrôle. Je passais là des demi-journées entières, perché sur une échelle, en face des rayons les plus mystérieux, et parcourant avidement les titres, vu que je n'avais pas d'autre donnée pour déterminer mon choix. Sans chercher le fruit défendu précisément pour lui-même, je ne le repoussais pas quand il se trouvait sous ma main, surtout s'il flattait mon goût, alors très-passionné, pour l'éloquence déclamatoire. Ce fut à ce titre, bien plus qu'à tout autre, que certains ouvrages de Rousseau et particulièrement son *Émile*, furent pendant quelque temps ma lecture favorite.

Le tour de Montesquieu ne vint que plus tard, et l'on verra bientôt qu'il ne perdit rien pour attendre. Quant à Voltaire, dont les œuvres étaient aussi sous mes yeux et sous ma main, je ne me souviens pas d'avoir été tenté de faire un vide dans le rayon qui les contenait. Mais il y en avait assez, sans ce nouvel ingrédient, pour obscurcir la lumière qui m'avait éclairé jusqu'alors, et pour déposer, au fond de mon âme, des ferments incompatibles avec les deux grandes conditions du progrès intellectuel et moral, l'ordre et le calme.

La tâche de maintenir ou de rétablir cet équilibre, fut inégalement partagée entre deux hommes qui avaient des titres très-différents à ma confiance. Celui qui entra le premier en fonctions, fut l'abbé Mahé que j'ai déjà nommé en parlant du colonel Hervé son beau-frère dont il n'était nullement le coreligionnaire politique, ni, par conséquent, le mien ; ce qui explique la froideur qu'il m'avait témoignée depuis les cent jours, c'est-à-dire depuis l'époque où je commençais à être moins incapable de tirer quelque fruit de mes relations avec lui; car outre sa dignité canonicale, il était bibliothécaire du collége et professeur suppléant pour l'enseignement de la philosophie, et il passait, à juste titre, pour le prêtre le plus savant du diocèse. Mais l'abbé Mahé était de l'île d'Arz, avant tout, et les idées qu'il y avait sucées avec le lait, ressemblaient beaucoup, tant pour la tendance que pour la ténacité, à celles du capitaine Dréano. La guerre civile dans laquelle nous nous étions lancés, sans en calculer les suites, n'avait pas eu son approbation, bien que personne n'eût réprouvé plus énergiquement que lui les excès du despotisme impérial; mais il était indigné de l'impudence avec laquelle des hommes qui s'étaient tenus loin du danger et qui n'étaient, à ses yeux, que des spéculateurs politiques, avaient exploité notre naïf enthousiasme et recueilli pour eux seuls et pour leurs familles, les récompenses les plus lucratives; et alors il parlait de certaines notabilités locales justement suspectes, comme il avait entendu parler, dans son enfance, de l'abbé de Castellane et du marquis du Grégo. On voyait qu'il avait puisé ses notions de dignité défensive à la même source que Mademoiselle Hédan, dont il s'appropriait instinctivement la formule favorite : *Sois fier, mais ne sois pas orgueilleux*. Aussi n'était-il pas nécessaire de converser avec lui longtemps, pour découvrir qu'en sa qualité de théologien breton, il aurait, volontiers, fait de la lâcheté un huitième péché capital. C'était le résultat de l'impression profonde qu'avait laissée dans son âme le scandale des prévarications auxquelles dix années de persécutions plus ou moins sanglantes avaient donné lieu. Pour lui, il s'était senti la force de les braver toutes et il avait préféré à la sécurité d'un exil lointain, l'exercice clandestin du ministère pastoral qu'un arrêt de mort pouvait interrompre d'une heure à l'autre ; et tel était son calme au milieu de la terreur qui régnait parfois autour de lui, qu'il trouvait moyen d'utiliser, par des études étrangères à ses préoccupations ecclésiastiques, les heures de loisir que lui laissait, dans un asile quelconque de la ville ou de la campagne, la recrudescence momentanée de la persécution. Ce fut ainsi que celle du 18 fructidor lui facilita, dans une certaine mesure, les deux nouvelles conquêtes auxquelles il travaillait depuis quelque temps : la conquête des mathématiques et celle de la musique.

Après une si longue privation de tous les instruments de culture intellectuelle, qu'on se figure, s'il est possible, la joie de l'abbé Mahé en apprenant la conclusion du concordat et la réhabilitation définitive des pasteurs dispersés. Sa fierté native était satisfaite, parce qu'il n'avait fléchi le genou devant aucune idole, et sa conscience de prêtre ne l'était pas moins, parce qu'il n'avait reculé devant aucun des sacrifices qu'exigeait l'accomplissement de ses plus périlleux devoirs. Maintenant que la paix était rendue à l'église et que, par suite de la réorganisation du culte, il se trouvait pourvu d'un canonicat dans la cathédrale de Vannes, il pouvait goûter, dans sa plénitude, le bonheur, chèrement acheté, d'achever l'œuvre qu'il avait à peine ébauchée, tantôt dans les mansardes, tantôt dans les greniers ou les granges, selon qu'on lui offrait un asile, toujours très-précaire, à la ville ou à la campagne. Aussi avait-il coutume de dire que les années qui s'étaient écoulées depuis sa prise de possession, en 1802, avaient été celles où il avait amassé le plus de capital intellectuel, de même que les dix années antérieures étaient celles où son âme s'était le plus enrichie ; de sorte que rien n'aurait arrêté désormais l'essor de ses facultés, s'il avait pu les déployer sur un théâtre plus approprié à ses aspirations.

Le triste côté de la destinée de l'abbé Mahé, fut de n'être pas compris. Par suite des tendances synthétiques de son esprit, il avait fait des excursions dans le domaine de toutes les sciences qui tiennent, de près ou de loin, à la science théologique ; mais il avait fait plus que des excursions dans celui de la philologie comparée, attendu que la langue des Hébreux ne lui était pas moins familière que celle des Hellènes, des Romains et des Celtes. Non moins sensible qu'un poëte au mérite esthétique des littératures anciennes, il éprouvait toutes les jouissances d'un antiquaire avide de solutions, en présence des monuments druidiques disséminés sur le sol armoricain, et c'est à lui qu'appartient la gloire d'en avoir tenté, avec des données nécessairement incomplètes, la première interprétation. Je serais même porté à croire que, depuis l'extinction totale de sa famille, cet intérêt scientifique formait le principal ingrédient de son patriotisme dans les rares visites qu'il faisait à l'île d'Arz ou plutôt à ses promontoires dont les *dolmens* et les *cromlechs* étaient beaucoup mieux conservés qu'ils ne le sont aujourd'hui.

Mais de toutes ses préoccupations, celle où il portait le plus d'ardeur, était la controverse religieuse, et particulièrement celle qui, depuis le xviie siècle, avait occupé ou plutôt tourmenté plusieurs générations successives. La haine héréditaire nourrie par une portion du clergé français contre les destructeurs de Port-Royal, s'était propagée d'autant plus facilement en Bretagne, que le même pouvoir qui avait ordonné cette destruction était aussi celui qui, sous Louis XIV et Louis XV, avait foulé aux pieds les priviléges de la province, et avait mis les âmes honnêtes dans l'impossibilité de croire à son infaillibilité, en quelque matière que ce fût. Voilà le point de vue dans lequel il faut se placer, pour juger, avec impartialité, certaines dissidences qui n'avaient chez nous ni le même caractère ni le même danger que dans les autres parties de la France. Tous les jansénistes de l'assemblée constituante faiblirent plus ou moins devant les exigences révolutionnaires, tandis que pas un des prêtres à qui l'on donnait cette qualification dans le diocèse de Vannes, ne se laissa séduire par les promesses ou intimider par les menaces. Quand il y avait une ombre d'hésitation, la fierté nationale venait au secours de la conscience.

De si rudes épreuves étaient faites pour retremper les caractères et même la foi, si elle en avait eu besoin; mais il en résultait aussi que ceux qui les avaient subies attachaient plus de prix que jamais aux croyances et aux livres dans lesquels ils avaient puisé leurs plus solides consolations. C'était ainsi que l'abbé Mahé conservait précieusement le petit volume de Nicolle, qui l'avait accompagné, non moins fidèlement que son bréviaire, dans toutes ses pérégrinations.

A l'époque où je fis sa connaissance, les doctrines dont les écrivains de Port-Royal étaient, pour ainsi dire, les organes officiels, lui étaient communes avec plusieurs savants ecclésiastiques qui composaient en grande partie l'état-major du clergé diocésain. C'étaient l'abbé Legal et les trois professeurs chargés, sous sa direction, de l'enseignement des jeunes lévites dans le grand séminaire. La consternation de ces derniers, quand on leur annonça le départ ou plutôt l'expulsion de leurs maîtres, fut aussi grande qu'elle pouvait l'être sans manquer au respect dû à l'autorité épiscopale qui, pour sauvegarder l'orthodoxie compromise, avait ordonné cette mesure. Quant à l'abbé Mahé, il en fut inconsolable; car, outre que ces trois proscrits avaient été ses amis encore plus que ses disciples, il pouvait imputer leur disgrâce aux relations intimes qu'ils avaient entretenues avec lui, et se regarder comme la cause indirecte de ce qu'il appelait un malheur incalculable pour le diocèse. Je crois qu'il se serait consolé et peut-être même applaudi d'y avoir contribué, s'il avait pu prévoir les grandes choses que deux de ces nobles exilés, le père Hercelin et le père Guillaume, devaient accomplir un jour, à l'envi l'un de l'autre, dans les fonctions ardues du supérieur général, et je serais tenté de croire que, si les trappistes de France et d'Algérie ont jamais su d'où était parti le coup qui leur avait procuré cette double acquisition, ils auront été plus d'une fois tentés de bénir la main qui avait frappé.

Quoi qu'il en soit, leur départ laissa un grand vide dans la petite société de l'abbé Mahé, et une certaine amertume au fond de son cœur, beaucoup plus tendre que ne voulaient le supposer ceux qui soutenaient que la sécheresse de ses doctrines était incompatible avec toute espèce de tendresse. Il y avait longtemps que les pauvres, avec lesquels il partageait les revenus de son canonicat, avaient réfuté cette absurde accusation ; mais cette réfutation ne venait pas d'assez haut pour en imposer à des préjugés d'autant plus incurables qu'ils étaient souvent partagés par des âmes exemptes de tout esprit de parti et animées d'un zèle irréprochable pour la pureté de la foi.

Celui de l'abbé Mahé pour la pureté, mais surtout pour la solidité de la mienne, eut pour premier résultat de m'éblouir plus que de m'éclairer. Me supposant beaucoup plus versé que je ne l'étais réellement, dans la controverse des questions mixtes qui touchent à la fois au domaine de la philosophie et à celui de la théologie, il voulut, de prime abord, me faire digérer des thèses tellement ardues, qu'elles me donnèrent un véritable vertige. Après m'avoir fait lire la *Prémotion physique* de l'abbé Boursier, en guise d'initiation aux grands mystères de sa science favorite, il fut curieux de savoir l'impression que cette lecture avait produite sur moi. Or cette impression était aussi difficile à démêler et à résumer, que celle d'un discours prononcé dans une langue qui m'aurait été parfaitement étrangère. Aussi mon courage commença-t-il à faiblir, et il m'aurait abandonné tout à fait, si mon introducteur ne fût descendu de ses hauteurs inaccessibles, pour se mettre un peu plus à ma portée. Les *Pensées* de Pascal et quelques opuscules de Bossuet, qui ne m'étaient pas même connus de nom, remplacèrent avantageusement la *Prémotion physique* non pas comme ensemble de doctrines, mais comme texte de nos conversations ou comme jalons placés sur la route que j'aurais à parcourir avec lui.

La méthode didactique ordinaire ne pouvait être à

mon usage. Il y avait, dans mon esprit, trop d'éléments disparates aux prises les uns avec les autres, pour qu'une opération préliminaire ne fût pas indispensable,

Evacua tenebras, si vis a luce repleri,

a dit Angelus Silesius, avec sa profondeur habituelle. Mais ce n'était pas peu de chose que de répéter, dans le chaos d'une intelligence dévoyée, le procédé primitif de la création, c'est-à-dire de séparer les ténèbres de la lumière. Sur certains points, mes ténèbres étaient désespérantes. Possédant à peine quelques notions très-élémentaires de l'histoire ancienne, et ignorant plus complétement encore celle des peuples modernes, je ne comprenais absolument rien aux problèmes compliqués qui s'agitaient autour de moi, ni aux solutions contradictoires qu'en avaient données les apologistes du christianisme et les philosophes qui puisaient à une toute autre source leurs arguments et leurs inspirations. Les révolutions politiques qui avaient précédé la nôtre, m'étaient tout à fait inconnues, et quand les ouvrages qui me tombaient entre les mains, y faisaient quelque allusion, je ne la comprenais pas. Il en était de même des révolutions religieuses, et mon lecteur aura peine à me croire, quand je lui dirai que celle du seizième siècle me fut révélée, pour la première fois, par l'abbé Mahé, et que je fus très-scandalisé d'apprendre que *le bon Henri que l'on révère*, n'avait pas toujours été catholique. Je crois que mon scandale fut encore plus grand, en apprenant que Shakspeare, qui avait fasciné mon imagination, sans parler clairement à mon intelligence, se trouvait dans le même cas. Je peux dire que ce poëte fut véritablement ma première passion littéraire, du moins ma première passion légitime; car celle que m'avait inspirée, cinq ou six ans auparavant, la *Jérusalem délivrée* du Tasse, avait été, pour ainsi dire, profanée par le traducteur qui s'était interposé entre l'original et moi. Maintenant je n'avais plus de pareilles profanations à craindre ni pour la littérature italienne, ni pour la littérature anglaise; car j'avais poussé l'étude de ces deux langues, mais plus particulièrement de la dernière, aussi loin que pouvait le permettre l'extrême rareté des livres. Ceux qui me tombaient entre les mains, étaient dévorés avec une avidité qui en rendait l'assimilation impossible. Je me souviens encore des transports de joie avec lesquels j'accueillis un nouveau professeur de mathématiques, sorti récemment de l'École normale, et qui apportait, dans son bagage, le *Paradis perdu* de Milton et le *Spectateur* d'Addison.

Vainement je cherchais à stimuler l'émulation des libraires; aucune demande de ce genre ne leur ayant jamais été faite, ils ne savaient comment y répondre, et j'étais obligé d'ajourner la satisfaction très-incertaine de mon impatience jusqu'aux foires de Pâques, qui me fournirent, en 1817, *le vicaire de Wakefield*, et en 1818, *les Nuits d'Young*, qui exercèrent sur moi le même genre d'ascendant que le cauchemar exerce sur un malade péniblement endormi. Mais, comme je n'avais pas encore le mot de l'énigme, j'étais toujours scandalisé de trouver réunis dans le même personnage, le rôle de prêtre et celui de père de famille, et je bâtissais sur cette étrange anomalie, les hypothèses les plus étourdissantes. Je n'étais pas moins troublé, toutes les fois que je rencontrais une allusion, tant soit peu transparente, à un ordre de choses ou d'idées qui contrariait, plus ou moins ouvertement, les principes et les traditions dont l'ensemble avait servi de base à ma foi et de guide à mon intelligence. Mon trouble était un avertissement qui devait suffire, non pas précisément pour me faire rompre avec ces nouvelles connaissances qui n'étaient dangereuses qu'à cause de mon ignorance, mais pour me donner le courage de chercher, dans les lumières d'autrui, un supplément à l'insuffisance des miennes, supplément d'autant plus désirable, que d'autres ténèbres, produites par la lecture de certains ouvrages de J.-J. Rousseau, étaient venues épaissir considérablement les premières.

La qualité dominante de l'esprit de l'abbé Mahé, était la lucidité. A la manière dont il tenait ses grands yeux noirs fixés devant lui, sans les abaisser sur son interlocuteur, on eût dit qu'il regardait la vérité face à face, pour la reproduire plus fidèlement, et alors il poursuivait sa démonstration avec un imperturbable sang-froid, à travers les objections subtiles ou pompeuses que le xviiie siècle avait laissées après lui. Peut-être un auditeur plus compétent que moi, aurait-il pu se plaindre de deux choses : d'abord de la trop large part faite, dans une controverse si élémentaire, à la philosophie scolastique du moyen âge ou du moins à ses formules, ensuite de l'espèce d'infaillibilité accordée, même en dehors des questions religieuses, aux écrivains de Port-Royal. Si parfois il y avait quelques nuages autour des idées de l'abbé Mahé, c'était de ce côté-là qu'ils venaient.

Mais ce qui l'inspirait le mieux et le grandissait le plus aux yeux de ses auditeurs, c'était son enthousiasme pour Saint-Augustin dont les ouvrages étaient l'objet de sa plus grande vénération après la Bible. Il va sans dire que la reconnaissance y était pour quelque chose et qu'il savait gré à ce grand docteur, de la sanction, au moins apparente, qu'il avait donnée, par ses écrits et par son nom, aux doctrines favorites de l'école de Port-Royal. Mais là ne se bornaient pas les appréciations de son admirateur, et je me rappelle encore confusément l'éloquente exégèse que celui-ci fit un soir devant nous du livre de la *Cité de Dieu*, livre dont je ne soupçonnais pas la portée, ni probablement l'existence, et pour lequel, grâce à cette première impression, mon admiration s'est facilement réveillée depuis. Jamais l'abbé Mahé ne s'était élevé à cette hauteur, du moins en ma présence, et le nouveau point de vue dans lequel son improvisation me plaça, pour juger les grands faits historiques dans leurs rapports avec les besoins légitimes des peuples, contribua plus que toutes les lectures conseillées par lui, à éclaircir mon horizon, de sorte qu'au bout de quelques semaines, cet habile architecte put se vanter d'avoir rajusté les pierres de mon édifice intellectuel. Seulement le ciment y manquait encore.

Ce fut dans ces mêmes entretiens que je puisai mes premières notions esthétiques, et que j'appris, pour la première fois, à voir, dans le dessin et dans la musique, quelque chose de mieux que des arts d'agrément. Outre que l'abbé Mahé avait préludé, par une pratique suffisante de l'un et de l'autre, à ses spéculations théoriques, la langue grecque lui était assez familière pour qu'il pût satisfaire son goût pour le *beau* tout aussi bien sous la forme poétique dont l'avait revêtu Homère, que sous la forme philosophique dont l'avait revêtu Platon; et ce qui prouva qu'il ne se bornait pas à une admiration passive et stérile, ce fut l'ouvrage qu'il composa sous le titre imposant d'*Antiquités homériques* et dont le manuscrit ne fut plus retrouvé après sa mort. Il était désormais trop tard pour songer à remplir les lacunes qu'il avait signalées dans mon éducation esthétique; mais c'était beaucoup d'avoir conscience de ces lacunes et d'avoir appris à rattacher à un principe supérieur des phénomènes qui semblaient ne relever que de la physique et de la physiologie.

Mais, pour mettre en pratique les conseils que j'avais reçus, j'avais besoin d'un auxiliaire dont l'imagination fût plus calme que la mienne, et dont l'initiation fût assez avancée pour m'aider à vaincre les obstacles que j'étais sûr de rencontrer. Cet auxiliaire, qui n'avait pas encore terminé son cours d'études, avait été placé presque au sortir de l'enfance, sous des influences qu'une âme faible ou vulgaire aurait subies sans résistance, mais contre lesquelles la sienne n'avait cessé de réagir instinctivement. Plus cette réaction était devenue rationnelle, par suite du développement progressif des facultés qui y concouraient, plus elle était devenue douloureuse, et de ce conflit intérieur était résultée je ne sais quelle expression vague de douce mélancolie sur un visage presque enfantin qu'il était impossible, à cause de ce contraste même, de regarder avec indifférence. Mais si, dès le premier abord, on s'intéressait à lui, cet intérêt se changeait en admiration, quand on entendait les sons ravissants qu'il tirait de son instrument favori, et auxquels il savait donner un sens qui ne pouvait être compris que par des auditeurs assez intelligents et assez sympathiques pour être à la fois frappés de la précocité de son talent et de la précocité de sa tristesse (1).

(1) On trouvera, à la fin de ce volume, un fragment curieux dans lequel le malade lui-même a essayé de rendre compte de sa maladie intellectuelle et de sa guérison.

L'intérêt qu'il m'inspira ne fut d'abord qu'un intérêt de pure curiosité ; mais les moyens que j'employais pour la satisfaire ne tardèrent pas à me faire découvrir, à travers les replis de cette âme prématurément froissée, des aspirations refoulées par des influences malsaines, bien autrement intenses que celles auxquelles j'avais été soumis moi-même ; et cette découverte eut naturellement pour effet d'assurer à celui que je regardai dès lors comme mon compagnon d'infortune, toute la sympathie dont mon cœur était capable. Le sien avait trop besoin de s'épancher pour qu'il ne saisît pas avidement la première occasion qui s'offrait à lui. Ses griefs contre l'enseignement universitaire dont il n'avait jamais soupçonné ni le caractère ni les limites, donnèrent à ses premières confidences un accent d'exaspération qui m'étonna d'autant plus que j'avais traversé, pour ma part, sans rancune, comme aussi sans profit, les détours du labyrinthe philosophique où il était engagé ; mais j'avais alors le fil d'Ariadne pour m'y guider, et mon ami ne l'avait plus. De là des boutades d'indignation contre le système et contre le professeur, qui lui faisait apprendre des thèses dans lesquelles les vérités dont la démonstration lui importait le plus, parce qu'il en avait besoin pour croire à toutes les autres, étaient traitées comme des puissances de droit divin, dont la légitimité n'avait pas besoin d'être démontrée ; de sorte que le malheureux se voyait privé de la dernière ressource sur laquelle il avait compté, pour réparer les brèches de son édifice intellectuel, ou plutôt pour en rasseoir les fondements.

La tournure sérieuse et presque mélancolique de son esprit lui avait, jusqu'à certain point, tenu lieu de prohibition canonique, et quand J.-J. Rousseau devint le tyran de son intelligence, ce fut uniquement parce qu'il avait composé le *Discours sur l'origine de l'inégalité parmi les hommes*. Cette production déclamatoire était pour lui, sinon un cinquième évangile, du moins une sorte d'exégèse philosophique de certaines vérités chrétiennes obscurcies ou défigurées, selon lui, par la civilisation ; car il ne méconnaissait, dans ses appréciations théoriques des hommes et des choses, aucun des bienfaits du christianisme, surtout aucun de ceux qui parlent plus particulièrement au cœur. Je me souviens encore de l'impression que produisit sur le sien la première lecture que nous fîmes ensemble, dans un jardin public, du *Sermon sur la montagne*. A chaque nouveau verset contenant une nouvelle béatitude, je voyais croître son émotion, et elle finit par le dominer tellement qu'il me fut impossible de continuer jusqu'au bout.

A voir notre éloignement, de plus en plus prononcé, pour la société du reste des hommes, on aurait pu nous prendre pour des conspirateurs ou des misanthropes ; mais celui qui nous aurait suivis jusque dans l'asile que nous nous étions ménagés *loin des regards vulgaires*, nous aurait jugés bien autrement. Cet asile était un pavillon solitaire, situé dans un jardin assez éloigné de la ville pour laisser le champ libre aux oiseaux qui venaient nous égayer par leur gazouillement, et pour écarter les importuns qui auraient pu troubler nos occupations et nos jouissances ; car nous mettions à profit les longs jours d'été, pour vaquer aux unes et aux autres avec autant de régularité que si nous avions été liés par des prescriptions revêtues d'une sanction sacramentelle. La suprême jouissance, comme on le pense bien, était toujours la musique, et toujours la musique classique, à commencer par celle de Haydn, dont il avait arrangé quelques duos pour violon et violoncelle, afin que nous pussions les jouer ensemble à distance respectueuse des oreilles délicates que les soubresauts de mon archet auraient terrifiées. Il y avait des jours où mon rôle était moins infime. C'était quand ma verve poétique s'alliait à la verve musicale de mon compagnon, et que nous exécutions ensemble le produit de cette merveilleuse alliance. Je me souviens encore d'une scène de malédictions mises dans la bouche du roi Henri II contre ses propres enfants. Je me souviens surtout de notre satisfaction réciproque, quand nous eûmes terminé nos tâches respectives.

Voilà pour les jouissances, qui avaient, comme on voit, leur côté comique; mais, pour les occupations proprement dites, ce comique s'élevait quelquefois jusqu'au sublime du genre. Dans nos moments lucides, les rôles étaient distribués de telle manière, que j'échangeais tout simplement une leçon d'anglais contre une leçon de musique; mais, quand j'avais passé plusieurs heures à lire l'*Esprit des lois*, que je croyais comprendre, ma tête s'échauffait à tel point et enfantait des idées tellement bizarres, qu'il fallait être aveuglé par l'amitié, pour m'écouter de sang-froid, surtout quand à la fermentation cérébrale produite par la lecture inintelligente de Montesquieu, venait se joindre celle que produisait la lecture encore plus inintelligente de Puffendorf. Enfin je poussai la folie jusqu'à concevoir et faire adopter à mon ami, le projet de composer un ouvrage qui serait comme la fusion de ces deux grands publicistes (1).

(1) Cet élève, vraiment extraordinaire, s'appelait Duc, et je ne doute pas qu'il se fût fait un nom dans les lettres, si, contrairement à sa véritable vocation, il

Nous nous trouvions l'un et l'autre bien mieux inspirés et bien plus dans notre élément quand nous étions à l'île d'Arz, surtout quand nous y étions seuls. Non pas que nous y fussions à l'abri des extravagances auxquelles nous exposait l'absence totale de contrôle, soit extérieur, soit intérieur; mais nos extravagances étaient plus naïves, sans cesser pour cela d'être étranges; et elles l'étaient à tel point que, si un observateur invisible avait pu suivre tous nos mouvements et entendre tous nos discours, il aurait pu concevoir de légitimes inquiétudes sur l'avenir de nos facultés intellectuelles. Ici ce n'était plus Rousseau qui nous fournissait la machine à monter nos têtes; ce n'était pas non plus Haydn, ni aucun autre compositeur, puisque nous n'avions pas nos instruments; c'était le Jérémie de la littérature anglaise, le poëte Young avec ses lamentations nocturnes dans lesquelles nous cherchions et nous trouvions autre chose que des jouissances purement littéraires. Après cette lecture, qui se faisait bien avant dans la nuit, nous nous acheminions en silence vers le cimetière, et là nous mettions entre nous la distance nécessaire pour n'être pas troublés l'un par l'autre dans nos lugubres méditations. Je ne sais pas sur quoi portaient celles de mon compagnon que j'apercevais de loin assis, comme moi, sur une tombe et le visage caché entre les mains. Ce qu'il y a de certain, c'est que le lieu où nous étions, le cimetière aussi bien que l'église, n'avait rien à dire ni à sa mémoire ni à son cœur, et ne pouvait parler qu'à son imagination, tandis qu'il y avait

---

n'était devenu médecin. On trouvera, à la fin de ce volume, un fragment autobiographique qui peut donner à la fois une idée de ce qu'il est et de ce qu'il aurait pu être.

des souvenirs sacrés qui auraient dû imposer silence à la mienne pour laisser un libre cours à des sentiments qui n'avaient pas perdu tout leur empire sur mon âme. Devant mes yeux était le sanctuaire qui avait fait les délices de mon enfance et m'avait souvent tenu lieu de maison maternelle. Près de moi était la tombe de mon père, et un peu plus loin celle de mon premier bienfaiteur, dont la dernière parole, à l'ocasion de notre dernier adieu, avait été de me demander, en retour de sa dernière munificence, des prières pour le repos de son âme ! Et l'idée de prier pour ces deux trépassés qui me touchaient de si près ne me vint même pas à l'esprit, pas plus que celle de m'agenouiller, ne fût-ce qu'en signe de respect, sur leur pierre sépulcrale ; et je restai là, pendant près de deux heures, c'est-à-dire jusqu'après minuit, plongé dans des réflexions vagues et niaises qui n'avaient aucune issue praticable ni sur ce monde-ci ni sur l'autre, et qui étaient un indice manifeste des ravages que mes récentes lectures avaient faits, sinon dans mes croyances fondamentales, du moins dans les croyances accessoires qui leur servaient, pour ainsi dire, d'ouvrages avancés contre les agressions de l'ennemi ! Pour comble de démence, je regardais ce pas rétrograde comme un progrès qui ne s'arrêterait pas là, et je substituais peu à peu à mes actes de foi et surtout à mes actes de contrition, les aspirations incohérentes de cette sentimentalité maladive que nous avaient léguée certains écrivains du XVIIIe siècle, et qui n'avait pas été assez nettement répudiée par les écrivains plus ou moins orthodoxes venus après eux. Je venais de lire les *Études de la nature*, de Bernardin de Saint-Pierre, et les *Martyrs*, de Chateaubriand.

Au reste, ces dispositions artificielles, provoquées mais non alimentées par l'amitié, s'évanouissaient comme un songe, dès que je pouvais me livrer sans contrainte à mes tendances naturelles, tantôt avec mes compagnons d'enfance, tantôt avec mes compagnons d'armes, tantôt enfin avec ceux de mes collègues qui n'étaient pas plus sérieux que moi et qui aimaient mieux passer une journée de congé dans mon île sauvage que dans leur cabinet d'étude; car chacune de ces catégories fournissait successivement son contingent pour notre table sobrement hospitalière; et, quand il y avait assez de musiciens parmi nos hôtes, nous organisions un concert dont les morceaux étaient choisis de manière à provoquer les assistants à exécuter devant nous quelques-unes de leurs danses nationales.

C'était ainsi que l'île d'Arz, malgré le peu de sympathie que j'y trouvais pour mes opinions politiques, était redevenue, après trois années d'infidélité de ma part, mon séjour de prédilection, dès que la saison était assez belle pour favoriser mes excursions maritimes. J'avais mon bateau que j'appelais ma péniche, j'avais pour matelots des élèves volontaires que j'appelais ma garde, et j'avais pour maison de plaisance la maison maternelle, où la chambre municipale avait été transformée, malgré ses étroites dimensions, d'abord en salle de théâtre pour amuser les enfants, puis en dortoir diminutif pour satisfaire aux exigences d'une passion nouvelle qui menaçait de dévorer notre modique revenu, je veux dire la passion de l'hospitalité. J'avais surtout le spectacle, bien doux pour mon cœur, de la charité intelligente du nouveau curé, l'abbé Gauder, pour soulager les misères du présent, et de sa charité prévoyante pour préparer à certaines familles des soutiens ou des consolateurs dans l'avenir, en même temps qu'il préparait des recrues au clergé diocésain; car ce fut lui qui donna le premier l'exemple de ce genre de dévouement, du moins dans la paroisse de l'île d'Arz, et je ne doute pas que le succès éclatant dont furent couronnés ses efforts, n'ait contribué à inspirer à quelques-uns de ses successeurs le courage de marcher sur ses traces. Ce ne furent pas les rangs du clergé inférieur que recrutèrent les deux enfants de chœur objets de sa sollicitude toute paternelle. Tous deux, après avoir reçu les ordres sacrés, furent jugés dignes d'enseigner à leur tour; puis ils renoncèrent à cette première vocation, l'un, l'abbé le Veux, pour devenir le modèle parfait du zèle pastoral dans la ville de Port-Louis où sa mémoire sera longtemps en vénération; l'autre, l'abbé le Joubioux, pour vaquer aux fonctions de grand vicaire et pour remplir, auprès du saint-siége, des missions de confiance, récompensées par la dignité de prélat romain, récompense d'autant plus flatteuse, qu'il n'y en a pas un autre exemple dans le diocèse de Vannes, ce qui absout les habitants de l'île d'Arz de l'espèce d'orgueil que n'a pas encore cessé de leur inspirer cette distinction exceptionnelle accordée à leur compatriote.

En même temps que l'abbé Gauder remplissait, autant qu'il était en lui, la grande lacune que la mort de mon bon curé Bouquet avait laissée dans ce pauvre pays, je croyais entrevoir, dans un brave capitaine sorti, depuis 1814, des prisons d'Angleterre, un digne successeur du capitaine Dréano, et je bâtissais sur cette succession éventuelle, pour un avenir plus ou moins éloigné, des espérances qui ne devaient pas tarder à s'évanouir devant une mort prématurée. Celui qui les avait fait naître, était le capitaine Guyot qui, en épousant l'amie la plus intime de ma mère, quand j'étais encore enfant, avait donné d'avance une sorte de consécration domestique à l'amitié qui devait nous unir un jour. Les loisirs qui avaient été le fruit d'une longue captivité sur les pontons de Plymouth, il les avait mis à profit, non pas pour ses études professionnelles qui n'avaient pas besoin de complément, mais pour la culture désintéressée de son intelligence. A mon point de vue, la plus précieuse de ses acquisitions était celle qu'il avait faite de la langue anglaise, et j'étais fier, moi dont il n'avait connu que les espiègleries, d'être maintenant à même de profiter de sa conversation et de ses livres. Quand sa mort, qui suivit de près mon départ, vint flétrir les belles espérances que sa famille avait fondées sur son retour, sa veuve se souvint du noble exemple que lui avaient donné d'autres veuves éprouvées et dénuées comme elle, et l'on peut dire que son dévouement fut encore plus largement récompensé que le leur; car, outre que ses deux fils, alors en bas âge, devaient un jour acquitter, par leurs succès dans la carrière de l'enseignement universitaire, la dette contractée envers celle qui seule avait rendu ces succès possibles, cette mère admirable put voir pendant trente ans, sa fille encore plus admirable qu'elle, pratiquer avec sérénité les vertus du cloître, et y sanctifier les dons de sa belle intelligence en développant dans les jeunes âmes confiées à ses soins, les germes que la première éducation, celle du foyer domestique, se contente le plus souvent d'y déposer.

Peu d'années après l'émigration de la veuve Guyot avec ses trois enfants, partait pour la même destination, le cœur dilaté par les mêmes espérances, une autre veuve, dont le sort devait être bien différent : c'était la veuve le Sant, fille unique du capitaine Dréano et mère d'un fils unique dont les dispositions précoces jointes à la ressemblance qu'on remarquait entre le caractère de son aïeul et le sien, semblaient présager au cœur maternel des compensations à toutes ses souffrances. Une sympathie réciproque et facile à comprendre attirait ces deux familles l'une vers l'autre, et il n'était pas rare de les voir ensemble recevoir les félicitations de leurs compatriotes qui abordaient au quai de Vannes, pendant que les curieux, je veux dire les curieux de bon goût, fascinés par l'originalité du costume, s'arrêtaient pour contempler la beauté de la petite fille et la dignité des deux mères ; car celles-ci, pour la question du costume, ne furent pas moins intraitables que les autres veuves qui les avaient devancées, et rien ne put jamais les changer à cet égard, pas même l'exemple donné par quelques femmes de l'île aux Moines qui crurent se préserver ainsi de la qualification de paysannes que leur donnaient parfois les marchands forains et les visiteurs étrangers.

Quoi qu'il en soit, la pauvre Thérèse Dréano, au bout de quelques années, se vit obligée de quitter son fils, pour aller à l'île d'Arz soigner ses autres enfants. Grâce à la solidité de caractère dont ce fils avait fait preuve, grâce surtout à ses habitudes laborieuses renforcées par de brillants succès, la mère avait droit d'être sans inquiétude et de laisser au temps le soin de mûrir la moisson que ses mains avaient semée ; car ce temps ne pouvait être long, vu que son fils atteignait sa dix-huitième année. Tout à coup elle le vit arriver au logis maternel dans un état d'exaspération qui la troubla d'autant plus que cet état contrastait davantage avec l'empire qu'il était habitué, dès son enfance, à exercer sur lui-même. Une préférence injuste dont le fils illégitime d'un puissant fonctionnaire avait été l'objet, à son préjudice (du moins c'était sa conviction), avait tellement révolté sa conscience et blessé sa fierté native qu'il avait résolu de rompre, sans retour, avec un ordre de choses qui n'offrait aucun recours contre de pareilles avanies; et il venait faire part à sa mère de cette brusque résolution, et de celle qu'il avait prise, en même temps, de monter à bord du premier navire venu, afin de n'être à charge à personne. Et le pauvre jeune homme, peu familiarisé avec les périls de la navigation, mais jaloux de suppléer à l'expérience par le zèle, trouva, dès son premier voyage, une occasion malheureuse de déployer le sien. C'était au plus fort d'une tempête dont les violentes rafales menaçaient de faire sombrer le navire. Pour conjurer ce danger, il fallait un acte de dévouement dont les chances étaient si peu douteuses, qu'un seul marin de l'équipage en fut capable, et l'on devine que ce marin était lui. Il s'agissait de grimper au haut du mât, et de glisser sur une vergue pour couper un cordage. Mais avant que la victime, assaillie à la fois par les vents et par les vagues, eût achevé cette triple opération, elle avait perdu l'équilibre, et elle tombait sur le pont ou plutôt sur les ferrures dont il était encombré. Bien que les os et les chairs fussent disloqués et broyés par la chute, la mort fut assez lente pour qu'on pût chercher un prêtre et procurer au mourant les consolations religieuses ardemment désirées par lui. Ses dernières paroles, son dernier vœu tendrement et respectueusement filial donnèrent à la pieuse mère le seul adoucissement dont sa douleur était susceptible. C'était une épreuve encore plus rude que celle qu'elle avait subie lors du naufrage de son mari ; et cependant ce n'était ni la dernière ni la plus douloureuse ! Mais j'anticipe sur des événements qui ne devaient avoir lieu que longtemps après mon départ.

Ce départ, auquel j'avais déjà pensé dans le courant de l'année 1818, était devenu à la fois plus urgent et plus difficile en 1819. Ce qui en faisait l'urgence, c'était surtout l'absence totale de stimulant pour mon progrès intellectuel ; car l'enseignement de la classe supérieure d'humanités, dont j'étais chargé, me faisait presque un devoir de ne pas dépasser, dans mes études préparatoires, un certain niveau au delà duquel je courais risque de n'être pas compris. Je n'avais donc d'autre parti à prendre que celui de chercher dans un autre collége ou dans une autre carrière, un débouché quelconque à l'activité qui me dévorait ; et ce besoin avait été un moment tellement impérieux, que pour le satisfaire dans une certaine mesure, et aussi pour avoir une corde de plus à mon arc, j'avais fait un voyage clandestin à Rennes, pour y prendre une première inscription à la Faculté de droit.

Quant aux difficultés contre lesquelles j'aurais à lutter, elles étaient de plus d'un genre. Si, d'un côté, les difficultés extérieures ne me paraissaient pas insurmontables, surtout avec le patronage réputé infaillible du comte d'Artois, de l'autre, il y avait, outre le lien de famille, tant d'autres liens à briser ; il y avait surtout l'île d'Arz, ce séjour devenu plus cher que jamais ; car les voyages que j'y faisais, et les récréations tantôt sérieuses et tantôt enfantines que j'y avais organisées pour moi et pour mes amis, avaient si bien rajeuni mes impressions d'enfance, qu'un jour d'été, passé sous les plus frais ombrages des campagnes du continent, était pour moi un jour de pénitence, tant mon imagination était subjuguée par mes arides promontoires entre lesquels je partageais mes promenades, choisissant toujours de préférence celui où les vents soufflaient avec le plus de violence et où les vagues, en se brisant, faisaient jaillir le plus d'écume. Cette espèce de jouissance sauvage que je n'avais pas connue jusqu'alors et que je devais peut-être à la lecture de la *Tempête* et de quelques autres drames de Shakespeare, qui avaient été pour moi une sorte de révélation, du moins au point de vue de ce que Kant appelle le sublime dynamique, cette jouissance despotique qui devait me subjuguer bien autrement sur les côtes de l'Océan et de la Méditerranée, et me contraindre, pour ainsi dire, à préférer la tragédie de Philoctète à toutes les autres tragédies de Sophocle, cette jouissance mystérieuse à laquelle je ne trouve rien d'analogue dans les émotions que font éprouver les autres grands spectacles de la nature, était devenue pour moi une sorte de besoin périodique que rien au monde ne pouvait m'empêcher de satisfaire, à moins qu'un devoir impérieux ou un ouragan plus impérieux encore ne retînt ma barque prisonnière dans le port de Vannes. Je croyais cette distraction et toutes les autres du même genre si nécessaires à mon bien-être physique et moral, que l'idée d'en être privé me donnait des accès de tristesse dont j'avais honte d'avouer la cause. Je me rappelais, malgré moi, tout ce que j'avais entendu raconter sur les symptômes et les effets de la maladie si redoutée des Bretons, sous le nom de *mal du pays*, et encore plus redoutée des marins, pour qui la terre-ferme, sans la vue et l'odeur de la mer, ne devenait jamais une patrie; et je me demandais, dans mes moments d'aberration indolente, pourquoi je ne partagerais pas ma vie, sans en changer les habitudes, entre les devoirs faciles de ma profession et les jouissances plus faciles encore de la vie domestique.

La crise à laquelle toutes ces oscillations donnèrent lieu, fut terminée par une volonté plus énergique que la mienne. On comprend que je veux parler de ma mère qui réunissait, à un degré bien rare, les trois conditions normales de la direction maternelle : tendresse, clairvoyance et fermeté. Jamais ces trois qualités ne furent plus judicieusement appliquées. Connaissant mon respect pour le recteur de l'Académie de Rennes qui était à la fois mon supérieur hiérarchique et mon coreligionnaire politique, elle s'entendit avec lui pour me faire expédier l'ordre de me rendre immédiatement auprès de lui, pour recevoir une destination ultérieure. Trop sûr de son bon vouloir pour concevoir la moindre inquiétude sur mon avenir, je m'acheminai vers sa demeure avec une confiance toute filiale, et je ne tardai pas à découvrir que les trésors de son cœur égalaient au moins ceux de son intelligence.

Je crois pouvoir affirmer que parmi les ecclésiastiques qui cherchèrent en pays étranger un refuge contre les fureurs de la révolution, l'abbé le Priol fut celui qui sut tirer le meilleur parti des loisirs de l'émigration. Dès avant 1789, il s'était distingué comme professeur de philosophie au collége de Vannes, et il avait si bien conquis l'estime et la confiance de son évêque, Mgr Amelot, qu'à dater du jour où fut donné le signal de la proscription, le pasteur ne se sépara plus de sa chère brebis jusqu'à l'époque où la conclusion du concordat et le rétablissement du culte vinrent faire appel au zèle de ceux à qui il restait encore assez de forces pour travailler à réparer les ruines du sanctuaire. L'abbé le Priol fut un des premiers à répondre à cet appel, et comme le département de l'instruction publique était celui où il y avait le plus de lacunes à remplir et le plus de luttes à soutenir contre les traditions révolutionnaires, ce fut dans cette arène, encore ouverte à tous les conflits de doctrines, qu'il se fit le représentant de celles qui venaient de recevoir les honneurs de la persécution.

Un premier voyage en Allemagne, immédiatement après sa sortie de France, lui avait donné un avant-goût des jouissances intellectuelles dont les produits du génie germanique pouvaient être la source, même pour un esprit qui tenait à l'orthodoxie plus qu'à la science, et malgré les liens qui l'attachaient à la Bretagne, je soupçonne que sa translation à Strasbourg, comme proviseur du lycée impérial, si elle fut un chagrin pour lui, ne le fut que très-passagèrement ; car il était là en contact presque immédiat avec le grand mouvement philosophique dont les premiers symptômes l'avaient si vivement intéressé, dix ans auparavant : il pouvait maintenant observer de près les évolutions des systèmes nouvellement éclos et apprécier leurs tendances, ce que lui seul peut-être, entre tous les membres du clergé français, pouvait alors tenter avec quelque compétence.

Ce fut au plus fort de ces préoccupations qu'il fit la connaissance de M. Royer-Collard, à l'amitié duquel il dut plus tard l'accomplissement du vœu qu'il avait toujours formé pour ses vieux jours, c'est-à-dire sa translation dans sa chère province de Bretagne, afin d'y mourir le plus près possible de son village natal. Dans les limites où son patriotisme voulait se renfermer, il n'y avait qu'une seule place qui fût digne à la fois de la noblesse de son caractère, de sa haute intelligence et surtout de ses services : c'était la place de recteur de l'Académie de Rennes, qui se trouva précisément vacante au moment où nous terminions notre campagne de 1815, dont il était plus fier qu'aucun de nos professeurs. A ses yeux, ce qu'il voulait bien appeler notre héroïsme, n'avait été ni suffisamment compris ni suffisamment récompensé, et comme j'étais le seul des trois officiers qui fût à portée d'être dédommagé par lui, il avait paru vouloir concentrer sur moi seul toute l'affectueuse admiration qu'il aurait voulu répartir entre mes deux collègues et moi.

Ces dispositions n'étaient pas refroidies quand je le revis à Rennes dans l'été de 1819, mais elles étaient un peu comprimées par l'inquiétude que lui avaient causée mes longues tergiversations qui semblaient démentir l'idée qu'il s'était faite de mon caractère. Dès le second jour, il reprit avec moi le ton paternel qui avait conquis mon cœur quatre ans auparavant et qui agissait sur moi avec d'autant plus de force qu'il contrastait davantage avec la sévérité, je dirais presque la dureté habituelle de sa physionomie; ce qui n'empêchait pas ses yeux bleus, voilés par d'épais sourcils, d'avoir habituellement l'expression la plus bienveillante, ni sa voix d'être douce et presque caressante, quand il voulait encourager ou consoler. Sa sévérité, dont ses subordonnés lui ont souvent fait un reproche, était une sévérité artificielle, dont l'expression était trop favorisée par la rudesse de sa figure anguleuse. Mais sous cet extérieur dur et parfois déconcertant se cachait un fonds de bonté inépuisable. Ceux qui avaient la prétention d'expliquer le caractère par les doctrines, disaient que l'abbé le Priol était sévère, parce qu'il était janséniste, et ils alléguaient, comme preuves de son jansénisme, ses relations intimes avec Royer-Collard et surtout son zèle à faire valoir les titres que les trois professeurs chassés du séminaire de Vannes, comme suspects d'hérésie, avaient à la pitié de l'Université, en attendant qu'une vocation plus sainte les fît entrer dans la voie *très-étroite* tracée par le fondateur de la Trappe.

Que leur éloge ait été fréquemment dans la bouche de leur protecteur, rien n'était plus naturel; car il joignait la générosité du cœur à la clairvoyance de l'esprit; mais cette clairvoyance même, appliquée à la question des rapports entre l'Église et l'État, telle qu'elle avait été posée depuis la révolution, l'aurait mis en garde contre le jansénisme gallican. Pour ce qui est du jansénisme dogmatique, il ne le repoussait pas moins énergiquement que Bossuet, qui était pour lui la grande autorité des temps modernes en matière théologique, mais non dans les matières mixtes à l'égard desquelles ses solutions, trop souvent influencées par des considérations particulières à son siècle, ne peuvent recevoir, de nos jours, que des applications restreintes et conditionnelles.

Quoi qu'il en soit, l'orthodoxie tant soit peu ombrageuse de ce temps-là, commit la faute impardonnable d'inscrire le nom de l'abbé le Priol sur la liste des suspects, à côté de ceux de l'abbé Mahé, de l'abbé Legal, de l'abbé Hercelin, de l'abbé le Port et de l'abbé Guillôme; c'est-à-dire qu'on enveloppait dans la même suspicion les trois prêtres les plus éminents du diocèse sous le rapport de la science et les trois prêtres les plus éminents sous le rapport de la sainteté. Je suis sûr que leurs adversaires mêmes, s'ils en ont encore, ne contesteront pas ce superlatif.

Quant à moi qui les ai connus tous et qui ai pu observer de près l'influence de leurs doctrines ou plutôt de leurs maximes sur quelques-uns de leurs disciples, je dirai que l'impression générale qui m'en est restée, a été que le jansénisme, tel que la plupart d'entre eux l'ont compris, a eu pour effet de renforcer en eux, quelquefois outre mesure, le sentiment de leur indignité vis-à-vis de Dieu, et le sentiment de leur dignité vis-à-vis des hommes.

Quoi qu'il en soit, j'eus le bonheur de regarder l'autorité de l'abbé le Priol comme infaillible sur les questions qui, en ce moment, m'intéressaient le plus, et que nul autre ne pouvait résoudre avec la même compétence; car, tout en se faisant des illusions étranges sur mes facultés qu'il supposait être proportionnées à mon ardeur, il me connaissait mieux que personne, et il savait que mon ignorance ne serait jamais un obstacle à mon progrès, non-seulement à cause de ma facilité d'assimilation, qui devançait en moi l'appréciation, mais aussi à cause du zèle dont il me voyait embrasé pour toutes les acquisitions intellectuelles dont il me signalait l'urgence, comme première condition du genre de succès auquel j'aspirais vaguement, sans me mettre en peine de le définir.

Je le voyais sourire quelquefois de ma naïve confiance dans la promesse du comte d'Artois, qui avait déjà quatre ans de date, et à l'efficacité de laquelle je m'obstinais à croire, malgré le laps des années et malgré les défaillances de mémoire qui, tout en laissant la fidélité intacte, avaient rendu désormais l'enthousiasme impossible. Pour ne pas trop me scandaliser, mon généreux interlocuteur n'insistait pas sur la possibilité d'une déception, et même il raisonnait avec moi dans l'hypothèse d'une réussite complète auprès de Son Altesse Royale. Selon lui, le meilleur parti que je pouvais tirer de la faveur du prince, si je l'obtenais, était de me faire donner provisoirement une chaire d'histoire dans la capitale, moyennant l'engagement que je prendrais avec moi-même de travailler jour et nuit, s'il le fallait, à me mettre à la hauteur de mes fonctions. Que si je ne pouvais profiter ni de la vacance d'une chaire déjà existante, ni de la création d'une chaire nouvelle, il me conseillait de me contenter d'une promesse, pourvu qu'elle fût sérieuse et qu'on me permît d'aller en attendre l'accomplissement dans la ville de Strasbourg, où ses amis deviendraient les miens, et où je ferais, plus rapidement et plus organiquement qu'à Paris, la plus importante de toutes les acquisitions pour les études historiques, c'est-à-dire l'acquisition de la langue allemande, à laquelle il devait lui-même, en grande partie, le genre de supériorité qui rendait sa conversation si attrayante pour Royer-Collard et qui finit par lui conquérir non-seulement l'estime, mais même l'amitié de ce dédaigneux personnage.

A cette recommandation il en joignait une autre tellement chimérique dans son objet, que je ne pouvais la prendre que pour l'expression d'un vœu dont l'accomplissement ne devait pas paraître moins impossible à ses yeux qu'aux miens. Selon lui, ce qu'il y avait de plus pressé pour mon progrès intellectuel, c'était d'être appelé à parler devant un auditoire plus instruit et plus intelligent que moi, qui me contraindrait, par ses exigences sympathiques, sinon à m'élever jusqu'à son niveau, du moins à en approcher autant que le comporteraient mes propres facultés. Ce stimulant lui semblait plus indispensable pour moi que pour d'autres, et il me disait franchement que l'émulation froide et concentrée qui vivifie les travaux solitaires de l'érudition, n'était pas un mobile suffisant pour une imagination aussi expansive que la mienne.

Telles furent ses dernières instructions, et l'on verra bientôt si elles portèrent leurs fruits.

CHAPITRE III.

Je fis donc mes adieux à la Bretagne, sans le moindre pressentiment de mal du pays, et je m'acheminai joyeusement vers la capitale, bien persuadé que mon beau rêve allait enfin se réaliser. J'avais fais mon calcul de manière à m'y trouver pour la fête de Saint-Louis, doublement intéressante pour moi au point de vue dynastique et au point de vue personnel ; car c'était à pareil jour et à l'occasion de la même solennité que j'avais reçu, trois ans auparavant, au milieu des acclamations les plus enivrantes, cette décoration sur laquelle je comptais plus que jamais comme sur un infaillible talisman.

Dès le début de mon voyage, j'eus à subir une contrariété qui ne laissa pas de faire une certaine impression sur mon imagination superstitieuse. Au bout d'une demi-journée, le roulis de la voiture m'avait réduit à un tel état de souffrance et d'épuisement, qu'on fut obligé de me déposer dans un champ, le long de la route, en attendant que quelque âme charitable vînt m'aider à gagner le village voisin et à y trouver un gîte. Le lendemain j'étais sur pied dès le point du jour, et tous mes sombres pressentiments s'étant évanouis avec les ombres de la nuit, je ne vis plus dans mon voyage pédestre qu'une source de jouissances toutes nouvelles pour moi, auxquelles il ne manquait, pour être complètes, que la certitude de ne pas arriver trop tard pour la grande solennité qui m'intéressait plus que tout le reste.

En entrant en Normandie, je ne pus me défendre d'une vive émotion quand je vis le soin que prenaient les habitants de perpétuer le souvenir de la délivrance dont ils étaient redevables aux Bourbons. La paix, après laquelle ils avaient si longtemps soupiré, venait enfin de leur être rendue; et pour qu'on sût, dans le présent et dans l'avenir, le prix qu'ils attachaient à ce bienfait, ils en gravaient la commémoration sur toutes les constructions nouvelles, comme pour dire à la postérité que la paix seule, cette divinité si longtemps invoquée en vain, leur avait donné le courage de les entreprendre. Voilà pourquoi je lisais, au-dessus de tant de portes, cette inscription non moins touchante par sa brièveté que par son objet : *Paci*, et la glose que j'en faisais intérieurement m'attendrissait et me fascinait à tel point, que je croyais trouver sur les visages les plus insignifiants qui s'offraient à moi, quelque chose qui correspondait à mes préoccupations sympathiques. Aussi l'impression que j'emportai de la frontière normande et particulièrement de la petite ville de Vire, fut-elle une de celles qui se renouvelèrent le plus souvent dans les conversations avec mes coreligionnaires politiques, jusqu'au jour où un interlocuteur impitoyable, qui était au courant des formules, encore mystérieuses pour moi, des compagnies d'assurance, me dit avec un sourire où la pitié se mêlait à l'ironie, que ce que j'avais pris pour une inscription monumentale n'était autre chose que quatre lettres initiales P. A. C. I. qui voulaient dire tout simplement : *Propriété assurée contre l'incendie!*

J'avais trop présumé de mes forces quand j'avais cru pouvoir franchir en huit jours, sans véhicule ni monture, la distance qui me séparait de la capitale, et j'aurais certainement manqué la fête qui me faisait tressaillir d'impatience, si je n'avais pas rencontré de loin en loin sur ma route, tantôt un cheval de selle, tantôt un chariot découvert, grâce auxquels je pus doubler mes étapes en approchant de Versailles. Là je montai tout éclopé sur le siége d'un coucou, en priant le cocher de me montrer, du plus loin qu'il lui serait possible, le dôme des Invalides ; car mon camarade Léty devenu, depuis notre campagne de 1815, sergent dans la garde royale, m'avait fait de cet édifice et surtout de la dorure de sa coupole, une description si flamboyante, que je m'attendais à voir quelque chose qui surpasserait, par ses proportions gigantesques, non-seulement tout ce que j'avais vu moi-même, mais aussi tout ce que j'avais lu sur les constructions colossales de l'Inde et de l'Égypte. Mon imagination était trop exigeante, comme il arrive souvent à ceux qui sont habitués à repaître leurs yeux des spectacles grandioses de l'Océan. Aussi mon émotion fut-elle médiocre. Il me semblait qu'un vaisseau de ligne, avec ses agrès et ses canons, était plus beau que tout cela.

Mais si je fus froid en présence de cette majesté monumentale qui dépassait la portée, encore très-faible, de mon appréciation esthétique, je fus tout le contraire, le surlendemain 24 août, en présence de la majesté vivante qui se laissait voir ce jour-là, et devant laquelle j'aurais été si heureux de m'incliner de près, mais que je ne pus contempler qu'à une distance très-respectueuse sur le balcon du palais des Tuileries. Cependant cette apparition, même lointaine, produisit sur moi une telle impression, que je ne pus retenir mes larmes et que je me serais volontiers agenouillé, non pas devant Louis XVIII, roi de France, mais devant le frère de Louis XVI, dont l'image était restée gravée dans mon cœur en traits ineffaçables, depuis ma lecture du printemps de 1815. Quelle eût donc été mon émotion, si l'orpheline du Temple avait paru en ce moment à côté de son oncle !

Cet enthousiasme naïf d'un enfant de la Bretagne pour le représentant d'une dynastie qui, aux yeux de ses compatriotes et aux siens, avait reçu la consécration du martyre, n'a rien qui doive surprendre ni surtout scandaliser le scepticisme politique le plus outré. Le culte des grandes infortunes, surtout des infortunes expiatoires infligées à l'innocence, est un ingrédient trop précieux dans l'éducation des générations appelées à en profiter, pour qu'il ait besoin de justification, quand il est spontané. De plus ce culte, qui n'avait pour nous que quelques années de date, avait jeté dans nos âmes des racines d'autant plus profondes, qu'il avait été, pour ainsi dire, improvisé sous le coup de la réaction politique et religieuse de 1814, au moment où les plus tristes pages des annales révolutionnaires nous étaient révélées pour la première fois. Heureusement pour nous, les intrigues politiques qui avaient gâté pour tant d'autres ce que j'appellerais volontiers la poësie de la Restauration, avaient passé inaperçues pour nous, et j'avais si bien profité, pour ma part, de ce bénéfice négatif, que, sans croire précisément à l'infaillibilité de Louis XVIII, en matière de gouvernement, je le croyais incapable de désavouer, par des prédilections capricieuses ou autrement, les idées et les principes que mes oracles habituels avaient toujours regardés comme la base et la condition de son pouvoir. Le moment de commencer, pour mon propre compte, mon cours d'histoire rétrospective contemporaine, n'était pas encore venu.

Quel contraste entre ces deux premières journées et celles qui suivirent ! J'avais pris tellement au sérieux les paroles si décevantes prononcées par le comte d'Artois, à l'occasion de l'ordonnance de M. Lainé, que je les portais dans ma mémoire ou plutôt dans mon cœur, comme on porte dans sa poche un effet payable à vue chez le premier banquier de la première capitale du monde. J'écrivis donc à Son Altesse Royale une lettre qui n'était ni trop humble ni trop confiante, et dans laquelle je ne me bornais pas à faire appel à sa mémoire. Mes prétentions n'étaient assurément pas exorbitantes, puisqu'elles se bornaient à demander une chaire d'histoire dans un nouveau collége qu'on avait l'intention de fonder à Paris sous le nom de collége Saint-Louis, fondation que, par anticipation, j'appelais providentielle à cause de la perspective presque immédiate qu'elle semblait ouvrir à ma trop naïve ambition ; car j'avais la folie d'espérer qu'on se souviendrait de mes petits services comme je m'en souvenais moi-même.

Après plusieurs jours d'attente pleine d'angoisses, je perdis enfin tout espoir, et je n'ai pas besoin de dire que mon désappointement fut amer au delà de toute expression. C'était comme si l'on eût serré ma poitrine dans une courroie de métal, en même temps qu'on ôtait un bandeau de dessus mes yeux. Mes seuls consolateurs, que je devais à la recommandation de l'abbé Mahé, étaient les jansénistes les plus renommés de cette époque, l'abbé Tabaraud et M. Silvy, le respectueux acquéreur de tout ce qui restait de l'ancienne abbaye de Port-Royal, et l'appréciateur intelligent, bien qu'un peu trop enthousiaste, des souvenirs qui s'y rattachaient. Mais leurs consolations ressemblaient trop souvent à celles des amis de Job, en ce qu'elles avaient plutôt pour but et pour effet de me faire voir les causes de mon échec que d'y remédier. J'appris alors, à ma grande stupéfaction, ce qu'on avait vainement essayé de me faire croire, avant mon départ de Rennes, savoir, que les royalistes de la Bretagne et de la Vendée étaient mis en état de suspicion par suite de l'ascendant que le nouveau favori du roi, M. Decaze, avait pris sur l'esprit de son maître, et que le plus sûr moyen de se faire refuser une demande, même la plus légitime, était de s'appuyer sur un titre comme le mien, c'est-à-dire sur des services rendus à la cause royale, soit dans le cours de la révolution, soit pendant les cent jours. A quoi mon interlocuteur ajoutait, avec un air de triomphe qui m'humiliait d'autant plus, qu'on aurait bientôt la preuve irrécusable et très-détaillée de cette ingratitude systématique, attendu que M. de Chateaubriand, qui en avait recueilli les traits les plus révoltants, se préparait à les consigner dans un ouvrage formidable qui aurait pour titre : *Ce que les Vendéens ont fait pour les Bourbons, et ce que les Bourbons ont fait pour les Vendéens.*

J'avoue que je fus atterré par cette révélation qui me fut d'ailleurs confirmée par d'autres témoignages et qui ajournait indéfiniment l'accomplissement de mes naïves espérances. Je résolus dès lors de ne plus appuyer mes demandes d'avancement que sur mes titres universitaires, et je me résignai à faire encore une espèce de noviciat dans un collège de province avant de poser ma candidature comme professeur d'histoire dans ce sanctuaire, réputé inaccessible, qu'on appelait l'Académie de Paris, et où il arrivait aux plus favorisés de n'être admis qu'après dix et même vingt années d'attente.

Malgré les préventions qui continuaient de poursuivre, plus ou moins ouvertement, ceux qu'on appelait les chevaliers de 1815, ce fut cependant à ce souvenir dont une malveillance maladroite et brutale voulut me faire un crime, que je dus indirectement, après une année d'attente, l'accomplissement du plus cher de mes vœux, c'est-à-dire une chaire d'histoire à Paris. Mais auparavant je dus faire mes débuts en province et y accepter une chaire dans laquelle mon dénûment absolu, en fait de patronage, semblait me condamner à végéter indéfiniment.

Heureusement pour moi, il se trouva, parmi mes nouveaux collègues, un homme étrange qui avait été professeur au lycée de Pontivy, pendant les Cent-Jours, et qui avait probablement quelque grief personnel contre les chouans qui avaient formé la garnison temporaire de cette ville, avant leur licenciement définitif. Jamais cœur ne fut plus apte que le sien à nourrir à la fois des rancunes vivaces et des jalousies implacables, de sorte que mes antécédents politiques, joints à mes petits succès du moment, qui l'offusquaient chaque jour davantage, lui causèrent une sorte de fermentation cérébrale contre laquelle il ne sut pas trouver de dérivatif plus efficace que la calomnie ;

et il faut avouer que la dose était forte et que le genre de vie auquel je m'étais condamné lui donnait beau jeu ; car je passais mes jours et la plus grande partie de mes nuits à combler les immenses lacunes de mon éducation historique, et à remplir, autant qu'il était en moi, l'engagement très-sérieux que j'avais pris avec moi-même en osant aspirer à des fonctions auxquelles je n'étais pas préparé et qui se trouvèrent bientôt au-dessus de mes forces physiques. Il en était résulté, pour ma santé, une altération grave, dont je devais me ressentir pendant plusieurs années, et qui, pour le moment, avait eu pour effet de rendre ma séquestration encore plus complète. A ma première sortie, je fis la connaissance d'un jeune homme dont la franchise et l'accent de cordialité me firent oublier ma réserve habituelle; et plus je me laissais emporter par la verve de la conversation, plus je voyais la surprise se peindre sur son visage, en luttant contre un sentiment pénible qui semblait comprimer sa sympathie. « Non, c'est impos-
« sible, » s'écria-t-il enfin, avec une explosion d'indignation et un geste d'énergique incrédulité, « non, vous
« n'êtes pas un monstre, comme on a voulu le faire
« croire, et comme je l'ai cru moi-même. Vous avez un
« collègue dont je vous conseille de vous défier. »

Or ce collègue avait raconté, devant mon interlocuteur et plusieurs autres témoins, un drame plus que tragique dans lequel je jouais le principal rôle et qui leur avait fait dresser les cheveux sur la tête. Suivant le narrateur, qui disait avoir vu la chose de ses propres yeux et dans sa propre maison, j'étais entré chez lui, au plus fort de la guerre civile, en brandissant un sabre encore tout dégoûtant du sang d'une femme que je venais d'assassiner et j'avais appuyé le même sabre sur la poitrine de sa femme qui était enceinte !

J'écoutai mon interlocuteur jusqu'au bout avec sang-froid, et après avoir dit, pour toute réfutation, que je ne connaissais même pas la ville de Pontivy où je n'avais jamais mis les pieds, je lui demandai si je pouvais compter sur son assistance, soit en champ clos, soit devant la justice. Sur sa déclaration nettement affirmative, j'allai tout droit chez le calomniateur qui, au lieu de répondre à mon défi, se mit à battre la campagne pendant que sa femme, qui comprit au premier mot jusqu'où l'affaire pouvait aller, avait recours aux prières et aux larmes pour obtenir mon désistement. Mais après la publicité donnée à cette infâme calomnie par son auteur, je voulais absolument une réparation, et je la voulais éclatante.

Avant de la demander aux tribunaux, je m'adressai au recteur de l'Académie, et je lui proposai de m'en rapporter au jugement du conseil académique, s'il voulait le convoquer extraordinairement pour décider lequel, de mon adversaire ou de moi, expierait par une expulsion publique et clairement motivée, le scandale causé ou par lui comme calomniateur, ou par moi comme assassin. Le dilemme ayant été ainsi posé, le résultat légal était facile à prévoir ; mais le résultat moral trompa mon attente, non pas qu'il s'élevât une seule voix pour justifier l'agression gratuite dont j'avais été l'objet ; mais il s'en éleva plusieurs pour vilipender la cause qui m'avait mis les armes à la main, et je voyais venir le moment où il me faudrait défendre, à mes risques et périls, l'honneur de ma décoration que je portais avec plus d'orgueil depuis qu'on avait voulu la flétrir. La partie n'était pas tenable. Outre que ce n'était pas là ma vocation, je savais que ce genre d'exploits ne constituait pas des titres universitaires ; et comme je savais, d'un autre côté, que les pièces de mon procès, qui avait au moins l'intérêt de la nouveauté, avaient été envoyées au conseil royal d'instruction publique dont mon compatriote M. Corbière était devenu président, j'étais convaincu que j'allais trouver en lui un chaud appréciateur de mon dévouement, et qu'en demandant mon changement après l'épreuve que je venais de subir, je ne pouvais manquer d'obtenir une récompense porportionnée à l'outrage qu'on avait tenté de m'infliger. Et ma conviction était si bien partagée par le recteur de l'Académie et par les autres fonctionnaires qui m'avaient honoré de leur patronage, qu'ils me félicitaient de mon procès comme d'une bonne fortune à laquelle je devrais, grâce à la notoriété de mes antécédents, un avancement beaucoup plus rapide dans la carrière que je me proposais de parcourir. Le recteur de l'Académie était d'autant plus fondé dans son pronostic, que le rapport adressé par lui au chef de l'Université était conçu dans les termes les plus propres à faire ressortir les droits que me donnait à sa bienveillance ma position tout exceptionnelle ; de sorte que, malgré mon échec de l'année précédente ou plutôt à cause de cet échec même, je me croyais à la veille de voir mon ambition satisfaite.

Enfin, dans les derniers jours de janvier, le recteur reçut une longue instruction signée par M. Corbière et provoquée en partie par certaines difficultés de forme auxquelles avait donné lieu le procès que j'avais intenté à mon calomniateur définitivement expulsé. Le silence qu'on gardait sur moi et sur ma destination ultérieure prouvait assez que cette expulsion était regardée comme une satisfaction suffisante et que je n'en recevrais point d'autre. Plus indigné que déconcerté de ce qui me paraissait un brutal déni de justice, je pris mon parti sur le champ, et j'écrivis le jour même à la commission d'instruction publique pour lui faire savoir que ma chaire était vacante et que j'arriverais à Paris vingt-quatre heures après ma lettre. Une violation si flagrante de la discipline hiérarchique ne pouvait pas rester impunie, et l'on crut se montrer magnanime envers moi en ne me privant que de mes fonctions et en me conservant le titre d'agrégé qui laissait la porte ouverte à un retour de fortune.

Ce retour eut lieu en effet, moins d'un an après, sans le concours d'aucun patronage politique, par suite de l'illusion qu'on s'était faite sur l'étendue de mes connaissances historiques que je n'avais pas encore eu le temps de puiser dans les auteurs originaux. A dire vrai, j'aurais pu m'en dispenser sans compromettre le genre de succès qu'on attendait de moi ; car le programme des études historiques, telles que les avait comprises l'auteur ou l'inspirateur de l'étrange circulaire du 4 juillet 1820, prescrivait aux professeurs chargés de cet enseignement, *de ne chercher d'autres ressources d'intérêt que dans la seule exposition des faits, et de s'abstenir de tout commentaire*. Il était clair que, pour remplir une tâche si simple, l'érudition était plutôt un inconvénient qu'un avantage. Aussi je puis dire que pendant les trois années qui précédèrent mon émancipation intellectuelle, c'est-à-dire la liberté de mes mouvements dans le domaine de l'histoire, je ne cessai d'appeler de tous mes vœux le moment où, me trouvant en face d'un auditoire plus difficile à satisfaire, je pourrais briser, sans aucune prévarication, les entraves officielles qui m'empêchaient de mesurer toute l'étendue de mon horizon historique.

Sur ces entrefaites, mon dernier patron de Bretagne, l'abbé le Priol, qui avait applaudi de loin aux résolutions que j'avais prises avant et après mon procès, fit un voyage à Paris et me trouva plongé dans l'étude des auteurs allemands, conformément au conseil qu'il m'avait donné trois ans auparavant, et dont je n'appréciais pas encore la portée. Je lui dus alors un commencement d'initiation au mouvement philosophique de l'Allemagne et quelques notions élémentaires sur les rapports entre la philosophie et l'histoire, ce qui donna un tout autre intérêt à mes études historiques et redoubla mon impatience de sortir de l'ornière dans laquelle je me traînais sans aucun profit pour mon intelligence.

Deux hommes dont je fis alors la connaissance, contribuèrent, chacun dans la sphère qui lui était propre, à abréger mes épreuves, mais sans dissiper entièrement les ténèbres qui voilaient en partie la route que j'avais à parcourir. Le premier en date, mais non en importance, était Jouffroy, qui en était encore à son fameux article sur la manière dont les dogmes finissent, et qui me faisait des exégèses curieuses et bien au-dessus de ma portée, sur la philosophie contenue virtuellement dans les épîtres de saint Paul. Malgré le charme que ses conversations avaient pour moi, je me laissai rebuter par la difficulté de les renouer aussi souvent que j'aurais voulu, et nos relations finirent par devenir trop stériles pour valoir la peine d'être cultivées.

Il n'en fut pas de même de celles que j'entretins, pendant plusieurs années consécutives, avec M. la Romiguière, cet infatigable démolisseur du lourd édifice construit par Condillac, dont la doctrine n'était pas moins antipathique aux instincts de son âme qu'aux exigences de son esprit. Les habitudes militantes qu'il avait contractées dans cette espèce de croisade contre un système philosophique qui était presque devenu une puissance, avaient donné à ce vieux champion du spiritualisme une verve qui se proportionnait toujours au degré d'affinité qu'il y avait entre le sujet de la conversation et ses thèses favorites. La plus simple politesse eût exigé de moi qu'à défaut de ses cours que je n'avais pas suivis, je prisse au moins la peine, pour me mettre au courant de ses doctrines, de lire son ouvrage unique qui n'était ni volumineux ni rebutant; mais comme il me savait absorbé par d'autres lectures plus pressantes, il m'engageait lui-même à me renfermer provisoirement dans le cercle de mes attributions spéciales, au delà duquel il me faisait toutefois entrevoir les problèmes d'un autre genre que j'aurais à résoudre plus tard. Je lui savais gré assurément d'une pareille condescendance; mais comme l'expérience ne m'avait pas encore appris la rareté de ce phénomène, même parmi les philosophes de second et de troisième ordre, aucun sentiment d'admiration ne se mêlait à celui de la reconnaissance.

Il n'en fut pas de même quand, par suite du progrès que j'avais fait dans son affection et peut-être aussi dans son estime, il déroula devant moi, comme leçon de philosophie expérimentale, la série des déceptions qui avaient attristé sa carrière depuis le commencement de la révolution française qu'il avait saluée avec tout l'enthousiasme dont sa nature ardente était capable; et, malgré son calme habituel, il ne pouvait se défendre d'une certaine émotion en parlant de la première fête du Champ-de-Mars, aux préparatifs de laquelle il avait travaillé de ses mains avec des milliers de collaborateurs non moins enthousiastes que lui et qu'il partageait en trois groupes très-inégaux, suivant qu'ils avaient été ou détrompés, ou pervertis, ou immolés. Puis, après cette grande déception, à laquelle rien ne pouvait se comparer dans l'histoire des déceptions humaines, venaient ce qu'il appelait comparativement les petites déceptions du Consulat et de l'Empire et même de la Restauration, à laquelle il reprochait de n'avoir pas été fidèle à son mandat; et comme il me faisait toutes ces confidences vers la fin du règne de Louis XVIII, il trouvait dans l'histoire contemporaine la matière de prédictions d'autant plus sinistres qu'il les fondait sur l'affaissement progressif qui, selon lui, s'était opéré, depuis la fin du dernier siècle, dans le caractère national.

Les tristes observations qu'il avait eu occasion de faire, depuis qu'il avait eu la faculté d'observer, n'étaient pas demeurées inertes. Il en avait tiré des règles de conduite qui étaient pour lui une sorte de morale supplémentaire dans ses rapports avec les hommes et avec les choses. Je fus un jour témoin, et témoin très-ému, de l'application qu'il en fit dans une circonstance qui se présentait pour la seconde fois et qui lui avait déjà fourni l'occasion d'un triomphe sur une tentation d'amour-propre non-seulement innocente, mais, à raison de ses titres littéraires, plus que légitime. Un fauteuil était vacant à l'Académie française, et le double service rendu par M. la Romiguière comme professeur et comme écrivain, comptait assez d'appréciateurs parmi les membres de l'illustre compagnie pour assurer son élection, s'il n'y mettait pas obstacle. Un académicien dont j'ai oublié le nom, vint de la part de ses confrères, renouveler la tentative qui avait échoué quelques années auparavant. Les motifs que M. la Romiguière avait eus alors pour décliner cet honneur, n'ayant pas changé, sa réponse ne changea pas non plus. Mais il ne les déduisit pas devant le négociateur, de la même manière qu'il les déduisit devant moi, quand nous fûmes seuls. L'idée de faire partie d'un corps littéraire quelconque, plus exposé, selon lui, qu'aucune autre association d'hommes, à tous les entraînements et à tous les vertiges, était pour lui un véritable cauchemar. Le rôle qu'avaient joué tant de plumes vénales dans l'exploitation de toutes les peurs et de tous les vices, au profit de tant d'usurpations successives, n'était pas sorti de sa mémoire, pas plus que les prodiges de servilité contagieuse par lesquels s'étaient signalés les corps politiques qui passaient pour représenter la France sous la Terreur et sous l'Empire. De tous ces scandales dont une grande partie s'était passée sous ses yeux, il concluait que la responsabilité collective, substituée à la responsabilité personnelle, était plutôt un piége qu'une sauvegarde pour les caractères timides ou indécis, surtout quand cette timidité ou cette indécision se trouvait alliée à une tournure d'esprit sophistique qui suggérait des réponses spécieuses à toutes les objections qu'on se faisait à soi-même. Rien n'était plus dangereux, selon lui, qu'une trop grande disproportion entre la culture intellectuelle et le caractère, quand cette disproportion est à l'avantage de l'intelligence et que le temps où l'on vit demande des résistances énergiques. Et là-dessus mon interlocuteur, ou plutôt mon prédicateur, donnant à sa parole un accent de plus en plus pénétrant, faisait une revue rétrospective des grandes tentations et des grandes chutes dont il avait été témoin et dont le souvenir était trop vivace pour laisser en lui la moindre prise aux déceptions de l'amour-propre, surtout dans un moment où tout présageait, selon lui, une nouvelle catastrophe politique qui pourrait bien ne pas se montrer moins exigeante que les précédentes.

C'était la première fois que j'entendais ce vétéran de nos luttes philosophiques parler avec toute sa verve méridionale, dissimulée jusqu'alors sous un calme imperturbable, comme s'il avait voulu la tenir en réserve pour les grandes occasions. Si son but fut de laisser dans l'âme de son auditeur une impression ineffaçable, il put se vanter de l'avoir atteint; car, toutes les fois qu'en lisant l'histoire de notre révolution ou toute autre histoire, j'ai trouvé des exemples de ces scandaleux entraînements contre lesquels la probité purement passive est impuissante à se défendre, je me suis souvenu de la thèse de M. la Romiguière, et j'en ai d'autant plus vénéré sa mémoire. Mais il restait toujours à remplir la grande condition que l'abbé le Priol avait assignée à mon progrès, dans la direction la mieux appropriée, selon lui, à mes aptitudes spéciales. Cette condition était, comme je l'ai dit, l'obligation de parler, à jour fixe, devant un auditoire composé de notabilités politiques, littéraires ou sociales qui, n'ayant pas besoin d'être initiées aux connaissances historiques proprement dites, me contraindraient à me placer à un point de vue plus élevé, pour substituer au simple exposé des faits des considérations qui ne fussent ni trop banales ni trop ambitieuses. Or je savais que le sentier qui conduisait aux sommités universitaires, ne serait jamais praticable pour moi. Il fallait donc, à défaut de la grande route qui m'était fermée, chercher quelque chemin de traverse à l'aide duquel je pusse, pour ainsi dire, tourner la position. Une circonstance tout à fait imprévue vint fort à propos, sur la fin de 1814, m'ouvrir une perspective éblouissante qui semblait me promettre un prompt dédommagement de tous mes désappointements passés, puisque j'allais être placé sous le patronage immédiat du comte d'Artois, en devenant membre de la Société des Bonnes-Lettres dont Son Altesse Royale était président honoraire et le vicomte de Chateaubriand président effectif. Quelle brillante destinée l'association de ces deux noms ne promettait-elle pas à un candidat qui réunissait dans sa personne les titres de chouan et de Breton ! Malheureusement aucun de ces deux personnages ne fut instruit ni de ma position, ni de mes services, ni même de mes succès ; et si plus tard je pus enfin satisfaire la curiosité que m'inspirait depuis longtemps l'illustre auteur du *Génie du Christianisme*, je dus cette faveur, non pas aux relations que je m'étais flatté d'avoir avec lui, comme membre d'une association qu'il présidait, mais à une circonstance tout à fait étrangère au rôle que cette même association m'avait assigné et que je remplissais pourtant de manière à ne pas trop faire repentir de leur choix ceux qui m'y avaient fait entrer.

Quoi qu'il en soit, je compris, dès le premier jour, que cette épreuve était décisive pour moi, et je résolus d'agir en conséquence. Mon premier discours, qui fut fort applaudi, me donna immédiatement des patrons dans la presse et dans l'Institut ; car la société des Bonnes-Lettres comptait parmi ses membres actifs presque tous les académiciens dévoués à la dynastie régnante, Villemain, Auger, Roger, Michaud, Lacretelle, etc., sans compter ceux qui représentaient les autres classes de l'Institut ou même l'Université, comme Laurentie, Pariset, Saint-Martin et surtout le savant et spirituel Abel Rémusat qui avait le don de revêtir son érudition des formes les plus attrayantes, sans affaiblir en rien la portée de ses thèses philosophiques ou historiques.

Malheur au débutant que le programme, arrêté d'avance, obligeait à prendre la parole après lui ou après le docteur Pariset, le plus pétillant et le plus applaudi de tous les improvisateurs qui s'aventuraient devant cet auditoire d'élite, plus difficile à émouvoir qu'à contenter. Il y avait des jours où il était composé de manière à mériter la qualification de frivole, et alors l'épreuve était rude pour l'orateur inexpérimenté qui prenait son sujet trop au sérieux et qui ne savait pas se faire pardonner ce tort, alors bien rare, par des allusions aux controverses passionnées qui occupaient et divisaient les esprits.

Les séances étaient combinées de la manière la plus charitable pour les orateurs qui n'avaient pas encore fait leurs preuves et qui n'auraient pas pu attirer un auditoire suffisant, si leur nom n'avait pas été associé, sur le programme, à celui d'une notabilité littéraire ou scientifique dont le succès était assuré d'avance. Ce fut ainsi que l'annonce d'un réquisitoire de M. Laurentie contre Voltaire, me procura, pour mon discours d'ouverture, malgré tous les désavantages de la comparaison, un auditoire intelligent et sympathique dont les applaudissements me prouvèrent que je ne risquais rien en traitant sérieusement les sujets sérieux. Les encouragements de la presse, tant officielle qu'indépendante, ne me manquèrent pas non plus, et le journal *le Globe*, l'organe littéraire le plus accrédité de l'opinion libérale, n'en fut pas moins bienveillant dans l'appréciation qu'il fit de mes débuts.

Ce que je redoutais par-dessus tout, c'était d'être obligé de prononcer, à des intervalles déterminés, des discours qui n'auraient aucune liaison les uns avec les autres, et qui ne laisseraient dans l'esprit de mes auditeurs que des impressions fugitives qui ne seraient d'aucun profit ni pour eux, ni pour moi. D'un autre côté j'avais à craindre, si je me lançais dans les questions de doctrine, surtout dans celles qui étaient alors à l'ordre du jour, de me trouver en désaccord avec mes nouveaux patrons et de ne pas répondre à leur attente. Ce que j'aurais aimé par-dessus tout, c'eût été de faire un appel à mon auditoire en faveur des Hellènes dont la cause n'était pas moins sacrée à mes yeux que celle des Vendéens et des Bretons dans les jours de la terreur, et il me semblait que cette assimilation, dont l'idée n'était encore venue à personne, me fournirait des mouvements oratoires auxquels mes souvenirs personnels donneraient un accent doublement pathétique. Ma tête était si bien montée sur ce thème si fécond, qu'il me semblait n'avoir à me défier que de son abondance même, et je me livrais à toutes les illusions que peuvent enfanter les aspirations de l'amour-propre mis en fermentation par l'enthousiasme du cœur. Mais le moment n'était pas encore venu, et l'honneur de cette courageuse initiative, devant des auditeurs prévenus ou imparfaitement convertis, était réservé à une voix plus éloquente et plus autorisée que la mienne. Cette voix était celle de l'historien Lacretelle, laquelle s'était élevée plus d'une fois en faveur d'autres victimes et avait acquis le droit de n'être pas récusée. Pour apprécier tout le mérite de cette manifestation regardée par la plupart de ses collègues comme intempestive, il ne faut pas oublier que, par suite du rôle important joué par certains réfugiés français dans l'insurrection grecque, les vœux pour les insurgés étaient bien rares ou bien timides dans les hautes régions du pouvoir et surtout à la cour. Un capitaine des gardes me disait un jour, en guise d'argument sans réplique, que faire des vœux pour les Grecs, c'était proclamer avec Lafayette que l'insurrection était le plus saint des devoirs, et il citait, à l'appui de son opinion, des autorités plus imposantes que la sienne. Il ne se doutait pas qu'en se faisant ainsi le champion de la légitimité musulmane, il travaillait à détruire le prestige de toutes les autres légitimités.

On comprend que ce point de vue ne pouvait pas être, d'une manière absolue, celui d'une société qui avait Chateaubriand pour président ; mais on comprend aussi que des motifs de haute convenance aient fait supprimer les manifestations trop éclatantes. Il y avait déjà quelque temps que cette suppression était à l'ordre du jour, quand Lacretelle, usant du droit que lui donnaient son âge, ses services et ses opinions bien connues, vint faire à son auditoire qui était aussi le mien, la surprise dont je viens de parler. Son succès fut aussi complet qu'il pouvait l'être devant une assemblée qui n'osait pas se livrer à des manifestations trop fortement accentuées ; mais le coup était porté, et l'on avait constaté qu'à peine quelques murmures s'étaient mêlés aux applaudissements qui avaient couvert à plusieurs reprises la voix de l'orateur. Il n'était donc pas tout à fait impossible de faire valoir impunément les titres du peuple grec, sinon à l'admiration, du moins à la sympathie progressive de mon auditoire. Pour écarter peu à peu les préjugés qui pouvaient faire obstacle à ma propagande, je résolus de faire l'essai d'un traitement préparatoire, en développant, sans la moindre allusion aux événements contemporains, une thèse historique qui était devenue ma thèse favorite, parce qu'elle était un plaidoyer indirect en faveur des victimes qui, depuis cinq ans, invoquaient en vain la sympathie active des nations chrétiennes ; cette thèse était, qu'après la race d'Abraham, la race hellénique était celle qui avait le plus de titres à la reconnaissance des peuples. La supériorité intellectuelle proprement dite, c'est-à-dire celle qui se constate par les génies poétique, philosophique et scientifique d'un peuple ne pouvant ici être la matière d'aucun doute, je n'eus pas la prétention d'être neuf dans le tableau que je traçai des conquêtes faites par les Grecs dans cette triple direction. Mais je fus un peu plus ambitieux quand j'abordai ce qui était dès lors mon sujet de prédilection, je veux dire l'appréciation des causes patentes et occultes du progrès et de la décadence des beaux-arts.

Je résolus donc d'aborder mon sujet par son côté le plus inoffensif et en même temps le plus intéressant au point de vue de la nouveauté; je veux dire par le côté esthétique, jusqu'alors peu accessible à mes recherches, tant à cause de mon inexpérience qu'à cause de l'extrême pénurie de notre littérature en productions de ce genre. Heureusement je trouvais un remède partiel à mon ignorance dans les indications du savant M. Letronne qui voulait bien me servir de guide dans ces ténèbres et me faisait lire, en guise d'initiation, les ouvrages les moins classiques de l'antiquité grecque, comme Athénée, Diodore, Pausanias et plusieurs autres dont les noms mêmes m'avaient été jusqu'alors parfaitement inconnus.

Dans des circonstances ordinaires, tout cet étalage d'érudition superficielle aurait pu me porter malheur; mais la controverse relative à la question grecque était tellement ardente que tout s'échauffait, même les thèses purement historiques, au contact des passions qui l'alimentaient. Le moment ne pouvait donc être mieux choisi pour se faire pardonner même par des auditeurs frivoles, l'appréciation des services rendus par la Grèce à la civilisation, en prenant ce mot dans son acception la plus élevée et en insistant plus spécialement sur les conquêtes du génie grec dans le domaine du beau, conquêtes d'autant plus glorieuses que nul autre peuple n'y avait même aspiré et qu'elles étaient le résultat d'une mission providentielle dont on ne pouvait pas dire que c'était *un présent de nul prix*.

Je laissai donc entrevoir ma thèse de prédilection et je terminai mon discours d'ouverture par ces paroles qui donnèrent lieu à des appréciations très-diverses :

« D'ailleurs le témoignage des beaux-arts supplée sou-
« vent au témoignage des peuples, et, comme on a fort
« bien dit, si les hommes se taisent, les pierres mêmes
« peuvent cesser d'être muettes. Ainsi les beaux-arts
« deviennent les auxiliaires de l'histoire, ou plutôt ils
« sont l'histoire même écrite en gros caractères. Ils con-
« servent les images vivantes de ce que la reconnais-
« sance publique a de plus cher et ils peuvent servir à
« inaugurer dans nos temples, une ère nouvelle pour les
« libertés publiques. »

C'était une allusion assez peu transparente à la peinture plus politique que religieuse dont le pinceau de Gérard venait de décorer la coupole de Sainte-Geneviève. Cette espèce de consécration de la Charte constitutionnelle n'avait pas été du goût de tout le monde, et les opinions, sur ce point, s'étaient partagées, comme sur celui de l'insurrection des Hellènes.

Mais mon programme esthétique, quelque limité qu'il fût, contenait des promesses que j'étais hors d'état de remplir. La littérature française, comme je l'ai dit plus haut, était alors si pauvre en productions de ce genre, qu'on y aurait vainement cherché, je ne dis pas quelque chose de neuf, mais quelque chose de systématique et de suivi sur cette branche des connaissances humaines, qui touche à la fois à la philosophie, à la poésie et à l'histoire, et qui avait occupé une si grande place dans les méditations de Platon et même dans celles d'Aristote. D'un autre côté, il y aurait eu de la témérité, avec les faibles ressources dont je disposais, à espérer vaincre l'indifférence d'un auditoire pour qui cet ordre d'idées ne se rattachait à rien. Je lui présentai donc, moins pour l'instruire que pour le distraire, un tableau assez animé des luttes héroïques soutenues par les Grecs contre le despotisme asiatique, et je réservai pour une autre destination le fruit de mon travail de prédilection, c'est-à-dire de celui que je commençai dès lors sur l'histoire de l'art grec, dans ses diverses périodes, et sur ses rapports avec le génie et la religion nationale.

Là finit ma tâche de l'année 1825 qui, en m'ouvrant des horizons nouveaux dans le domaine de la politique et dans celui de l'histoire, me remplit d'une nouvelle ardeur pour en continuer l'exploration, et j'attendis, avec une anxiété facile à comprendre, l'hiver de 1826.

Bien qu'il restât encore beaucoup a dire sur le génie grec et la civilisation grecque, bien que mon auditoire m'eût donné les preuves les moins équivoques de la bonne intelligence qui n'avait cessé de régner entre nous, je ne pouvais pas, malgré la richesse de la mine que j'avais commencé d'exploiter, revenir sur un sujet qu'on avait presque eu le droit de regarder comme épuisé. D'ailleurs mes nouveaux patrons m'avaient demandé d'appliquer à l'histoire du peuple romain et à l'appréciation de son génie, le même procédé que j'avais appliqué, sous ce double rapport, au peuple grec.

Ici les digressions dans le domaine des beaux-arts étaient à peu près impossibles. Il fallait se vouer presque exclusivement aux considérations politiques pour toute la période qui correspond au développement normal des institutions républicaines. M. Roger, qui avait pris, en quelque sorte, la responsabilité de mes succès et qui voulait les assurer en les variant, trouvait moyen de renforcer mon auditoire habituel par un auditoire accidentel qu'attirait l'importance politique ou la renommée littéraire de l'orateur auquel on me faisait l'honneur de m'associer ; et grâce aux encouragements que me procura cette association souvent répétée, j'osai aborder des problèmes que je n'avais envisagés de loin qu'avec une extrême défiance.

Que signifie, dans l'histoire romaine, cette scandaleuse coïncidence de la décadence des mœurs et des caractères avec la floraison de la littérature nationale ? Quelle est la valeur de cette apothéose traditionnelle décernée par les admirateurs de Virgile et d'Horace à l'heureux triumvir que ces deux poëtes ont, en quelque sorte divinisé ? Dans quel sens et avec quelles restrictions peut-on dire que ce qu'on appelle *le siècle d'Auguste* fut l'ouvrage de cet usurpateur en qui l'imagination et la conscience n'étaient pas moins muettes que le cœur? Questions brûlantes et susceptibles de plus d'une application rétrospective qu'il n'était permis de faire, du moins les deux dernières, que par voie d'insinuation. Mais il y en avait une quatrième qui les dominait toutes et qui m'intéressait plus particulièrement à cause d'une circulaire inqualifiable émanée de la commission d'instruction publique, pour recommander aux professeurs d'histoire d'apprendre à leurs élèves à aimer par-dessus tout le gouvernement monarchique. Cette prescription impérieuse, qui ne faisait aucune distinction entre les temps anciens et les temps modernes, m'avait laissé une secrète rancune que je trouvais enfin l'occasion de satisfaire. Après avoir appliqué le mot sacramentel de *légitimité* à la république romaine, j'osai faire de Brutus et de Caton des *légitimistes* et même des martyrs de ce dogme non moins respecté par les vrais républicains que par les vrais monarchistes. Puis, après avoir tracé un tableau très-sombre des misères intellectuelles du régime impérial, je remis à l'année suivante la continuation du même sujet, au point de vue de la décadence des beaux-arts, qui devenait chaque jour davantage mon point de vue de prédilection.

Les patrons sous les auspices desquels j'étais entré dans la Société des Bonnes-Lettres, avaient essayé, à plusieurs reprises, de récompenser ce qu'ils appelaient mes services, en usant de leur influence pour me procurer une position qui fût comme un premier pas pour sortir de la carrière sans issue dans laquelle les circonstances, plus que mon choix, m'avaient fatalement engagé. Une mesure ministérielle, qui eut tout le retentissement d'un événement politique, vint enfin, en 1827, leur offrir le moyen de réaliser leurs intentions bienveillantes. L'impopularité croissante du ministère dont M. de Villèle était le chef, avait donné à la polémique de la presse périodique un caractère d'hostilité tellement alarmante, sinon pour la royauté, du moins pour les ministres, qu'ils crurent devoir recourir au rétablissement de la censure comme à un remède d'urgence contre les doctrines qu'ils accusaient de corrompre chaque jour davantage l'opinion publique.

Il ne s'agissait de rien moins que de remettre à flot le vaisseau de la monarchie, me disait, pour exciter mon zèle, le négociateur qui s'était chargé de me faire accepter les fonctions de censeur, en y joignant la perspective d'une place de maître des requêtes au conseil d'État. La tentation était d'autant plus dangereuse, que je ne voyais dans la censure, si elle était consciencieusement exercée, rien de contraire aux exigences de l'honneur, surtout dans un temps où les journaux qui servaient d'organes aux passions révolutionnaires, n'étaient pas moins hostiles à l'autorité religieuse qu'à l'autorité politique. Mais en admettant la légitimité et même l'honorabilité des fonctions dont on voulait m'investir, il y avait une question préalable à résoudre, celle de la compétence; et la mienne était déjà si douteuse à mes propres yeux, qu'elle ne pouvait manquer de l'être bien davantage aux yeux des écrivains dont j'aurais à réprimer les écarts. S'il s'agissait de conférer une magistrature, il fallait choisir un homme dont l'expérience et la gravité pussent faire oublier qu'il n'était pas magistrat; si, au contraire, il s'agissait tout simplement d'une mesure de police, dirigée contre les abus possibles de la presse, ce n'était pas dans la Société des Bonnes-Lettres qui, par suite des attaques dont elle avait été l'objet, avait besoin, plus qu'aucune autre, de la considération qui s'attache à l'impartialité, ce n'était pas dans une pareille société, ouvertement patronée par le roi, qu'il fallait recruter des agents pour cette surveillance sournoisement préventive. D'ailleurs, l'ambition littéraire, qui commençait à poindre en moi et que mes petits succès semblaient justifier, ne me permettait pas d'entrer, sous des auspices trop impopulaires, dans la carrière encore très-hasardeuse qui s'ouvrait devant moi. Le résultat de mes délibérations fut donc un refus formel, bien que l'ordonnance royale, qui rétablissait la censure, eût déjà paru dans le *Moniteur*, avec le nom du baron Cuvier et le mien. Une telle notabilité, à la fois scientifique et politique, pouvait presque donner une sanction à une mesure même illégale. Mais le grand homme ne dédaigna pas de suivre mon exemple, et on le vit, pour la première fois, se départir de ses habitudes de déférence vis-à-vis d'un pouvoir à la durée duquel il ne croyait plus. A dire vrai, il y avait quelque chose de plus fort que notre répugnance personnelle, qui rendait notre acceptation impossible : c'étaient les symptômes d'opposition qui avaient éclaté simultanément dans plusieurs corps littéraires, tant à Paris qu'en province, à l'occasion des débats passionnés auxquels avait donné lieu la fameuse *loi d'amour*, qui menaçait d'entraver autre chose que la liberté de la presse périodique. L'Académie française avait été la première à sonner le tocsin d'alarme, et pour ôter à ses remontrances tout caractère d'opposition dynastique, elle avait choisi pour organes ceux de ses membres qui offraient le moins de prise à toute suspicion de ce genre, et elle les avait chargés de rédiger une adresse qu'ils iraient ensuite présenter au roi comme l'expression des sentiments qui animaient l'illustre compagnie.

Non-seulement la réponse royale avait été négative, mais les trois académiciens auxquels était échu le principal rôle dans cette manifestation moitié littéraire et moitié politique, avaient été frappés de destitution en vertu d'une décision du conseil, trop empreinte d'ingratitude et d'imprévoyance pour qu'il fût permis de supposer que le roi en eût pris l'initiative. Quoi qu'il en soit, M. Lacretelle avait été privé de ses fonctions de censeur dramatique, M. Villemain de celles de maître des requêtes, et l'on avait, pour ainsi dire, fermé les portes du palais à M. Michaud, en ôtant son titre de lecteur du roi à ce vieux serviteur des plus mauvais jours.

Bien qu'il n'y eût rien d'illégal dans ces mesures, l'opinion publique s'en était émue comme s'il s'était agi d'une violation de la Charte, et les manifestations sympathiques étaient venues de toute part, du camp des royalistes comme de celui des libéraux, aux trois victimes des rancunes ministérielles, et victimes d'autant plus intéressantes, que la sympathie dont elles avaient été l'objet, passait pour n'avoir pas été étrangère à l'échec essuyé par la *loi d'amour* dans la chambre des pairs. Or c'était pour réparer cet échec, ou du moins pour en atténuer les effets, que le ministère avait eu recours au remède désespéré de la censure, et c'était nous qu'on avait choisis de préférence pour l'administrer!

Dans cet état de choses, la conséquence de notre refus était facile à prévoir; c'était notre participation immédiate à la brillante popularité des trois académiciens qui avaient ouvert la lice, et dont la disgrâce était un avertissement pour moi beaucoup plus que pour M. Cuvier à qui sa renommée européenne était une garantie d'inviolabilité. C'était donc à moi, dont la carrière était très-compromise, que revenait la meilleure part dans les éloges dont notre conduite était l'objet, et comme on ne pouvait insérer dans les journaux ni ces éloges ni les témoignages de bruyante sympathie qu'on donnait partout aux héros du jour, on suppléait au silence de la presse périodique par des brochures auxquelles des noms comme ceux de Villemain, de Salvandy, de Kératry, de Chateaubriand, garantissaient d'avance un succès proportionné à l'impopularité de leurs adversaires.

Dans toutes ces brochures, mon nom figurait avec les accompagnements obligés d'une pareille distinction; mais dans la brochure de Chateaubriand, il y avait quelque chose de plus; il y avait une mention affectueuse de nos prouesses enfantines de 1815, dont le souvenir, non moins stérile pour moi que pour mes compagnons d'armes, était resté enfoui dans les colonnes du *Moniteur*. Jamais ni eux ni moi n'avions eu la prétention d'élever ce souvenir à la hauteur d'un fait historique; nous avions trop la conscience de la nullité de notre influence sur les événements des Cent-Jours; mais la question prenait un autre aspect sous un patronage comme celui de Chateaubriand qui, en sa qualité de poëte et de Breton, fut le premier à nous révéler le côté poétique de cette naïve et généreuse insurrection. Le moment était on ne peut mieux choisi; car la fusion entre les diverses nuances de l'opposition était alors si complète, qu'on passait tout à notre panégyriste en faveur des services qu'il semblait vouloir rendre à la liberté.

Cette glorification toute gratuite, jointe au lien d'une patrie commune, ne pouvait manquer d'établir entre nous des relations que la vivacité de ma reconnaissance aurait dû rendre cordiales; mais je ne parvins jamais à surmonter une certaine gêne que me causait son attention peu soutenue et pas assez manifestement bienveillante. Je trouvais plus de charmes dans le commerce des nouveaux amis qui n'avaient pas eu à descendre de si haut pour s'abaisser jusqu'à moi, ou qui avaient su me faire illusion sur la distance qui nous séparait.

Aux félicitations publiques se joignirent les félicitations privées, dont les plus précieuses pour moi sont consignées dans une lettre que m'écrivait, du collége de Sainte-Barbe, un élève destiné à une précoce célébrité :

« Madame Davidoff vient de m'apprendre, mon cher
« monsieur Rio, la générosité que vous avez montrée
« dans cette dernière affaire. Permettez-moi, comme
« ami, de vous en féliciter; comme Français, de vous en
« témoigner toute ma reconnaissance.

« Pour quelques avantages du côté de la fortune que
« vous auriez pu retirer de cette place dégradante, vous
« avez acquis l'estime de la nation qui, heureusement,
« fait bande à part de ceux qui la gouvernent. Je n'ai
« jamais pu croire que vous eussiez définitivement ac-
« cepté malgré la formidable autorité du *Moniteur*.
« Votre acceptation eût été une véritable perversion.

« Ch. de Montalembert. »

Ma détermination n'était pas faite pour aplanir les

difficultés que je rencontrais au début de ma carrière. Peu importait aux dépositaires du pouvoir que j'eusse exposé ma vie pour les Bourbons en 1815. Ce souvenir, loin d'être un titre à une rémunération quelconque, constituait une circonstance aggravante, à cause du parti qu'en avaient su tirer les orateurs et les écrivains de l'opposition tant royaliste que libérale. C'était un beau patronage en perspective, mais qui pouvait se faire longtemps attendre. Il fallait donc parer à toutes les éventualités, et profiter de la faveur imprévue qui s'était attachée à mon nom, pour acquérir des titres plus durables à la notoriété littéraire que j'ambitionnais.

La manière dont j'avais étudié l'histoire ancienne et particulièrement l'histoire grecque, c'est-à-dire en y cherchant plutôt des idées que des faits, m'avait entr'ouvert un point de vue qui me causait une sorte d'éblouissement par la richesse des développements dont il était susceptible; mais cette richesse ne s'étendait pas également à toutes les parties, et celles dans lesquelles je sentais le plus mon incompétence étaient malheureusement les plus importantes. Outre que mes études philosophiques avaient été très-superficielles, je n'avais découvert que lentement l'obstacle que cette lacune mettait à mon progrès intellectuel, et mes efforts tardifs pour la remplir, avaient eu pour résultat, non pas de m'initier à la science philosophique, mais de me faire connaître la place que cette science occupe dans l'histoire de l'humanité. Mon initiation aux autres sciences, naturelles ou exactes, était encore moins avancée, et cependant je ne désespérai pas de pouvoir tracer un tableau synthétique dans lequel toutes les conquêtes de l'intelligence humaine trouveraient une place proportionnée, non pas à leur importance intrinsèque, mais à mon appréciation personnelle.

Mon point de départ avait été cette grande pensée de Pascal : « Toute la suite des hommes pendant « tant de siècles, doit être considérée comme un même « homme qui subsiste toujours et qui apprend conti- « nuellement. » Il y avait dans ces paroles un certain air imposant par lequel je fus longtemps subjugué. Mais à mesure que j'avançais dans mon travail, j'étais de plus en plus frappé du démenti que les faits intellectuels, étudiés dans leurs phases diverses, semblaient donner à l'assertion de Pascal. En décomposant les facultés de l'homme telles qu'elles ressortent de ses conditions psychologiques et du milieu social dans lequel il vit, on arrive à ce résultat non moins instructif pour les législateurs que pour les philosophes : c'est que, dans la vie des peuples le plus favorablement constitués, il y a une période de décadence dans laquelle ce qu'ils apprennent est loin de faire équilibre à ce qu'ils désapprennent, comme on peut le voir, plus clairement que partout ailleurs, dans l'histoire du peuple grec, celui de tous les peuples de l'antiquité dont la destinée intellectuelle avait été la plus complète et qui avait été le plus largement dédommagé de sa décadence par ses découvertes scientifiques.

Ici je me retrouvais sur mon terrain de prédilection, sur celui des beaux-arts, dont la floraison avait marché de pair avec celle de la poésie sous toutes ses formes, même sous la forme philosophique dans certaines œuvres de Platon, et dont la décadence n'avait pu être arrêtée par le patronage des successeurs d'Alexandre, ni même par les prescriptions didactiques du clairvoyant Aristote;

comme si tous les remèdes étaient venus échouer contre l'épuisement du génie national.

Rien ne pouvait être à la fois plus intéressant et plus instructif que ce contraste entre les deux périodes de la vie d'une même nation, surtout quand il s'agissait d'une nation dont la vitalité avait été si féconde. Il me semblait qu'à force d'étudier ses vicissitudes intellectuelles, on pourrait arriver à en déduire certaines lois dont on trouverait la sanction, au moins approximative, en les appliquant à d'autres peuples moins favorisés sous le rapport des dons qui ont élevé si haut le peuple grec. Mais ma vue était beaucoup trop faible pour mesurer un si vaste horizon. Tout ce que je pouvais faire en attendant que j'eusse complété mes acquisitions historiques, c'était de m'aider de celles d'autrui. Sous ce rapport, mon bonheur dépassa de beaucoup mes espérances.

Il était impossible d'apprécier complétement le génie grec sans faire entrer dans cette appréciation la part d'influence exercée par les traditions orientales et particulièrement par les traditions religieuses. C'était pour moi comme un abîme sans fond dans lequel je ne pouvais manquer de me perdre; car, à cette époque, l'érudition de nos orientalistes n'en avait pas encore sondé toutes les profondeurs, et le nombre des initiés était infiniment plus restreint qu'il ne l'est aujourd'hui. Heureusement pour moi, les deux initiateurs les plus compétents de cette époque, Abel Rémusat et Eugène Burnouf, comprirent la portée de la thèse que je me proposais de développer, et ce fut grâce à leur concours sympathique que je pus donner à la partie de ces développements qui concernait la civilisation orientale, un intérêt assez soutenu pour me faire pardonner ma téméraire excursion dans un domaine qui m'était complétement étranger.

La découverte que je rapportais ou que je croyais rapporter de cette excursion, faite sous des auspices si rassurants, c'était que les lois immuables qui règlent la marche de l'esprit humain, pouvaient désormais s'appuyer sur des exemples pris ailleurs que dans l'antiquité classique, ce qui donnerait aux preuves tirées de l'analogie une valeur à laquelle les études historiques et philologiques ajouteraient chaque jour quelque chose.

Tout contribuait donc à renforcer l'espoir que je fondais sur les communications importantes que j'avais à faire à mes lecteurs, et j'aurais presque cru faire injure à mes patrons, à la tête desquels était Chateaubriand lui-même, si j'avais douté de l'accueil que ce qu'on appelait, dans le jargon du temps, le *public éclairé* ferait à mon ouvrage. Je me décidai donc à ne pas attendre que la sympathie chaleureuse que m'avait value mon refus de censure, se fût refroidie, et je me décidai à publier le premier volume, non sans redouter les jugements sévères que m'attirerait la disproportion qu'il y avait entre son contenu et la promesse présomptueuse que je mettais en tête. Un livre qui s'intitulait : *Essai sur l'histoire de l'esprit humain dans l'antiquité*, aurait paru, dans les circonstances ordinaires, fort étrange de la part d'un débutant, et aurait excité, pour le moins, autant de défiance que de curiosité ; mais, avec le nom de Chateaubriand auquel j'avais ambitieusement dédié mon œuvre, avec les noms plus sérieusement significatifs de MM. Abel Rémusat et Eugène Burnouf, que j'invoquais non-seulement comme mes patrons, mais presque comme mes collaborateurs, avec ma récente popularité qui était pour moi une sorte d'armure défensive contre la critique la plus légitime, mais surtout avec les dispositions bienveillantes dont les organes les plus accrédités de la presse périodique étaient animés à mon égard, je n'avais pas à craindre ce genre d'échec qui arrête tout court un écrivain au début de sa carrière. Je pouvais même compter hardiment sur quelque chose de plus qu'un succès d'estime. Seulement je courais risque de surfaire, au profit de ma vanité littéraire, mais au détriment de mon progrès futur, la valeur des éloges dont l'apparition de mon premier volume devait être le signal. A vrai dire, c'était bien plus une récompense qu'on me décernait qu'une justice qu'on me rendait; mais le public n'était pas à même de faire cette distinction, et la critique de mes juges, devenus presque tous mes coreligionnaires politiques, fut tellement indulgente, qu'au bout de quelques mois, la première édition du premier volume se trouva épuisée, mais sans exciter dans mes lecteurs l'impatience de voir paraître le second.

Il y eut cependant une exception bien flatteuse pour moi et bien propre à me donner le courage de poursuivre ma tâche jusqu'au bout. Depuis que par suite de l'ordonnance qui nous conférait les fonctions de censeur, mon nom avait été associé à celui du baron Cuvier dans les manifestations sympathiques auxquelles notre refus avait donné lieu, il s'était établi entre nous des relations dont je me croyais en droit d'être fier, tout en les cultivant avec une extrême discrétion. Quelles ne furent pas ma surprise et ma joie quand, quelques jours après celui où je lui avais fait hommage de mon livre, je reçus une lettre par laquelle il m'invitait à venir en causer avec lui, pour éclaircir certaines questions dont la solution l'intéressait plus particulièrement. Lui seul entre toutes les notabilités scientifiques et littéraires dont j'avais humblement ambitionné le suffrage, avait démêlé, à travers tout le fatras dont mon premier volume était rempli, la seule idée qui pût avoir quelque valeur à ses yeux à cause des développements dont elle était susceptible. Cette idée était aussi celle à laquelle j'avais attaché le plus d'importance, quoique je n'en eusse pas aperçu d'abord toute la portée. M. Cuvier n'avait eu besoin de lire que mon préambule pour comprendre le plan et la tendance de mon ouvrage. Le passage sur lequel il tenait le plus à se faire donner des explications, était celui-ci :

« L'histoire s'accorde avec la psychologie pour re-
« connaître que dans la jeunesse des sociétés l'imagina-
« tion est la faculté dominante, que dans leur âge mûr
« elle se combine avec l'observation, et que quand elles
« vieillissent l'observation reste seule. »

A un homme qui devait ses plus beaux titres de gloire à ses travaux scientifiques, il devait coûter un peu d'avouer, je ne dis pas l'infériorité des sciences, mais l'incompatibilité, au moins apparente, de leur floraison avec celle de la poésie et des beaux arts et de tout ce qui tient, de près ou de loin, au culte de l'idéal, sans lequel l'imagination humaine n'avait plus d'issue pour sortir de sa prison terrestre.

Dans mon premier volume, que M. Cuvier tenait entre ses mains, je n'avais fait que poser ma thèse, sans être sûr de pouvoir en donner la démonstration dans le second, car il ne s'agissait de rien moins que de tracer un tableau de la décadence des plus précieuses facultés humaines à côté du tableau des grandes conquêtes scientifiques inaugurées par Aristote et continuées par ses successeurs. Le problème à résoudre était celui-ci : ce contraste ou ce rapport inverse entre les produits d'imagination et les produits d'observation, est-il un accident ou est-il une loi?

Mon interlocuteur trouvait ma phraséologie un peu trop vague, et je lui disais que mon éducation scientifique avait été trop élémentaire pour qu'il en fût autrement, d'où je concluais que la partie de ma tâche qui se rapportait au progrès des sciences depuis Aristote jusqu'à l'ère chrétienne, était beaucoup au-dessus de mes forces. Lui soutenait au contraire que six mois d'études bien dirigées suffiraient et au delà pour remplir cette lacune, et je répondis en lui demandant s'il voulait se charger lui-même de cette direction. L'obligeance avec laquelle il accueillit cette première demande, me donna le courage d'en hasarder deux autres qui avaient pour but de m'absoudre du péché de présomption aux yeux de mes lecteurs, et je crus que le meilleur moyen d'obtenir d'eux cette absolution, était de faire peser toute la responsabilité sur M. Cuvier, en leur disant, dans la préface de mon second volume, qu'il s'était engagé, non-seulement à m'aider de ses conseils, mais encore à revoir mon manuscrit et même à corriger mes épreuves.

Avec des garanties si rassurantes, jointes à l'essor que venait de prendre mon ambition littéraire stimulée par la perspective du plus imposant patronage, il était impossible que je ne misse pas sur-le-champ la main à l'œuvre avec toute l'ardeur dont j'étais capable. Un asile charmant que l'amitié m'avait ménagé dans la vallée de Montmorency, au-dessous des côteaux d'Andilly, devint mon cabinet d'étude pendant tout l'été de 1828, et je me disposais à y prolonger mon séjour jusqu'à la fin de l'automne, quand la fortune, par une faveur dont j'étais loin de soupçonner tout le prix, vint tout à coup me placer sous le patronage d'un homme dont l'influence, prépondérante à plusieurs titres, devait dépasser de beaucoup, en ce qui me concernait, toutes les influences antérieures ou postérieures à la sienne. Cet homme, dont le nom est aujourd'hui familier à tous mes lecteurs, depuis la publication du *Récit d'une sœur*, était le comte de la Ferronnays.

Mon principal titre de recommandation à ses yeux n'était ni mon refus de censure qui pouvait être un calcul de ma part, ni ma récente notoriété littéraire qui pouvait être factice ; c'était ma petite expédition de 1815 et surtout le rôle que j'y avais joué, rôle qu'il regardait comme incompatible avec le genre de faiblesse qu'il redoutait le plus dans ceux qui étaient investis de sa confiance. Aussi celle qu'il me témoigna, dès le premier jour, en me parlant des complications de son département qui était celui des affaires étrangères, fut-elle marquée par un degré d'abandon qui me causa presque autant d'embarras que d'émotion, tant je me trouvais au-dessous de la tâche qu'il me destinait et de l'opinion qu'il semblait avoir de moi. Comme je me bornais le plus souvent au simple rôle d'auditeur, ce fut seulement au bout de quelques semaines qu'il put se faire une juste idée de la profondeur de mon ignorance dans la plupart des matières qui avaient un rapport direct ou indirect au département dont il venait d'être chargé. Non-seulement j'étais complétement étranger aux premiers éléments de la science diplomatique proprement dite, mais je n'étais même pas au courant des transactions postérieures à 1815, ni de nos relations avec les diverses puissances qui avaient concouru à ces transactions. Or M. de la Ferronnays arrivait au ministère avec des idées très-arrêtées sur certaines questions de politique étrangère que ses prédécesseurs immédiats n'avaient pas eu le temps ou le courage, je ne dis pas de résoudre, mais même d'aborder franchement. Le caractère du nouveau ministre ne lui aurait pas permis d'adopter leur politique vacillante et dilatoire, lors même qu'il en aurait eu la tentation. D'ailleurs il avait sur eux l'immense avantage d'avoir pu suivre, pendant huit années consécutives, comme ambassadeur de France en Russie, les diverses phases de la politique européenne dans ses rapports avec la grande question du jour, je veux dire la question grecque qui réclamait impérieusement une solution, mais une solution compatible avec les divers intérêts qu'il nous importait de ménager.

L'opinion publique, qui avait été momentanément comprimée par la censure, était, par cela même, plus exigeante que jamais, et aussi plus aveugle dans ses exigences. L'influence des journaux qui lui servaient d'organes, venait souvent entraver les mesures les plus sages et même les plus libérales, sans parler des embarras qui en résultaient pour notre politique extérieure. Ce n'était donc plus avec la seule ressource des dépêches diplomatiques qu'on pouvait se défendre contre les interprétations fausses ou malveillantes; il fallait suppléer à leur insuffisance par une action directe sur la presse étrangère, au moyen de correspondances ou de brochures dont les matériaux seraient empruntés aux documents officiels. Telle était la tâche que j'avais en perspective, et dont le seul énoncé aurait suffi pour me mettre au désespoir, si l'inépuisable bienveillance de mon nouveau patron n'avait pas trouvé moyen de remonter mon courage, en me mettant, pour ainsi dire, en apprentissage auprès de l'homme le plus propre à combler rapidement les lacunes les plus urgentes de mon éducation diplomatique.

Cet initiateur était le comte de Rayneval, envers lequel je contractai alors une dette de reconnaissance que sa mort prématurée ne me laissa pas le temps d'acquitter. L'idée qu'un homme habitué, comme lui, à mesurer du regard les plus vastes horizons politiques, pût porter l'abnégation jusqu'à descendre au niveau de mon ignorance, cette idée m'avait paru d'abord tellement exorbitante, que je ne m'y prêtai qu'avec défiance ; mais ce sentiment ne put pas tenir contre son indulgence compatissante qui ne se démentit pas un instant pendant tout le temps que dura mon initiation. Au bout d'un mois, on la jugea suffisante pour le genre de service auquel on me destinait, et je me trouvai, dès le premier jour, dans des rapports de confiance intime avec M. de la Ferronnays. Comme cette relation a joué un grand rôle dans mes déterminations subséquentes et dans l'emploi que j'ai fait de ma vie et de mes facultés, mon lecteur ne me saura pas mauvais gré de faire poser un instant devant lui cette noble et gracieuse figure qui attira peu les regards de ses contemporains, même de ceux qui se sont érigés, avec ou sans vocation, en dispensateurs de la renommée.

Le comte Auguste de la Ferronnays, descendant d'un compagnon d'armes de Bertrand du Guesclin, avait dans sa personne, dans son âme et dans son caractère, tout ce qu'il fallait pour justifier cette descendance et son origine bretonne. Si quelques bouffées de l'air pestilentiel du xviiie siècle avaient pénétré jusqu'au foyer paternel, l'angélique piété de sa mère l'en avait préservé assez longtemps, pour mettre en sûreté, dans les replis les plus inaccessibles de son cœur, des germes latents qui, après y avoir été préservés intacts à travers les vicissitudes les plus orageuses d'esprit, de cœur et de destinée personnelle, devaient enfin produire, pour l'édification de ceux qui étaient dignes de la comprendre, l'une des plus magnifiques floraisons spirituelles qu'on ait jamais vues.

Ses premières aventures dans l'émigration ne furent favorables ni à son progrès intellectuel ni à son progrès moral. Ce fut seulement quand la vie rude des camps vint remplacer la vie trop oisive des châteaux, que le jeune émigré trouva l'emploi de ses qualités énergiques, mais sans pouvoir partager la satisfaction d'amour-propre que de rares succès, trop chèrement achetés, donnaient à ses compagnons d'armes. Que de fois ne lui avons-nous pas entendu raconter, avec son accent le plus ému, les angoisses patriotiques dont son cœur était saisi, quand il voyait les soldats français plier devant les Autrichiens ou les Russes, dans les rangs desquels le malheur des temps le condamnait à combattre! car il comprenait mieux que la plupart des vétérans de l'émigration, le genre de fanatisme qui avait entraîné les populations à la défense des frontières envahies ou menacées, et il faisait remonter plus haut que 89, la responsabilité des maux auxquels la France était en proie et qui menaçaient de s'étendre à toute l'Europe. Mais son appréciation des effets et des causes ne s'élevait pas encore à la notion de solidarité nationale ou de châtiment providentiel attiré par une longue série de prévarications sur les innocents aussi bien que sur les coupables.

Après les huit campagnes dont se composait l'état de services des émigrés depuis 1792 jusqu'au licenciement définitif de l'armée de Condé en 1801, rien ne manquait à l'éducation militaire du jeune comte de la Ferronnays, et son brillant courage n'avait pas été le seul genre de mérite qui l'eût signalé à l'estime de ses chefs et à l'émulation de ses camarades. Il n'aurait même dépendu que de lui, s'il avait voulu imiter quelques-uns de ses frères d'armes, de conquérir aussi rapidement qu'eux, au service d'une puissance amie, une position digne de ses talents et de son nom ; mais celle que lui avait faite l'amitié toute chevaleresque du duc de Berry, à côté duquel il avait affronté tant de périls, lui réservait une autre destinée.

Au point de vue de l'honneur militaire, l'émigration française, en Allemagne, avait été pour lui une excellente école, et il en avait rapporté des aspirations belliqueuses qu'il fut, plus d'une fois, sur le point de satisfaire. Mais, sous tout autre rapport, l'influence qu'avait exercée sur lui la société de ses compagnons d'exil, lui avait été très-nuisible, et ce n'était pas parmi les émigrés d'Angleterre, du moins parmi les émigrés laïques, qu'il pouvait trouver l'exemple et les lumières dont il avait besoin pour lutter contre les conséquences des doctrines que beaucoup d'entre eux avaient emportées de la mère patrie. Son témoignage, à cet égard, était trop positif et trop corroboré par d'autres témoignages non moins positifs que le sien, pour qu'il soit possible de le révoquer en doute. D'ailleurs, il est parfaitement d'accord avec ceux que j'ai recueillis moi-même, tant à Londres que dans les provinces, il y a près de quarante ans, c'est-à-dire à une époque où les mauvaises impressions que les émigrés avaient laissées après eux, n'avaient pas encore eu le temps de s'effacer de la mémoire de leurs hôtes. Parmi ces témoignages, celui qui m'a paru le plus intéressant et surtout le plus compétent, est celui de l'amiral Sir Philip Durham, qui n'avait pas moins de quatre-vingts ans quand je fis sa connaissance à Londres en 1839, et qui, à cet âge, avait conservé un souvenir si vif et si précis de ses rapports avec la France, que le plaisir qu'il avait à les raconter égalait au moins celui que j'avais à l'entendre. Les trois années qu'il avait passées tant à Paris que dans les provinces, de 1786 à 1789, il les regardait comme les plus heureuses de sa vie, ce qui le disposait naturellement à être plutôt indulgent que sévère dans ses jugements sur nos émigrés. Mais à dater de l'expédition de Quiberon où il avait le commandement d'une frégate, les Français qu'il avait à son bord, et dont il comprenait parfaitement le langage, le scandalisèrent tellement par la licence et l'impiété de leurs propos que, malgré les quarante-six ans écoulés depuis ce scandale, l'impression de dégoût qu'il en avait reçue subsistait encore dans toute sa force. Hélas! qui de nous, plus ou moins septuagénaires, n'a pas connu quelqu'un de ces émigrés politiquement et religieusement incorrigibles sur l'esprit desquels, quand ils en avaient, le xviiie siècle avait laissé son empreinte et qui étaient tout fiers de n'avoir rien appris ni rien oublié?

Pendant les dix années qui s'écoulèrent depuis l'établissement de l'Empire jusqu'à 1814, les émigrés auraient pu puiser dans l'étude des révolutions politiques et religieuses du pays qui leur avait ouvert un asile, des enseignements utiles pour l'avenir. Chateaubriand dit dans ses mémoires : qu'il était épouvanté de l'ignorance où l'on était des principes du gouvernement représentatif, et que ce fut pour y remédier qu'il écrivit *la Monarchie selon la Charte*. L'occasion était belle pour observer de près le jeu de cette machine constitutionnelle si prônée par Montesquieu et si peu comprise par ceux-là mêmes qui avaient la prétention d'être ses disciples. Il y avait là matière à d'utiles considérations sur l'anglomanie superficielle des législateurs de 1789 et sur les emprunts qu'ils avaient cru ou prétendu faire à l'expérience séculaire de nos voisins.

Mais il y avait une autre étude encore plus intéressante et surtout plus susceptible d'une application immédiate pour ceux d'entre les réfugiés français qui avaient conservé, dans les misères de l'exil, quelque activité intellectuelle : c'était l'étude de la révolution puritaine de 1640 dans ses rapports avec l'émigration anglaise de cette époque, émigration très-honorable pour la France à cause de la préférence qu'on lui donna sur les autres pays, mais plus honorable encore pour les émigrés eux-mêmes, à cause du parti que beaucoup d'entre eux avaient su tirer de leurs loisirs forcés, tant pour leur instruction personnelle que pour celle de leurs contemporains et même de la postérité. On pourrait presque dire, en effet, qu'il y eut alors une littérature de réfugiés royalistes comme il y eut un peu plus tard une littérature de réfugiés protestants, et comme il y avait déjà eu, au xvi° siècle, une littérature de réfugiés florentins bien plus riche que les deux autres pour la qualité des produits, malgré l'infériorité numérique de ceux qui prirent part à l'émigration.

Maintenant si l'on demande de quoi se composait le bagage intellectuel de nos émigrés à leur retour en France, et qu'on veuille le comparer avec celui des émigrés anglais et italiens, dans des circonstances analogues, le résultat de cette comparaison sera bien mortifiant pour notre amour-propre national, surtout si l'on admet la prétention de ceux qui soutiennent que l'élite de l'aristocratie française avait accepté le bénéfice de l'hospitalité britannique.

Quoi qu'il en soit, ce n'était pas dans une société composée de tels éléments qu'un jeune homme pouvait puiser l'émulation nécessaire pour remplir les lacunes que le malheur des temps avait nécessairement causées dans son éducation. Les relations de plus en plus intimes qui s'étaient formées entre le duc de Berry et son jeune compagnon d'exil, avaient sans doute pour ce dernier des avantages qu'un courtisan aurait payés bien cher; mais elles avaient aussi des inconvénients de plus d'un genre, dont les moindres étaient ceux qui mettaient à de trop rudes épreuves la farouche susceptibilité du gentilhomme breton. De là de courtes incompatibilités d'humeur et des conflits d'opinion qui ne se passaient pas toujours à huis clos, et qui étaient parfois assez fortement accentués de la part du prince pour qu'il se crût ensuite obligé à faire réparation d'honneur devant les témoins que ses procédés ou ses propos avaient scandalisés, c'est-à-dire devant ses propres domestiques. Sous ce rapport, la noblesse d'âme du duc de Berry ne se démentit pas une seule fois pendant toute la durée de l'émigration.

Chateaubriand nous le représente goûtant toutes les jouissances de la vie privée, avec une société choisie qu'il charmait par son esprit et par son humeur caressante, se livrant tantôt à la science des médailles, tantôt à la pratique de la peinture ou de la musique, tantôt enfin à l'étude du gouvernement représentatif, tel qu'il le voyait fonctionner sous ses yeux. En supposant que cette énumération ne soit pas entachée de complaisance, comme le sont la plupart des notices nécrologiques, on serait obligé de convenir que, sous le rapport du progrès intellectuel, il y avait quelque chose à gagner dans le commerce intime d'un prince qui, malgré l'incurable frivolité de la plupart de ses compagnons d'exil, trouvait moyen de pousser ses explorations dans tant de directions à la fois, et c'est peut-être à l'influence que ce patronage exerça sur lui et aux études qui en furent le fruit immédiat, qu'il faut attribuer la supériorité politique du comte de la Ferronnays sur la plupart des personnages dont se composait la cour ou le conseil de Louis XVIII, dans sa résidence de Hartwell.

Quelque attrayantes que pussent être les occupations qu'on se donnait, il y avait des moments où le pouls des braves battait plus fort : c'était quand les péripéties de la guerre continentale semblaient laisser entrevoir la possibilité d'un revers dans la fortune du dominateur de presque toute l'Europe. L'insurrection des Espagnols, en 1809, fut la plus violente des tentations de ce genre. Le duc de Berry obséda, pendant six semaines, les bureaux de l'amirauté de Londres pour obtenir la permission d'aller joindre les insurgés. Mais toutes ses instances furent vaines. Ce fut alors qu'il écrivit d'Hartwell au comte de la Ferronnays non moins impatient que lui, la lettre si chevaleresque que Chateaubriand a publiée dans ses *Mélanges historiques*. Dans cette lettre, écrite à l'occasion de la fausse nouvelle d'un soulèvement prêt à éclater dans la Vendée, le prince disait à son ami :

« Tout ce que tu me dis, mon cher Auguste, je me le
« dis à moi-même ; je crois fermement que nous mar-
« chons à la mort, et c'est ce qui fait que je ne
« veux pas m'arrêter. Tu sais trop les absurdités qui
« ont été débitées sur notre compte ; tu sais combien
« on nous reproche de n'avoir pas combattu avec la
« Vendée, de n'avoir pas mêlé notre sang à celui des
« royalistes : il faut faire taire la calomnie, et tu es
« trop mon ami pour me conseiller le contraire. Tu
« connais mes opinions sur les guerres civiles et ceux
« qui les fomentent ; je me croirais traître au roi,
« traître à la France, et le plus coupable des hommes,
« si, pour ma propre gloire, ou pour mon intérêt per-
« sonnel, je cherchais à la rallumer et à ramener sur
« cette fidèle Vendée les malheurs qui déjà furent le
« prix de son dévouement à notre cause. Mais puisque
« l'on nous assure que, lassés d'être opprimés, les roya-
« listes se décident d'eux-mêmes à reprendre les armes,
« puisqu'ils nous le font dire et qu'ils demandent un
« prince, rien ne m'empêchera d'aller les rejoindre. Je
« combattrai à leur tête, je mourrai au milieu d'eux,
« et mon sang versé au champ d'honneur, abreuvant
« le sol de la patrie, rappellera du moins à la France
« qu'il existe des Bourbons et qu'ils sont encore dignes
« d'elle. Mon vieux Nantouillet et toi, mon ami, vous
« partagerez mon sort : je ne vous plains pas. Tu seras
« enterré à mes côtés ; c'est un moyen très-bon pour
« couvrir ce que tu appelles ta *responsabilité*. Quant à

« ta proposition d'aller avant moi sonder le terrain et
« vérifier les faits, elle n'a pas le sens commun, et tu me
« connais assez pour être bien sûr que je ne consentirai
« jamais à ce que mon ami s'expose pour moi à un
« danger que je ne partagerais pas avec lui. »

Cinq ans après la date de cette lettre, les deux amis débarquaient dans le port de Cherbourg, et M. de la Ferronnays, en qui la longue absence avait plutôt réchauffé que refroidi le patriotisme, put croire qu'il inaugurait, en ce moment, la phase la plus brillante et la plus heureuse de sa carrière. Rien en effet ne semblait manquer à son bonheur, ni comme Français, ni comme époux, ni comme père, ni même comme courtisan : car le prince dont il était l'aide de camp et dont l'amitié lui était garantie par tant de souvenirs communs, était devenu l'héritier présomptif du trône, ce qui ouvrait au fidèle compagnon de son exil une perspective qui promettait une ample satisfaction à son ambition et à sa vanité, s'il avait été ambitieux ou vain ; mais, comme il n'était ni l'un ni l'autre, et que de plus il n'était pas né flatteur, on pouvait prévoir que la fortune ne lui sourirait pas longtemps.

Ce fut en 1816, à l'occasion du mariage du duc de Berry, qu'elle sembla mettre le comble à ses faveurs. Madame de la Ferronnays, nommée dame d'atours de la future duchese, avait eu la première l'honneur de lui faire sa cour le jour où elle débarqua sur le quai de Marseille ; et ce fut elle aussi qui réussit le mieux à gagner les bonnes grâces de la jeune princesse et qui eut avec elle les relations les plus cordiales depuis le moment de son débarquement jusqu'à celui de son arrivée dans la capitale ; de sorte qu'il y eut bientôt, entre la duchesse de Berry et sa dame d'atours, des rapports non moins intimes que ceux du duc de Berry avec son aide de camp. A quoi il faut ajouter, comme couronnement fatal de toutes ces prospérités domestiques, le titre de gouvernante des enfants de France donné, par anticipation, à madame la marquise de Montsoreau, belle-mère de M. de la Ferronnays ; de sorte que les faveurs les plus enviées de la fortune semblaient garanties d'avance à la famille au moins pour deux générations.

Chateaubriand, qui écrivait une sorte d'oraison funèbre, a usé du privilége attaché à ce genre de composition, quand il a dit qu'à l'époque dont il est ici question, « on s'apercevait d'un progrès sensible dans la « raison du duc de Berry, d'un adoucissement graduel « dans son caractère. » Cela pouvait être vrai dans ses rapports avec les personnages officiels qui n'avaient à recevoir de lui que des ordres ou des bienfaits; mais, avec un ami dont la franchise, déjà importune dans les jours d'exil, le devenait chaque jour davantage à cause de la multiplication des fautes, il était difficile qu'il n'y eût pas quelquefois des explosions d'humeur plus ou moins impérieuse, sauf ensuite à les réparer par des désaveux dont l'accent ne laissait aucune prise à la rancune, ni aucun doute sur la sincérité du repentir.

Il vint un jour cependant où la blessure fut trop profonde pour que celui qui l'avait faite essayât même de la fermer ; et d'un autre côté, la fierté toute bretonne du gentilhomme qui l'avait reçue, était trop exigeante pour lui permettre de faire des avances de réconciliation là où il avait droit à une réparation, non-seulement pour lui-même, mais pour un autre membre de sa famille dont on avait paru mettre en doute le parfait désintéressement. Une parole imprudente avait été prononcée dans l'emportement de la colère, une parole doublement offensante à cause de l'inviolabilité qui couvrait l'auteur de l'offense, une parole qui, d'après certaines lois non tombées en désuétude, aurait pu motiver, d'égal à égal, une expiation sanglante. Ce mode de redressement étant impossible, la rupture était inévitable malgré les conséquences désastreuses qu'elle entraînait pour l'offensé. L'honneur était sauf; mais la position du père de famille était affreuse ; car les ruines domestiques causées par les déprédations révolutionnaires n'avaient pas encore été réparées ou du moins allégées par la loi d'indemnité, de sorte que M. de la Ferronnays, tombé dans la disgrâce royale en même temps que dans celle du comte d'Artois et de son fils, renié par ses faux amis qui ne voulaient pas se compromettre en plaidant sa cause, quelque juste qu'elle fût, se vit exposé avec ses cinq enfants, dont trois en bas âge, à recommencer en France l'amer apprentissage qu'il avait fait en terre étrangère.

Bien que son étoile polaire fût encore cachée ou du moins voilée par de gros nuages, un instinct irrésistible lui fit prendre le chemin de la Bretagne, pour chercher des consolations et surtout des conseils auprès d'une sœur devenue supérieure du couvent de la Visitation à Nantes, et avec laquelle j'eus, en 1837, une longue conversation que je n'aurais pas confiée à ma mémoire seule, si j'avais prévu l'usage que j'en pourrais faire un jour. Il va sans dire qu'elle me parla beaucoup de son frère et du contraste, si consolant pour elle, entre la date de 1817 et celle de 1837. Ce fut alors que j'appris, pour la première fois, la persistance héroïque avec laquelle M. de la Ferronnays, depuis son enfance, avait continué, à travers toutes les distractions de la guerre et des plaisirs, à dire chaque jour, en dépit de tous les obstacles, la courte prière à la Vierge que sa mère lui avait appris à balbutier sur ses genoux. Là se bornait probablement encore sa dévotion quotidienne, quand il alla chercher à Nantes un adoucissement à ses chagrins. Mais il y avait d'autres âmes plus familiarisées avec Dieu que ne l'était alors la sienne, et auxquelles leur sublime résignation donnait presque le droit d'être exaucées.

Après plusieurs mois de cruelle incertitude, on apprit enfin, non pas que le duc de Berry se prêtait, comme jadis, à une réconciliation (la blessure faite à son amour-propre de prince était encore trop récente), mais que son cœur avait parlé assez haut pour le déterminer à intervenir secrètement auprès du roi en faveur de son ami malheureux. Pour que cette intervention produisît des résultats qui fussent en rapport avec l'esprit et le caractère de M. de la Ferronnays, il fallait un appréciateur compétent et sympathique qui l'eût déjà étudié d'assez près pour savoir à quel rôle ses grandes qualités le rendaient plus particulièrement propre. Cet appréciateur, vraiment providentiel, se trouvait précisément alors à la tête du ministère des affaires étrangères : c'était le duc de Richelieu.

Entrer dans la carrière diplomatique sous les auspices d'un tel patron et lui inspirer une confiance illimitée, était une bonne fortune tellement inespérée, que M. de la Ferronnays eut, à cette occasion, un de ces violents accès de défiance de lui-même qui l'empêchèrent si souvent de jouir de ses succès les mieux mérités ; à quoi il faut ajouter les prédictions sinistres des courtisans envieux, qui ne pouvaient pas se résoudre à admettre qu'il eût employé mieux qu'eux les longs loisirs de l'émigration. Mais une demi-heure de conversation avec le duc de Richelieu ou M. Lainé, suffisait pour dissiper tous ces nuages.

Voilà pourquoi ces deux noms, mais surtout le premier, étaient si souvent dans sa bouche, quand il récapitulait, vingt ans plus tard, pendant nos longues promenades de Boury, ses souvenirs de la Restauration. Il trouvait que le duc de Richelieu n'avait pas été suffisamment apprécié par ses contemporains, pas même par ceux d'entre eux qui l'avaient vu de plus près, pas même par son roi qui lui devait tant, et qui avait la faiblesse de lui en vouloir d'avoir préféré le séjour de la Russie à celui de l'Angleterre pendant tout le temps de l'émigration, comme si cette préférence et le crédit qu'elle lui donna auprès de l'empereur Alexandre, n'avaient pas tourné au profit de la France et contribué puissamment aux résolutions qui furent prises pour la délivrance de notre territoire, dans le mémorable congrès d'Aix-la-Chapelle.

C'était presque toujours avec un accent de profonde tristesse que mon interlocuteur rappelait tous ces souvenirs qui étaient pour moi comme des fragments d'oraison funèbre dont un auditeur plus habile et plus pénétré aurait pu tirer un autre parti que moi. En effet, il y avait là matière à une belle monographie avec des documents puisés à la plus pure et à la plus riche de toutes les sources, c'est-à-dire dans le cœur de celui qui me les fournissait, encore plus que dans sa mémoire. Tant de sentiments à la fois contribuaient à le rendre éloquent et presque diffus, quand il abordait ce sujet ! Outre la supériorité, sinon de génie, du moins de caractère, qu'il attribuait à son héros sur tous les hommes d'État contemporains et même sur tous ceux du xviii° siècle, il avait, pour alimenter son enthousiasme, les élans combinés de la reconnaissance patriotique et de la reconnaissance personnelle ; car les services que le duc de Richelieu avait rendus à son ami dans l'humble sphère des intérêts privés n'avaient pas été moins décisifs que ceux qu'il avait rendus à la France dans la haute sphère des intérêts publics.

Mais ce que M. de la Ferronnays admirait par-dessus tout en lui, c'était l'espèce de violence qu'il avait fallu lui faire pour obtenir qu'il appliquât ses grandes qualités au gouvernement de son pays, et il aimait à rappeler une certaine lettre écrite en 1819, après les élections, et dans laquelle le noble duc, en réponse aux instances qu'on lui faisait pour renforcer le ministère, déclarait nettement *qu'il n'avait aucune des qualités nécessaires pour conduire les affaires dans des circonstances aussi difficiles et aussi compliquées.* Et après l'assassinat du duc de Berry, en 1820, son refus ou plutôt son effroi était encore plus péremptoire. Pour en triompher, il avait fallu recourir à des moyens analogues à ceux qui furent employés plus tard contre M. de la Ferronnays lui-même, c'est-à-dire que, pour vaincre sa répugnance, le comte d'Artois dut faire au duc de Richelieu une visite en personne et lui promettre son loyal appui contre le parti dont les exigences toujours croissantes devaient être si fatales à la monarchie. Le prince oublia sa promesse, et l'on sait quels furent ceux qui profitèrent de cet oubli.

L'ingratitude dont furent payés les services de ce grand citoyen, était le grief le plus vivace de M. de la Ferronnays contre une certaine catégorie de royalistes auxquels il ne pardonnait pas de s'être donné un auxiliaire comme Talleyrand dans leur œuvre de dénigrement systématique. Il y en avait encore d'autres à qui il ne pouvait pas pardonner ce qu'ils avaient fait ou laissé faire, après la mort du noble duc, tant à l'occasion de ses funérailles où le grand aumônier ne voulut pas officier, qu'à l'occasion de la notice écrite par le cardinal de Bausset pour la chambre des pairs et mutilée par déférence pour un ministre à qui des éloges si peu mesurés avaient, disait-on, fait ombrage.

Quel contraste entre cette misérable réserve, qui trouva malheureusement tant de complices, et la noble éjaculation de l'empereur Alexandre en apprenant la perte que la France et lui venaient de faire : « Je le pleure, » disait-il, « comme le seul ami qui m'ait fait entendre la « vérité. » L'autocrate russe n'était pas le seul souverain auquel le duc de Richelieu eût rendu ce genre de service; mais ses successeurs immédiats, comme conseillers de la couronne, l'avaient trop peu compris pour se croire obligés de rendre justice à sa mémoire (1).

A défaut de cette justice-là, M. de la Ferronnays comptait, pour son ami, sur celle de l'histoire; seulement elle est venue trop tard pour qu'il pût en jouir. S'il avait vécu assez longtemps pour être témoin du succès

---

(1) Ce fut M. Villemain qui, comme directeur de l'Académie, rendit le plus bel hommage public à la mémoire du duc de Richelieu, à l'occasion de la réception de M. Dacier qu'on venait de lui donner pour successeur. C'est peut-être le morceau le plus éloquent qui soit sorti de la plume ou plutôt du cœur de l'illustre écrivain. Quel éloge dans ce peu de mots : « En lui l'honnête homme « soutenait et agrandissait l'homme d'État. Son âme, naturellement haute et « modérée, était étrangère aux passions communes et n'admettait que la justice et « le devoir. »

avec lequel les historiens les plus accrédités de la Restauration ont travaillé à rectifier, pour la postérité, certaines impressions que certains contemporains du duc de Richelieu avaient réussi à propager sur son compte, s'il avait pu voir à quel point les appréciations d'écrivains aussi compétents que Guizot, Nettement et Vieil-Castel, s'accordaient avec les siennes propres, d'une date beaucoup plus ancienne, quelle jouissance pour son cœur et peut-être aussi pour son amour-propre ! Car quoique cet organe fût très-peu développé chez lui, la tentation eût été presque irrésistible (1).

La préférence que M. de la Ferronnays donna toujours aux qualités du cœur et du caractère sur les qualités de l'esprit, quelque éblouissantes qu'elles pussent être, explique comment le duc de Richelieu devint pour lui l'objet d'un véritable culte, comme ayant réalisé seul, entre tous les hommes d'État contemporains, l'idéal que son imagination lui avait tracé. Beaucoup d'autres personnages politiques lui avaient inspiré de l'estime, quelques-uns même de l'admiration, oratoirement parlant ; mais le duc de Richelieu était à peu près le seul qui lui eût inspiré de l'enthousiasme. Je dis *à peu près ;* car la manière dont je l'ai entendu plusieurs fois parler de M. Laîné, prouvait qu'à la reconnaissance près, qui formait une note à part pour son bienfaiteur, il n'avait pas cessé de nourrir des sentiments identiques pour ces deux

---

(1) L'appréciation de M. Guizot ne porte guère que sur l'homme politique et est par conséquent incomplète. Celle de M. Nettement est telle qu'on pouvait l'attendre d'une sympathie aussi bien motivée que la sienne. Mais l'appréciation de M. Vieil-Castel se rapproche, plus qu'aucune autre, de celle que j'ai recueillie, par fragments, de la bouche de M. de la Ferronnays.

hommes si supérieurs, selon lui, à leurs rivaux politiques, et pourtant si méconnus (1).

On a dit avec raison qu'étant données les sympathies d'un homme conséquent avec lui-même, on peut facilement deviner ses antipathies. Or rien n'était si opposé à la marche rectiligne et à la franchise toute chevaleresque du duc de Richelieu, que les combinaisons souvent trop habiles et la finesse parfois trop diplomatique de M. de Villèle, qui ne représentait pas plus le beau côté de la nationalité française que son collègue, M. de Corbière, ne représentait le beau côté de la nationalité bretonne. Qu'on se figure donc, s'il est possible, le désespoir de M. de la Ferronnays quand, par suite de la révolution ministérielle du 12 décembre 1821, il vit son influence auprès de la cour de Russie, très-gravement compromise par l'attitude équivoque qu'il fut d'abord obligé d'y prendre, sans parler des soucis personnels que ne pouvait manquer de lui causer la perte d'un patronage aussi rassurant pour lui que l'avait été celui du duc de Richelieu. Aussi ne se lassait-il pas de dire à ses enfants qu'il fallait vivre au jour le jour, comme des acteurs prêts à partir, et que pour lui qui avait à jouer le principal rôle, il était décidé à regarder le premier échec qu'il essuierait comme un signal de retraite. Mais l'ascendant extraordinaire qu'il avait pris sur l'esprit de l'empereur Alexandre, et les complications auxquelles donnèrent lieu les affaires d'Espagne et d'Italie, ne permirent pas de songer sérieusement à lui donner un suc-

---

(1) En disant que *le duc de Richelieu était plus propre qu'on ne l'a dit à présider les conseils de la Restauration*, M. Guizot a voulu évidemment parler de l'autorité morale.

cesseur, malgré l'âpreté de certaines convoitises auxquelles la possibilité d'un prochain remaniement dans notre personnel diplomatique avait donné l'éveil.

Il y avait longtemps que la France n'avait eu une si belle occasion d'intervenir avec honneur et avec désintéressement dans le règlement des affaires de l'Europe, et il était difficile de trouver un homme qui comprît mieux que M. de la Ferronnays le rôle que nous avions à jouer tant vis-à-vis des puissances disposées à nous prêter leur concours, que vis-à-vis de celles qu'offusquait notre intervention. Il faut dire aussi qu'il était difficile de trouver un souverain mieux disposé qu'Alexandre envers la France en général et envers son négociateur en particulier.

Entre toutes les négociation qui occupèrent notre ambassadeur pendant son séjour en Russie, celle qui se rapportait à la question grecque fut sans contredit la plus ardue, à cause de la longue lutte diplomatique qu'il fallut soutenir contre l'égoïsme des deux grandes puissances obstinément hostiles à la Grèce ; car, comme l'a fort bien remarqué M. Nettement, Alexandre était le seul souverain qui prît la sainte alliance au sérieux et qui y attachât une pensée généreuse et désintéressée. Ni l'Angleterre ni l'Autriche ne voulaient entendre parler de l'émancipation des Hellènes.

Il fallait donc tous les jours livrer des batailles ou du moins des escarmouches diplomatiques dont le succès n'aurait pas été un instant douteux, si M. de la Ferronnays ne s'était pas trouvé dans une fausse position tant vis-à-vis du ministère qui lui avait délégué son mandat que vis-à-vis du parti politique qui le réclamait comme son adepte et presque comme son instrument. D'un autre côté, outre les engagements que son invincible sympathie pour la cause des Grecs lui avait fait prendre avec lui-même, il en prenait d'autres, du moins tacitement, avec l'homme qui les représentait alors à Saint-Pétersbourg, et dont le noble caractère rappelait trop celui du duc de Richelieu pour que le cœur de M. de la Ferronnays ne fût pas subjugué par cette ressemblance. En un mot le comte Capodistrias devint son ami, et cette amitié, cultivée avec une prédilection étrangère aux intérêts politiques, était encore assez vivace, quinze ans plus tard, pour nous fournir, dans nos promenades de Boury, des digressions que je trouvais toujours trop courtes; car elles roulaient beaucoup moins sur la capacité politique de cet homme d'État que sur ses vertus foncièrement chrétiennes, restées intactes en dépit de tous les mauvais exemples et des faveurs les plus dangereuses de la fortune. Fidèle à sa maxime de répudier tout plaisir qui pouvait être suivi d'un remords, il en imposait à ceux-là mêmes qui professaient la maxime contraire, surtout quand ils voyaient l'usage auquel il employait les économies de sa tempérance. Sa charité n'était pas moins admirable, et l'on peut dire que ses sacrifices pécuniaires pour ses malheureux compatriotes, ne connurent d'autre limite que l'épuisement total de ses ressources. Quant à son humilité, on peut dire aussi que jamais il ne manqua une occasion de la montrer, même dans l'exercice des fonctions les plus propres à développer le défaut contraire. Plus on le mettait en relief, plus il sentait le besoin de s'effacer. On en eut plus d'une preuve pendant le congrès d'Aix-la-Chapelle, et encore plus tard, à plusieurs reprises, quand, au lieu d'accepter le ministère des affaires étrangères que lui offrait l'em-

pereur Alexandre, il aima mieux laisser au comte de Nesselrode la jouissance du titre et ne garder pour lui-même que le travail de la politique. A quoi il faut ajouter, pour compléter le portrait, sa renonciation à toute pension de retraite, quand il fut nommé président de la Grèce, et surtout sa belle proclamation, en guise d'acte de foi, commençant par ces mots : « Hel-
« lènes, si Dieu est pour nous, personne n'est contre
« nous. »

Voilà l'homme au-dessus duquel M. de la Ferronnays ne mettait aucun de ses contemporains alors vivants, et qui a eu le rare privilége de lui inspirer un sentiment qui ressemblait beaucoup à l'enthousiasme. C'était sous l'empire des mêmes souvenirs ou de souvenirs analogues, que l'amiral de Rigny disait dans la chambre des députés, en parlant de Capodistrias qu'il n'avait étudié que par le côté relatif à son caractère : « C'était un
« homme taillé à l'antique. Il avait toutes les vertus et
« peut-être toutes les passions qui caractérisaient les
« anciens. »

M. de la Ferronnays avait ainsi trouvé fort à propos un auxiliaire précieux qui ne manquait aucune occasion de représenter à l'empereur Alexandre l'avantage qu'il y aurait pour lui à chercher son point d'appui du côté de la France, dont l'alliance le laisserait maître de faire contre la Turquie tout ce qui lui conviendrait. Malheureusement la question était complexe, et l'explosion presque simultanée des révolutions espagnole, piémontaise et napolitaine vint la compliquer encore davantage.

Qu'il y eût un élément révolutionnaire dans l'insurrection grecque, c'est ce qu'il était impossible de contester, surtout depuis que le colonel Fabvier, conspirateur contumace et non converti, avait été si chaleureusement accueilli par les insurgés. Mais cet élément était presque imperceptible, et cet accueil était fait, non aux principes politiques, mais à l'expérience militaire et aux sympathies désintéressées de celui qui en était l'objet. D'ailleurs, il était avéré que, dans toutes les manifestations populaires, l'enthousiasme religieux ne jouait pas un moindre rôle que l'enthousiasme politique, et que les ministres du culte national n'étaient pas les moins ardents à prêcher la croisade contre les infidèles. Tout cela était su partout où il y avait des Philhellènes, ce qui n'empêchait pas de dénigrer systématiquement et la cause et ses défenseurs. A Pétersbourg même, le corps diplomatique ne déguisait pas ses dispositions hostiles envers les Grecs, et l'ambassadeur de France était le seul dont le langage laissât entrevoir quelque sympathie pour la politique du comte Capodistrias. Quant aux ministres d'Autriche et d'Angleterre, leurs instructions étaient en tout point conformes au point de vue dans lequel s'étaient placés leurs gouvernements respectifs vis-à-vis des puissances belligérantes. Le marquis de Londonderry, l'organe officiel d'un gouvernement libre, ne craignait pas d'insérer dans une dépêche ces étranges paroles :

« L'empereur ne doit pas empêcher le gouvernement
« ottoman d'éteindre la révolte qui menace la tranquil-
« lité générale..... Quelles que puissent être les vues de
« la Turquie, elles sont au moins exemptes du danger
« révolutionnaire. La cause des Grecs en est profondé-
« ment imprégnée. Je me permets donc de dire que
« l'empereur de Russie doit la désavouer. »

Le prince de Metternich, l'interprète acharné de la

malveillance autrichienne, se montrait encore plus hostile, comme je le ferai voir bientôt en parlant du congrès où il devait trouver, dans le représentant de la France, un antagoniste très-capable de se mesurer avec lui.

Mais c'était du côté de la France que venaient à M. de la Ferronnays les inquiétudes les plus poignantes par suite de la divergence d'opinions qui se manifestait, même dans le parti royaliste, sur la question grecque, à cause des conséquences qu'impliquait sa solution, dans un sens ou dans l'autre. Les partisans de l'émancipation héllénique avaient trouvé dans M. de Bonald un allié à la fois énergique et imprévu qui, au risque de soulever contre lui la colère de ses coreligionnaires politiques, avait osé leur dire que les Turcs n'étaient pas et ne pouvaient pas être les souverains légitimes de la Grèce, et que la plus sacrée de toutes les légitimités était celle de la justice et de la vérité. Il y avait dans ces paroles de quoi faire jeter les hauts cris aux partisans forcenés du droit divin, et telle fut la peur faite par eux au ministère, que *le Moniteur* sortit de sa réserve ordinaire pour reprocher à M. de Bonald la haute inconvenance dont il s'était rendu coupable en méconnaissant, au profit de la souveraineté populaire, le dogme de la souveraineté du sultan.

Le plus intraitable champion de cette dernière souveraineté, n'était ni le gouvernement français ni même le gouvernement anglais ; c'était M. de Metternich qui était alors à l'apogée de sa puissance et qui n'en usait pas toujours pour le bonheur des peuples, ni surtout pour leur liberté. Il y avait longtemps que les tendances libérales de l'empereur Alexandre lui avaient causé de sérieuses inquiétudes ; mais ces inquiétudes s'étaient singulièrement aggravées, depuis que M. de Lebzeltern, ministre d'Autriche à la cour de Russie, l'avait mis au courant des relations intimes qui s'étaient établies entre le comte Capodistrias et le nouveau représentant de la France, ostensiblement encouragé par le souverain auprès duquel il avait été accrédité. Or ce nouveau représentant était M. de la Ferronnays, c'est-à-dire l'homme dont le caractère et les idées étaient le plus en opposition avec le caractère et les idées du prince de Metternich.

Cet antagonisme, qui s'était déjà fait sentir de loin dans les relations diplomatiques, devint un véritable drame en trois actes, quand les deux adversaires se trouvèrent en présence l'un de l'autre dans les trois congrès qui se tinrent successivement à Troppau, à Laybach et à Vérone. L'introduction du carbonarisme en France, les conspirations militaires qui en avaient été le fruit et particulièrement celle du 19 août, enfin les mouvements révolutionnaires bien caractérisés qui avaient éclaté en Espagne et en Italie, avaient tellement renforcé la politique de compression et de répression, personnifiée dans M. de Metternich, que les partisans de la politique contraire désespéraient de pouvoir désormais lui tenir tête, surtout depuis qu'ils avaient vu cesser l'antagonisme diplomatique qui, jusqu'à la fin de 1820, avait existé entre l'Autriche et la Russie dans leurs rapports avec les États secondaires de l'Allemagne. Ce changement, qui devait avoir des conséquences dont l'Europe se ressent encore aujourd'hui, fut exploité par le ministre autrichien avec un succès qui alla toujours croissant, grâce à l'audace toujours croissante des perturbateurs de l'ordre européen ; car, dans l'esprit d'Alexandre, l'idée de libéralisme et l'idée de révolution étaient aussi opposées l'une à l'autre que les idées de paix et de guerre. Pour comble de malheur, un régiment de la garde impériale s'insurgeait à Varsovie au moment même où allait s'ouvrir le congrès de Troppau, de sorte que tout semblait conspirer à amener une entente plus cordiale que jamais entre les deux puissances les plus menaçantes tant pour les libertés déjà conquises que pour les libertés à conquérir.

La question à résoudre immédiatement était celle de savoir si l'on donnerait carte blanche au prince de Metternich, non-seulement pour faire cesser, par une invasion armée, le scandale de la révolution napolitaine, mais aussi pour régler, selon son gré, c'est-à-dire sans aucun respect pour les aspirations même les plus légitimes des peuples, les conséquences de la victoire qu'il se croyait sûr de remporter. Si le duc de Richelieu, qui était alors président du Conseil, avait pu assister aux conférences de Troppau, comme le czar lui en avait exprimé le désir, les vues de l'Autriche auraient pu trouver en lui un contradicteur formidable ; car la confiance qu'Alexandre avait en lui, datait de bien loin et ne connaissait pas de bornes. Celle qu'il avait dans M. de la Ferronnays était aussi bien grande ; mais on ne pouvait pas nier que l'aspect de l'Europe en général et celui de l'Italie en particulier ne fût plus alarmant qu'il ne l'avait jamais été depuis la révolution française. On ne pouvait pas nier non plus la présence des conspirateurs français dans les rangs des rebelles napolitains, ni l'organisation des ventes du carbonarisme dans presque tous nos départements. Tous ces faits, joints à d'autres symptômes du même genre qui se manifestaient sur d'autres points plus rapprochés de la frontière russe, donnaient aux arguments du prince de Metternich une prépondérance dont il était difficile qu'avec un caractère comme le sien, il ne fût pas tenté d'abuser.

Mais il était encore plus difficile qu'un homme du caractère de M. de la Ferronnays s'inclinât devant des prétentions dont la forme arrogante aurait suffi, indépendamment du fond, pour blesser ses susceptibilités patriotiques. De là un duel diplomatique, avec des chances très-diverses et des armes très-inégales, entre ces deux champions d'idées réputées incompatibles et qui semblaient l'être alors plus que jamais. M. de Metternich puisait surtout sa force dans la peur que les complots révolutionnaires faisaient à l'empereur Alexandre; M. de la Ferronnays puisait la sienne à une autre source. Dans un mémoire qui impressionna vivement les membres du corps diplomatique, non-seulement il combattit avec énergie les prétentions de l'Autriche, mais il contesta en principe le droit d'intervention armée, et alla jusqu'à déclarer que la France se retirerait de l'alliance, si ce système venait à prévaloir. Cette menace, qui ne pouvait être qu'une interprétation forcée d'instructions incomplètes ou ambiguës, ne fit que différer de quelques jours le triomphe de Metternich, et le protocole du 19 novembre 1820, signé seulement par les trois puissances du Nord, vint modifier l'attitude de la France et par conséquent celle de son représentant dans les négociations relatives à la question napolitaine.

A Laybach, les deux principaux acteurs du congrès de Troppau se retrouvèrent en présence l'un de l'autre, le diplomate français soutenu de loin par le duc de Richelieu à qui le pouvoir allait bientôt échapper; le diplomate autrichien soutenu de près par l'empereur Alexandre à qui parvenaient coup sur coup la nouvelle de l'insurrection des principautés sous Ypsilanti et la nouvelle, bien autrement alarmante, de la révolution du Piémont, issue, disait-on, des complots qui avaient été tramés de l'autre côté des Alpes. Plus ce prince, jusque-là si favorable aux institutions libérales, se montrait indigné de l'abus qu'on faisait de la chose et du nom, plus il était obsédé et courtisé par M. de Metternich, qui n'était pas homme à négliger une si bonne fortune. De son côté, M. de la Ferronnays la lui disputait pied à pied, et dans la ferveur de son zèle patriotique, il allait quelquefois jusqu'à exprimer à l'empereur lui-même le chagrin que lui causait son refroidissement pour la France et son antipathie pour nos institutions qu'il avait tant admirées. « C'est vrai, dit l'empereur, et je les admire encore « comme une des plus belles conceptions de l'esprit hu- « main, et je pense que tout homme de cœur doit les « aimer. Mais pourquoi vouloir les appliquer indistinc- « tement à tous les peuples? »

L'arrivée de M. de Blacas, qui n'était pas encore duc, mais qui ne s'en croyait pas moins un très-grand personnage, et qui l'était en effet, diplomatiquement parlant, procura au prince de Metternich un auxiliaire d'autant plus utile qu'il excellait à tirer parti du genre de faiblesse qui caractérisait le nouveau venu. Louis XVIII, assez bon appréciateur des hommes, quand ils n'étaient que ses serviteurs, perdait une grande partie de sa clairvoyance quand il s'agissait de ses favoris, et il aurait cru restreindre sa prérogative royale, dont il était si jaloux, s'il n'en avait pas usé pour les investir des fonctions les plus propres à donner une haute idée de leur crédit auprès de lui ou même de leur capacité intellectuelle. Ce fut à ce double titre que M. de Blacas fut envoyé à Laybach, muni d'une lettre secrète du roi, qui lui conférait des pleins pouvoirs en cas de divergence entre nos diplomates. Comme ses opinions sur les grandes questions soumises aux délibérations du congrès étaient connues d'avance, son arrivée causa une grande joie aux adversaires de M. de la Ferronnays, particulièrement à M. de Metternich qui, pour satisfaire sa rancune, s'écria, en voyant entrer le favori : « Voici la France qui arrive (1) ! »

Comme le rôle de M. de Blacas était plutôt de poser que de discuter, et qu'il l'avait étudié d'avance, il le joua avec toute la perfection qu'on pouvait attendre de cette étude préliminaire jointe à une certaine dignité naturelle qui dégénérait trop souvent en hauteur, surtout avec ceux qui n'étaient pas rigoureusement ses subordonnés, mais qu'il voulait traiter comme tels. Aussi sa présence au congrès ne fut-elle d'aucune utilité ni pour ses collègues ni pour la France, et si son influence se fit sentir dans la question grecque, soit à Laybach, soit à Vérone, ce ne fut pas dans le sens qu'on était en droit d'attendre d'un esprit aussi classiquement cultivé que le sien.

Quand les trois souverains d'Autriche, de Prusse et de Russie mirent fin aux conférences de Laybach par leur déclaration du 12 mai 1821, cette question rejetée d'abord au second plan, venait de prendre des propor-

---

(1) Sir Henry Lytton Bulwer dans son opuscule intitulé : *Historical characters*.

tions formidables par suite de l'insurrection de la Morée et de la strangulation du patriarche grec de Constantinople avec trois évêques du même rite, réputés coupables, comme lui, de sympathie secrète pour les insurgés. En même temps, un hatischérif du sultan déchaînait partout contre ses sujets chrétiens la fureur de la populace musulmane. On massacrait les hommes, on violait les femmes et on gardait les enfants pour les vendre comme esclaves.

Les manifestations de l'opinion publique varièrent, dans les différents États européens, suivant la liberté qu'on lui laissa ou la pression qu'on exerça sur elle. En Russie, elles furent impérieuses, en France embarrassantes, en Angleterre équivoques; en Autriche et partout où cette puissance avait droit de remontrance, elles étaient dénoncées comme séditieuses, et le grand dénonciateur était M. de Metternich. C'était encore le même antagoniste qui se trouvait en face de lui dans cette honteuse propagande. M. de la Ferronnays, fort de l'appui que lui prêtait de loin le duc de Richelieu avec qui l'empereur Alexandre correspondait encore, soutenait contre le ministre autrichien une lutte d'autant plus méritoire, que celui-ci était alors à l'apogée de son infaillibilité politique. Et comment parvint-il à conquérir cette position? M. de Viel-Castel nous dit que ce fut « par la puissance de l'insinuation et de « l'intrigue, par une rare habileté à se prévaloir des « faiblesses de la nature humaine, à exciter des inquié- « tudes pour troubler les esprits, à ménager et à met- « tre en jeu les amours-propres, à décrier et à rendre « suspects les hommes qu'il ne pouvait séduire et dont « il redoutait l'opposition. A partir de ce moment,

« ajoute le même historien, le nouveau chancelier fut l'idole et l'oracle des salons (1). »

Cette idolâtrie n'empêcha pas M. de la Ferronnays de soutenir bravement son rôle contre le même personnage au congrès de Vérone, bien que le changement de ministère l'eût privé du patronage du duc de Richelieu, patronage plus nécessaire à lui qu'à aucun autre, à cause de son incurable défiance de ses propres lumières. Maintenant que ce grand homme d'État était rentré dans la vie privée, ceux qui lui gardaient rancune du rôle prépondérant qu'il avait fait jouer à la France vis-à-vis de l'Europe, se dédommageaient de la contrainte qu'ils avaient dû s'imposer, et cette recrudescence d'hostilités contre celui d'entre nos ministres qui lui avait inspiré le plus d'affection et de respect, fut pour M. de la Ferronnays une source de souffrances d'autant plus vives, qu'il était à peu près seul contre le dictateur du congrès.

Ce dictateur avait contre notre représentant plusieurs griefs depuis les conférences de Laybach. Il ne lui pardonnait pas l'insistance avec laquelle il avait demandé que les mots de *sages libertés* fussent insérés dans la communication officielle adressée par les plénipotentiaires au roi de Naples, avant sa restauration. Aux yeux de M. de Metternich, tout voisinage d'un gouvernement non absolu était un danger pour l'Autriche, surtout en Italie ; ce que son antagoniste ne niait pas, mais les conséquences qu'il en tirait n'étaient pas faites pour les rapprocher l'un de l'autre.

Des dissidences du même genre et même encore plus graves ne pouvaient manquer d'éclater entre eux au

(1) *Histoire de la Restauration*, vol. IX, p. 418.

congrès de Vérone, où le chancelier autrichien se montra plus exigeant et plus impérieux que jamais. M. de la Ferronnays, d'accord avec ses deux collègues, demandait que la ville de Naples ne fût pas occupée par les troupes autrichiennes, et qu'en tout cas leur solde restât à la charge de l'Autriche. Battu sur ces deux points, il rédigeait une lettre de conciliation que le roi de Naples aurait adressée à son fils, et M. de Metternich la faisait rejeter parce qu'il la trouvait trop libérale. Mais M. de la Ferronnays eut sa revanche, quand il fut question de former une confédération des États d'Italie, au profit de l'Autriche. Ce fut lui qui alla trouver l'empereur Alexandre et lui fit comprendre, par des raisons péremptoires, les inconvénients qui résulteraient pour les autres puissances d'une influence si prépondérante (1).

Ceci n'était pas seulement un échec diplomatique, c'était une blessure profonde infligée à l'amour-propre du tout-puissant chancelier *qui était parvenu à se faire une position telle que les ministres étrangers n'osaient lui demander sérieusement compte de ses procédés les plus étranges* (2). Aussi ne se faisait-il aucun scrupule d'employer contre M. de la Ferronnays la même manœuvre dont il avait déjà usé sans scrupule quand il dénonçait les dangers du libéralisme du duc de Richelieu. Il ne lui manquait, pour combler la mesure, que de signaler, comme il le fit bientôt après, le comte Capodistrias comme un carbonaro, afin de lui ôter toute influence sur les déterminations du congrès; car son antipathie pour la Grèce n'était pas moins prononcée que son anti-

---

(1) Viel-Castel, *Histoire de la Restauration*, vol. IX, p. 419, 420, 427, 445.
(2) Ibid., p. 415.

pathie pour la France, et ce n'était pas une petite tâche d'avoir à effacer ou à affaiblir les impressions que ce mauvais génie produisait sur l'esprit de l'empereur Alexandre.

La politique que devait adopter plus tard M. de la Ferronnays en devenant ministre des affaires étrangères, fut arrêtée dès lors dans son esprit : entente cordiale avec la Russie pour l'émancipation des Grecs, attitude de défiance vis-à-vis de l'Autriche et de l'Angleterre son alliée, ou plutôt sa complice pour l'asservissement des chrétiens orientaux. Cette complicité, poussée jusqu'à l'impudence, avait été le grand grief de M. de la Ferronnays contre le gouvernement britannique. Il ne comprenait pas que les mêmes hommes qui, au congrès de Vienne, s'étaient montrés si ardents dans leur propagande pour l'abolition de la traite des noirs, pussent prendre sous leur patronage un gouvernement qui ne respectait pas plus les lois de l'humanité que celles de la pudeur, et qui, après avoir fait égorger, à la suite d'une victoire ou d'un assaut, tout ce qui avait atteint l'âge adulte, réservait les jeunes filles et les enfants en bas âge pour quelque chose de pis que la servitude. Il comprenait encore moins l'acharnement avec lequel M. de Metternich, non content d'appliquer aux Grecs la qualification de révolutionnaires, comme pour faire oublier que c'étaient des chrétiens, cherchait à leur aliéner les sympathies de l'empereur Alexandre en mettant sous ses yeux les rapports les plus effrayants sur la multiplication des sociétés philhelléniques en Allemagne et sur leur affiliation avec d'autres sociétés secrètes. En vain l'envoyé du gouvernement grec, Metaxa, écrivait-il au saint-père et aux plénipotentiaires réunis en congrès, des lettres remplies des protestations les plus rassurantes; en vain leur demandait-il, au nom de ses compatriotes, de fonder en Grèce un royaume chrétien, conservateur des intérêts sacrés qui leur avaient mis les armes à la main; M. de Metternich écoutait tous ces plaidoyers avec l'incrédulité hautaine et l'aisance présomptueuse qu'avait développées en lui la longue série de ses bonnes fortunes diplomatiques, et les appels faits à sa conscience ne réussissaient pas mieux que les appels faits à sa pitié. Une seule voix s'élevait alors pour protester contre ses prétentions, et cette voix était celle de M. de la Ferronnays qui, dans le cours du débat auquel cette question donna lieu, ne fut pas toujours assez maître de lui-même pour contenir son indignation (1).

L'arrivée de M. de Chateaubriand partisan, comme lui, de l'alliance russe et de l'émancipation des Grecs, parut d'abord devoir être pour lui un puissant renfort; mais autant M. de Metternich s'était évertué à donner du relief à la mission de M. de Blacas à Laybach, autant il s'évertuait maintenant à tourner en ridicule le nouveau venu, disant qu'il arrivait les poches pleines de constitutions, qu'il était la lumière de l'Europe, qu'il venait montrer au congrès ce que c'est qu'un homme, et d'autres plaisanteries du même genre dont il était facile de deviner la source et le but.

Dès que les plénipotentaires, réunis à Vérone, eurent abordé sérieusement la question espagnole, le rôle de M. de la Ferronnays se trouva subordonné à celui du duc Matthieu de Montmorency à qui sa qualité de ministre

---

(1) Je fais ici allusion à une scène qu'il me raconta lui-même à Rome, en 1830, et c'est le seul souvenir qui me soit resté du long récit qu'il me fit alors des principaux incidents de ce congrès.

des affaires étrangères donnait nécessairement voix prépondérante. On sait que, par suite de l'interprétation forcée qu'il avait donnée à ses instructions, il encourut le désaveu du président du conseil et du roi, et qu'il en résulta une crise ministérielle par suite de laquelle M. de Chateaubriand, à la grande joie des Grecs et de leurs amis, devint son successeur. C'était un demi-retour à la politique du duc de Richelieu, comme le prouve cette instruction sommaire adressée par le nouveau ministre au comte de Talaru : « Dans votre politique, soyez Russe. « Notre ennemie naturelle, l'Autriche, est très-malveil-« lante ; l'Angleterre voudrait nous brouiller avec la « Russie surtout (1). »

Ce programme contenait, dans sa brusque brièveté, toutes les prescriptions nécessaires pour ceux d'entre nos diplomates qui occupaient les postes les plus importants, et l'on comprend que M. de la Ferronnays ne dut pas être le moins empressé à s'y conformer. Mais avant de le suivre de nouveau en Russie, sur le théâtre de ses débuts diplomatiques, nous avons à raconter d'autres exploits bien autrement périlleux pour lui, et par conséquent bien autrement méritoires.

Entre son départ de Vérone et son retour à Saint-Pétersbourg, se trouve placé un assez long séjour qu'il fit à Paris, et pendant lequel il fut initié, plus peut-être qu'il ne l'aurait voulu, à des intrigues très-compliquées dont le fil conducteur apparaissait rarement à la surface des événements politiques, mais n'en exerçait pas moins une influence très-sensible sur le choix des instruments.

Le congrès de Vérone avait eu aussi sa chronique scan-

---

(1) Nettement, *Histoire de la Restauration*, vol. VI, p. 595.

daleuse, bien que sur une beaucoup moindre échelle que le congrès de Vienne. Les admirateurs enthousiastes de M. de Metternich (et il en avait beaucoup) disaient que, dans l'un et dans l'autre, il n'avait pas moins éclipsé tous ses rivaux par ses succès de boudoir que par ses succès de salon, et il fallait qu'il portât bien loin l'indiscrétion en pareille matière, puisqu'un des premiers renseignements que le bon Mathieu de Montmorency reçut de ses collègues, en arrivant à Vérone, fut que le chancelier autrichien *parlait quelquefois en fanfaron d'immoralité publique* (1). On devine facilement ce qu'un pareil exemple, venant de si haut, devait avoir de contagieux pour les serviles courtisans de cette puissance sans contrôle.

Il y avait là de quoi exciter le dégoût du noble duc ; mais ce qui dut blesser, au plus haut degré, son sentiment de loyauté monarchique, ce fut de trouver parmi les défenseurs officiels du dogme, déjà très-compromis, de la légitimité, des hommes dont l'esprit de dénigrement, loin d'épargner les têtes couronnées, s'exerçait de préférence à leurs dépens, surtout après l'arrivée du roi de Naples, doublement reconnaissant envers l'empereur Alexandre, d'abord parce qu'il s'était énergiquement prononcé pour une restauration immédiate, ensuite et surtout parce que, pour complaire à son royal protégé, Sa Majesté Impériale avait daigné faire venir des ours du fond de la Russie, pour régénérer la race appauvrie des Abruzzes. Malheureusement pour

---

(1) Nettement, vol. VI, p. 245. Menzel, dans son *Histoire des 120 dernières années*, dit en parlant du prince de Matternich : Von jugend auf, ein aimable roué, mit weibern tändelud, und das geld an sie verschwendend.

lui, ce n'étaient pas les ours seuls qui avaient besoin de régénération dans ses États, et l'on comprend sans peine jusqu'où pouvaient aller les plaisanteries dans cette direction, une fois que les bornes du respect étaient franchies.

Les plaisanteries qu'on se permettait sur le compte de Louis XVIII étaient plus graves, et M. de la Ferronnays ne les entendit pas toujours de sang-froid. La crise ministérielle qui avait amené l'éloignement du duc de Richelieu et l'élévation de M. de Villèle, n'avait pas été accomplie, disait-on, par l'action normale des pouvoirs publics, mais par l'influence peu régulière d'une femme astucieusement intrigante qui exploitait, au profit de son ambition et de sa cupidité, les faiblesses plus ou moins avérées de son royal protecteur. Voilà ce que mandaient aux plénipotentiaires réunis à Laybach, les correspondants qu'ils avaient à Paris et qui se faisaient à la fois un plaisir et un devoir d'assaisonner leurs dépêches d'anecdotes plus ou moins scandaleuses, selon la diversité des goûts qu'ils avaient l'intention de flatter.

C'était une des plus incurables faiblesses de Louis XVIII de croire qu'avec sa prérogative royale, il pouvait élever un favori, quelque impopulaire qu'il fût, au-dessus des atteintes de la malveillance, et braver impunément les interprétations fâcheuses dont ses faveurs étaient susceptibles. Peu difficile sur la valeur intrinsèque de ceux qu'il honorait spécialement de ses bonnes grâces, il se déterminait par des considérations qui semblaient démentir l'idée qu'on s'était faite de sa faculté d'appréciation, et bien qu'il eût, à certains égards, un sentiment vrai de sa dignité, on est obligé de convenir qu'il l'oublia quelquefois dans ses rapports avec ceux ou celles qui étaient les objets de ses préférences. Lui qui savait si bien tenir compte de l'opinion publique, quand de grands intérêts politiques étaient en jeu, il avait l'air de la défier pour satisfaire un caprice, et ce fut ainsi qu'il affaiblit peu à peu, aux yeux mêmes de ses plus sincères partisans, le prestige dont ses premières années de popularité avaient entouré son trône.

Son premier favori, après la Restauration, avait été M. de Blacas, beau-frère de M. de la Ferronnays, mais sans lui ressembler en rien. C'était un homme assez instruit auquel on ne pouvait pas refuser la qualification de grand seigneur, et à qui son principal défaut, qui était l'arrogance, ne pouvait pas nuire dans l'esprit de son maître.

Son successeur, M. Decazes, doué de qualités politiques très-médiocres, n'en laissa pas moins des traces profondes de son passage au pouvoir, et l'on peut dire que ces traces ne se sont jamais effacées. L'engouement dont il fut l'objet, depuis 1816 jusqu'à 1820, est une des énigmes les plus inexplicables du règne de Louis XVIII; car ce ministre n'était ni un grand seigneur, ni un grand génie, ni même un grand acteur. Néanmoins il l'emporta un jour, non sans scandaliser M. de la Ferronnays, sur le noble duc de Richelieu, et le roi crut lui donner un brevet d'immortalité, quand il lui dit, avec cette familiarité affectueuse qui faisait tant de jaloux : « Je t'élè-
« verai si haut que tu feras envie aux plus grands sei-
« gneurs. »

De M. de Blacas à M. Decazes, il y avait eu chute, aristocratiquement parlant. De M. Decazes à madame du Cayla, la chute fut encore plus forte, bien que l'avénement de cette favorite ne parût pas d'abord laisser pressentir les inconvénients qui en résultèrent bientôt. Mais les moyens employés par elle pour arriver à ses fins étaient tellement extraordinaires qu'on ne voudrait pas y croire, si son principal complice ne s'était chargé lui-même de les révéler. Grâce aux indiscrétions étranges commises par M. Sosthène de la Rochefoucauld, non-seulement nous savons comment les rôles étaient distribués et remplis, mais nous tenons, pour ainsi dire, le fil de la plupart des intrigues qui aboutissaient au pied du trône, et quand ce fil nous échappe, la théorie des inductions nous aide à y suppléer par des conjectures.

Ces intrigues embrassaient toutes les affaires qui relevaient, directement ou indirectement, de la prérogative royale, et ce n'était pas toujours la volonté des ministres ni l'intérêt public qui décidait de la nomination aux emplois importants et surtout aux emplois lucratifs. A plus forte raison y avait-il une recommandation plus décisive que la leur, quand il s'agissait des faveurs de cour auxquelles l'opinion publique attachait le plus de prix. Nous savons maintenant sous quelle influence et dans quel but, tel personnage qui croyait tout devoir à son mérite personnel, recevait le cordon bleu ou toute autre distinction (1). Nous savons qui inspirait le discours prononcé par le roi à l'ouverture des chambres, le 18 janvier 1823. Enfin nous savons la devise ou plutôt le mot d'ordre de ce couple infatigable : *C'est à nous à tout faire; eh bien! faisons tout* (2). Et ils faisaient tout en

---

(1) Chaque fois que le roi donnait à un favori le titre de duc, les mécontents de la Vendée et ceux qui leur servaient d'écho à Paris, se demandaient comment on pouvait oublier le nom de la Rochejacquelein.

(2) *Lettres à madame Du Cayla*, let. 45, p. 120.

effet, y compris des ministres, mais à condition que ceux-ci seraient dociles et reconnaissants.

Que de manœuvres pour faire arriver M. de Villèle d'abord au ministère et ensuite à la présidence du conseil ! « C'est à vous, » écrivait le vicomte Sosthène à madame du Cayla, « c'est à vous de faire valoir les immenses
« services rendus par M. de Villèle. Il a senti combien
« votre influence est forte. S'il devient premier ministre,
« faites comprendre au roi qu'un éclat durable serait
« jeté sur son règne. Le succès est nécessaire. J'ai tou-
« jours cru au fond du cœur que cela n'arriverait que
« par vous (1). »

Mais il faut voir un peu plus tard le revers de la médaille. Villèle n'est plus qu'un méchant personnage, un homme sans foi dont il faut se défier. Mathieu de Montmorency et lui sont d'horribles gens. Ce sont les propres expressions de la toute-puissante comtesse; et elle ajoute avec un ton de confiance presque cynique :
« Il faut ruser et l'emporter..... Je secouerai le petit
« Villèle. Il me craint plus qu'il ne m'aime, cela m'est
« égal. Le petit homme a peur; je vais continuer de
« lui montrer les dents... Ami, je suis bien aise que vous
« lisiez dans mon cœur par le roi (2). »

Ce qu'on lisait dans ce cœur, ce n'était pas le désir de se débarrasser de M. de Villèle, mais le dépit de ne pas trouver en lui un instrument assez docile. Après bien des tracasseries du même genre, le ministre, qui n'osait probablement confier ses chagrins à personne, écrivait sur son carnet ces paroles significatives :

---

(1) *Lettres de madame du Cayla*, let. 59, p. 142, 143.
(2) *Mémoires de M. de la Rochefoucauld*, p. 461, 474, 475.

« J'ai eu la preuve qu'on avait travaillé auprès de Sa
« Majesté pour faire remplacer Corbière en dépit de
« moi..... Ces intrigues de cour sont intolérables pour
« ceux qui ont le poids des affaires et ne les trouvent
« pas assez attrayantes *pour user de l'utilité dont ils
« sont*, afin d'imposer au maître l'obligation de les éloi-
« gner de sa familiarité (1). »

Ainsi c'était alors le tour de M. Corbière, et l'on mettait d'autant plus de persistance à le décrier, que M. Sosthène de la Rochefoucauld était celui à qui l'on destinait sa dépouille. On disait pour justifier cette prétention, et l'on disait avec quelque raison que c'était lui qui avait été le véritable créateur du dernier ministère, et qu'il s'agissait tout simplement d'acquitter une dette qu'on avait contractée envers lui. De plus, il y avait des précédents en sa faveur, le Roi ayant déjà accepté des ministres de la main de madame du Cayla. C'est le vicomte lui-même qui l'affirme à plusieurs reprises. Mais il importait, avant tout, de débusquer M. Corbière de sa position parlementaire.

Du reste on aurait tort de croire que le parti royaliste, pris dans son ensemble, ne vît pas avec chagrin le nom du roi mêlé à toutes ces intrigues. Plus d'une fois, le journal le *Drapeau blanc* les avait signalées à l'attention et même à l'animadversion de ses lecteurs. A plus forte raison, les organes de l'opinion hostile à la royauté, toujours prêts à exploiter tout ce qui pouvait la rendre ridicule ou odieuse, avaient-ils profité de cette bonne fortune pour satisfaire leurs rancunes. Leur imposer si-

---

(1) Cette phraséologie est étrange et semble faite pour voiler une faiblesse que M. de Villèle n'osait pas s'avouer à lui-même.

lence ou leur intenter des procès, était impossible, à cause du scandale qui en résulterait, soit que les coupables fussent punis, soit qu'ils fussent absous. Le seul remède efficace, et ce remède pouvait s'appliquer à tous les genres d'indiscrétion, c'était d'acheter les journaux et de procéder contre eux par voie d'amortissement.

Cette opération scandaleuse, justement flétrie dans l'histoire de M. Nettement (1), occupe une place considérable dans les confidences que nous a laissées M. Sosthène de Larochefoucauld. Les félicitations échangées entre lui et madame du Cayla sur le succès croissant de leur insolente spéculation, seraient regardées comme des inventions de la haine, si elles provenaient d'une source moins authentique. M. de Villèle lui-même semble en avoir rougi pour son maître, quand il écrivait dans son journal que, pour acheter des actions de journaux, *trois ou quatre millions avaient été puisés à la liste civile par trop de condescendance du roi* (2).

Vis-à-vis des pays étrangers, on employait plus volontiers le système des gratifications, et le sexe le plus insinuant avait naturellement la préférence. Dans les deux capitales où l'on craignait le plus les mauvaises langues, à Rome et à Pétersbourg, on en louait de bonnes qui ne coûtaient pas très-cher, comme le prouve ce passage d'une lettre du vicomte à sa correspondante :

« Deux cents francs et beaucoup de politesse seraient
« bien placés chez une femme qui approche les impé-
« ratrices, dans un pays où l'on a de vous une opinion
« fausse (3). »

(1) Vol. VI, p. 755-758.
(2) Cité par M. Nettement, vol. VI, p. 755.
(3) Chap. 214, p. 352.

La plupart de ces manœuvres diplomatiques étaient connues de M. de la Ferronnays longtemps avant son arrivée à Paris. Mais quand il vit de près l'effet des trames qui avaient été ourdies par ces deux associés, au détriment de la dignité royale, il ne put contenir son indignation, non-seulement contre les deux coupables, mais contre tous ceux à qui leur position, officielle ou exceptionnelle, imposait des obligations que ni la conscience ni l'honneur ne leur permettaient d'éluder. Il ne comprenait pas que la chambre des députés, instruite, comme elle devait l'être, du guet-apens qui avait clos la vie politique du duc de Richelieu (1), eût subi sans répugnance une combinaison qui était, selon lui, en contradiction flagrante avec les exigences du régime constitutionnel. La résistance à la volonté apparente du roi eût été un acte d'obéissance à sa volonté réelle et eût peut-être prévenu les funestes déviations qui amenèrent la catastrophe de 1830 (2).

C'est ici que commence à poindre l'antipathie de M. de la Ferronnays pour M. de Villèle, antipathie qui avait sa source dans deux sentiments honorables, sa reconnaissance pour le duc de Richelieu et sa susceptibilité monarchique comme dévoué serviteur du roi et son représentant officiel au dehors. Cette fausse position vis-à-vis du premier ministre avait de graves inconvénients,

---

(1) Le duc de Richelieu exaspéré disait à cette occasion à M. Ravez : « Ce « n'est pas le roi, ce n'est pas Monsieur, ce ne sont pas même les chambres « qui me chassent. Une intrigue, oui une pure intrigue dont j'ai été la dupe, « me met à la porte. » (*Mémoires de M. de la Rochefoucauld*, vol. VII, p. 42.)

(2) Voici ce qu'en dit le vicomte Sosthène lui-même : « Ce fut par des efforts « inouïs que vous parvîntes, Madame, à faire accepter au roi ces nouveaux « ministres. Ils étaient bien loin d'avoir sa confiance. » (*Mémoires, etc.*, vol. VII, p. 44.)

et bientôt elle en eut de plus graves encore, quand ce même ministre eut la faiblesse de se prêter à une intrigue tramée par les mêmes mains qui en avaient déjà tramé une à son profit, et dirigée contre celui de ses collègues dont les rancunes étaient le plus à craindre, c'est-à-dire contre M. de Chateaubriand. Entre lui et M. de Villèle, le choix de M. de la Ferronnays ne pouvait pas être un instant douteux, ne fût-ce qu'à cause du rôle prépondérant joué par madame du Cayla et son complice dans cette funeste manœuvre dont le succès devait produire des conséquences si désastreuses.

Assurément M. de Chateaubriand était parfois un collègue bien incommode; mais l'eût-il été bien davantage, ce n'était pas une raison pour le livrer, en quelque sorte, pieds et poings liés, à des détracteurs qui s'autorisaient du patronage royal pour satisfaire bassement leurs rancunes. Il faut voir dans les félicitations et les encouragements que s'adressent les deux complices, comment ils se distribuent les rôles : « Ce sera un pre-
« mier pas que le chat par terre (Chateaubriand);
« après cela il faudra faire flèche de tous bois,
« abreuver Corbière de dégoûts et le faire partir pour
« Rennes (1). »

Voilà dans quels termes s'exprimait Mme du Cayla. Son noble correspondant veut bien accorder un sursis; mais il fait ses conditions en prenant des airs de supériorité tout à fait comiques. « M. de Chateaubriand,
« dit-il, est un pauvre homme; mais c'est une sorte
« de parure pour le parti avec lequel il marche,
« parure parfois un peu gênante, mais n'importe. Il

(1) *Lettres de Mme du Cayla,* p. 464.

« faut travailler à lui éviter des sottises, et le jour
« où il en fera, le briser. Le Roi peut tout ce qu'il
« veut (1). »

Tel était leur dogme fondamental, en sous-entendant toujours que la volonté du Roi serait nécessairement la leur. De là les empiétements les plus audacieux sur les pouvoirs constitutionnels. « Il faut dans toutes les « ambassades des gens à nous », écrivait le vicomte enivré de sa faveur croissante ; et, comme prélude au remaniement diplomatique qu'il recommandait au zèle de son amie, il voulait que M. de la Ferronnays fût placé quelque part en Allemagne. « Il faut que nous « soyons partout et à tout », disait-il une autre fois, « c'est servir le Roi, et c'est aussi la volonté du ciel, « qui permet que je réussisse dans tout ce que j'en-
« treprends, parce que, j'ose le dire, je fais tout par
« amour du bien (2). »

Malgré de si édifiantes dispositions, le ciel ne l'aida pas cependant à débusquer M. de la Ferronnays qui était, aux yeux de l'empereur Alexandre, l'unique et véritable héritier de la politique du duc de Richelieu, tandis que M. de Villèle, de son propre aveu, n'y comprenait rien du tout ou n'y voulait rien comprendre. Cette indifférence fut, pour M. de la Ferronnays, une raison de plus d'éviter tous rapports avec le Président du Conseil, tandis que ceux qu'il n'avait cessé d'entretenir avec M. de Chateaubriand devenaient tous les jours plus marqués. De là un redoublement d'alarmes dans le camp de l'intrigue. « Villèle est ébranlé aux

---

(1) *Mémoires*, etc., chap. 124, p. 258.
(2) Chap. 171, p. 305 ; chap. 65, p. 152 ; chap. 82, p. 178.

« yeux de tous », écrivait le vicomte Sosthène, « il
« faut le sauver, il faut qu'il vous voie, qu'il ne recule
« pas plus que moi... si Villèle a le dessous, la France
« est perdue. Quel dommage que moi seul aie du carac-
« tère (1) ! »

Il y avait donc alors une véritable crise ministérielle dont nous pouvons entrevoir les péripéties, grâce aux révélations inappréciables, bien qu'incomplètes, de celui qui les suivait avec le plus d'anxiété. C'est lui-même, le vicomte Sosthène, qui nous apprend qu'il fut sérieusement question d'une combinaison ministérielle dans laquelle M. de la Ferronnays aurait figuré comme ministre des affaires étrangères. C'eût été une concession faite à l'empereur Alexandre, vu le besoin que nous avions alors de l'alliance russe, à cause de l'attitude suspecte de l'Angleterre. Le peu de zèle qu'avait mis M. de Villèle à cultiver cette alliance, était un des reproches les plus fondés que lui faisaient les hommes politiques de son parti. C'était aussi un des griefs de M. de la Ferronnays qui menaçait d'en faire la matière d'un discours qu'il prononcerait dans la Chambre des Pairs. On eut tellement peur des allusions qu'il pourrait y mêler, qu'on employa de grands moyens pour obtenir de lui la promesse de ne le prononcer qu'avec permission.

On devine sans peine les anxiétés que tout ceci devait causer en haut lieu. C'était toujours le même cri d'alarme :

« La France est perdue, si Villèle a le dessous ; il n'y a
« pas de temps à perdre, ni de ménagements à garder. »

(1) Voir ses *Lettres à Mme du Cayla*, 187-188.

Alors le vicomte Sosthène, pour éclairer le péril, sinon pour le conjurer, eut l'idée bizarre de chercher une entrevue avec l'homme qui était le plus en garde contre ses manœuvres, avec M. de la Ferronnays. Ce qui se passa entre ces deux interlocuteurs si dissemblables, ne fut pas aussi peu accentué que voudrait le faire croire l'auteur des mémoires déjà cités. Il avoue bien que *la conversation avait été fort grave par ses résultats, que la Ferronnays*, comme il l'appelle, *était tout à fait perdu pour Villèle, que ce dernier avait trop négligé l'empereur de Russie.* Il avoue même que M. de la Ferronnays s'était écrié : « Que voulez-vous que je fasse, je ne vois partout que des intrigues. » Mais il supprime la note dominante, c'est-à-dire l'indignation avec laquelle ces paroles et d'autres qui leur servaient de commentaire, furent prononcées. Surtout il supprime certaines ouvertures qui furent timidement hasardées en vue d'une fête dont les préparatifs intéressaient, au dernier point, tous les courtisans qui savaient leur métier, et Louis XVIII plus qu'aucun d'eux.

Cette fête devait avoir lieu le 2 mai, avec toute la solennité possible, dans le château de Saint-Ouen devenu, par un don tout récent de la munificence royale, la propriété ou plutôt l'apanage de madame la comtesse du Cayla. L'occasion ou plutôt le prétexte de cette démonstration était la célébration d'un anniversaire auquel le roi tenait beaucoup, celui de la fameuse déclaration, premier gage de ses dispositions conciliantes envers la France nouvelle. Mais il y avait quelque chose à quoi il tenait encore davantage, c'était de procurer à la vanité de la Châtelaine toute la satisfaction à laquelle semblait lui donner droit le culte que professait pour elle son royal admirateur. C'était lui qui avait voulu faire tous les frais de cette commémoration; et l'on peut dire, je crois, sans exagération, que la pression qu'il exerça, de près ou de loin, pour y faire assister en grande pompe tous les dépositaires immédiats de son pouvoir ou de sa confiance, fut un des usages les plus doux qu'il fit de sa prérogative pendant toute la durée de son règne.

Ce n'était pas seulement la France, dans la personne de ses députés et de ses hauts fonctionnaires, qu'il s'agissait de mettre aux pieds de l'idole du jour, c'étaient aussi les puissances alliées dans la personne de leurs ambassadeurs (1), auxquels on adjoignait nécessairement toutes celles de nos illustrations diplomatiques qu'un congé temporaire ou toute autre circonstance fortuite rendait en ce moment disponibles. Le duc de Blacas, avec toute sa hauteur de ton et de manières, n'était pas assez fier pour se dispenser de faire comme les autres, et la conquête était trop flatteuse pour que l'historiographe de la conquérante n'en fît pas mention dans ses mémoires (2). Cependant il y avait une autre conquête à laquelle on attachait encore plus de prix, mais qu'on n'osait pas regarder comme possible ; c'était celle de M. de la Ferronnays aux yeux de qui l'exemple de son beau-frère n'était d'aucun poids, et qui s'obstinant à voir dans M. de Villèle le protégé de madame du Cayla, n'avait voulu avoir de relations d'affaires qu'avec M. [du Chateaubriand qu'elle poursuivait de toute sa haine, et que personne, dans l'entourage du roi, n'avait le courage de défendre contre elle.

(1) Le vicomte Sosthène dit positivement dans ses *Mémoires* (p. 68) que *le Roi voulut que tous les ambassadeurs et toutes les autorités fussent convoqués.*
(2) Voir la correspondance, let. 463.

Attaquer de front la position prise par M. de la Ferronnays était inutile. Pour la tourner, on eut recours à une influence jadis plus puissante sur lui que celle du roi lui-même, à l'influence du comte d'Artois, dont les habitudes de familiarité affectueuse avec lui avaient complétement cessé à dater du jour de cette fatale rupture que j'ai racontée plus haut. Contrairement à l'espoir de ceux qui avaient ménagé l'entrevue, ces habitudes ne furent pas reprises, et le prince, à qui les protecteurs de madame du Cayla avaient fait la leçon, eut la mortification de voir, quand il parla de Saint-Ouen, qu'on faisait semblant de ne pas le comprendre. L'éloge pompeux qu'il fit de M. de Villèle, et qui était dans sa bouche une leçon mal apprise, ne produisit pas un effet beaucoup plus satisfaisant. Il eut beau vanter *la sagesse et les talents du ministre qui, au milieu de tant d'ambitions et d'intrigues, n'en était pas moins la cheville ouvrière de tout.* Il eut beau dire *qu'il ferait tout pour augmenter encore son influence, si cela était possible;* M. de la Ferronnays qui savait à quoi ce panégyrique devait servir de préambule, écoutait avec une attention respectueuse mais défiante. Il avait déjà prononcé le nom de Chateaubriand en guise d'objection à la démarche qu'on semblait attendre de lui Le prince lui dit pour toute réponse: *Voyez M. de Villèle avant votre départ, c'est avec lui que vous devez vous entendre de tout et sur tout* (1).

Tout ce manége, et toutes ces intrigues ourdies en vue d'un grand triomphe d'amour-propre que voulait se

---

(1) L'auteur des mémoires dit que M. de la Ferronnays sortit de cette entrevue avec les meilleures dispositions, ce qui n'est pas tout à fait conforme au récit qu'il m'en a fait lui-même.

faire décerner, à tout prix, une femme qui ne travaillait qu'à diminuer, pour le présent et pour l'avenir, le respect que le frère de Louis XVI inspirait à son peuple ; toutes ces évolutions, bassement ambitieuses, qui se croisaient en tout sens dans la sphère d'idées et d'intérêts dont elle formait le centre, nous offrent un spectacle d'autant plus humiliant et en même temps d'autant plus instructif, que ce furent souvent les familles auxquelles leurs traditions domestiques commandaient le plus impérieusement l'abstention, qui se prosternèrent avec le plus d'empressement devant l'idole. Cela rappelle le mot de Napoléon à une grande dame qui portait un beau nom : « Au « fond il n'y a que vous autres qui sachiez servir. »

Au milieu de cet abaissement universel, un serviteur plus dévoué que les autres, ou du moins plus chevaleresque dans son dévouement, le plus désintéressé, le plus hardi de tous et surtout le plus dénué en cas de disgrâce, osa risquer une manifestation qui ne pouvait manquer de blesser au vif la favorite et son royal patron. M. de la Ferronnays, que l'on croyait converti par sa conversation avec le comte d'Artois, surprit tout à coup le Roi par la demande d'une audience de congé, motivée sur son départ immédiat pour Saint-Pétersbourg.

Une pareille demande, faite presque à la veille de la fête de Saint-Ouen, après tant d'avances directes et indirectes auxquelles rien ne manquait pour être interprétées comme des sommations, n'était pas propre à assurer à celui qui la faisait, une réception bien gracieuse. Aussi le postulant trouva-t-il le front royal très-assombri, et les premières paroles qu'il prononça, l'assombrirent encore davantage. Le court dialogue qui s'ensuivit et qui m'a été raconté par celui des deux acteurs auquel était échu le beau rôle dans cette scène plus que dramatique, m'est resté gravé, mot pour mot, dans la mémoire :

D. Ainsi vous voulez partir pour Saint-Pétersbourg ?

R. Oui, sire, dès demain. Tous mes préparatifs de départ sont faits.

D. Pourquoi êtes-vous si pressé ?

R. Les circonstances sont graves. C'est le service de Votre Majesté qui m'appelle à mon poste.

D. Moi, je vous dis que vous ne partez pas encore. Vous avez reçu une invitation pour aller à Saint-Ouen ?

R. Oui, sire ; mais mon intention n'est pas de m'y rendre.

D. Eh bien ! moi je veux que vous y alliez et je vous ordonne de prendre vos mesures en conséquence.

R. Que Votre Majesté mette mon obéissance à toute autre épreuve ; mais pour celle-là, c'est impossible.

D. Pourquoi donc imposssible ?

R. Parce que madame la comtesse du Cayla n'est pour moi qu'une étrangère.

Cette réponse, la plus audacieuse que Louis XVIII eût entendue depuis qu'il avait recouvré son trône, fit l'effet d'une étincelle tombant sur un baril de poudre. Son visage devint rouge de colère, et apostrophant son interlocuteur qu'il cherchait vainement à déconcerter par la fixité de son regard : « Comment, monsieur, lui dit-il avec un éclat de voix qu'on entendait du dehors, « êtes-« vous venu ici par hasard pour me donner une leçon ? « Sortez à l'instant de ma présence. » Et cet ordre fut accompagné d'un geste qui ne laissait aucune chance à la réplique ni aucune place à l'espérance.

Les conséquences immédiates d'une pareille audace étaient faciles à prévoir, et elles avaient été prévues et acceptées d'avance. L'honneur et la conscience étaient saufs, et M. de la Ferronnays connaissait, par expérience, la valeur des consolations puisées à cette double source. Sa digne compagne n'était pas moins résignée que lui; seulement elle mêlait à sa résignation une petite lueur d'espérance fondée sur l'opinion plus favorable qu'elle avait du cœur du Roi. Pendant ce temps, les angoisses, non de l'épouse, mais de la mère, étaient indicibles. A chaque instant on pouvait recevoir un message sinistre. Car le bruit de la scène orageuse qui s'était passée aux Tuileries, s'était répandu parmi les habitués du palais, et l'on savait que, si une détermination fâcheuse était prise, ceux-là ne la tiendraient pas secrète. Il eût été cruel de retarder d'un instant le surcroît de réjouissance que la nouvelle d'une disgrâce, impatiemment attendue, ne pouvait manquer d'apporter aux dévots pèlerins de Saint-Ouen!

Leur attente fut cruellement trompée; celle de la divinité du lieu le fut encore davantage. Après quatre jours d'anxiété décroissante, M. de la Ferronnays fut obligé de rétracter ses prévisions peu charitables sur les rancunes royales, et il repartit pour Saint-Pétersbourg, emportant un titre de plus à sa propre estime et à celle de tous les hommes qui, dans leur appréciation des personnages historiques, s'éprennent plus particulièrement de la noblesse du caractère.

La conséquence immédiate de cette aventure fut l'affermissement de son crédit auprès de l'empereur Alexandre et une entente plus cordiale que jamais avec M. de Chateaubriand, objet, comme lui, d'une sourde animosité à laquelle il était impossible que le Roi ne donnât pas tôt ou tard pleine satisfaction. Un an après la scène des Tuileries, que la favorite avait ressentie comme un affront personnel, le ministre qui, dans cette circonstance, s'était posé comme l'ami de M. de la Ferronnays, se vit enlever le portefeuille des affaires étrangères avec tout aussi peu de cérémonie que s'il en avait été le détenteur frauduleux. Cette faute, qui devait être payée si cher, ne produisit pas moins de sensation au dehors qu'au dedans. Les comités philhellènes adressèrent au ministre disgracié des témoignages de sympathie qui trouvèrent de l'écho partout où elle pouvait se manifester librement, et l'empereur de Russie fut si prononcé dans son improbation, que M. de la Ferronnays dut mettre en œuvre toute l'influence qu'il avait acquise sur l'esprit de ce prince, pour l'empêcher de blesser, par des remontrances intempestives, une susceptibilité d'autant plus ombrageuse qu'elle n'était pas entièrement personnelle.

L'avénement de l'empereur Nicolas, tout en modifiant considérablement la politique russe dans ses rapports avec la question grecque, ne changea rien à la position diplomatique de M. de la Ferronnays, et s'il avait pu craindre une diminution de confiance de la part du nouveau souverain, il dut être pleinement rassuré par la scène vraiment dramatique qui se passa entre eux le lendemain même de l'insurrection par laquelle fut inauguré le nouveau règne.

Cette scène, dont le récit se trouve dans une dépêche qui me fut lue par l'auteur lui-même il y a trente ans (1), eut lieu à la suite des félicitations adressées par le corps diplomatique à l'empereur sur le succès de la répression

---

(1) Toutes mes démarches et toutes mes instances pour obtenir la permission de reproduire cette intéressante dépêche, ont été infructueuses.

sanglante à laquelle il avait fallu recourir. Au moment où M. de la Ferronnays, après avoir interprété d'une manière digne de lui et de la gravité des circonstances les sentiments de ses collègues et les siens, se disposait à sortir avec eux de l'audience impériale, il se vit tout à coup arrêté par le czar que dominait en ce moment le besoin de s'épancher dans un cœur sympathique, et qu'une impulsion instinctive portait à choisir celui-là plutôt qu'un autre pour la confidence bien imprévue qu'il avait à faire. A peine se furent-ils trouvés seuls en face l'un de l'autre, que l'empereur, oubliant les lois de l'étiquette pour mieux soulager sa douleur, s'abattit sur la table qui était devant lui, et tenant sa tête entre ses mains crispées, se mit à fondre en larmes. Les paroles entrecoupées qui s'échappaient de sa poitrine oppressée, n'avaient rien de cette amertume superbe qu'on aurait pu attendre de lui après une pareille épreuve. Au contraire, si mes lointains souvenirs ne me trompent pas, le cri qui sortait de son cœur était plutôt, disait la dépêche, pour déplorer la cruelle nécessité où il s'était trouvé de commencer son règne en faisant couler le sang de ses propres sujets.

C'était là un début très-encourageant pour notre ambassadeur, et s'il m'avait été permis de satisfaire ma curiosité sur la teneur et la tendance des communications diplomatiques qui suivirent celle-là, je n'aurais certainement pas manqué de procurer la même satisfaction à mes lecteurs. Au reste, il y eut un point sur lequel le zèle du gouvernement russe se refroidit un peu après l'avénement de l'empereur Nicolas. Pour lui, la question grecque se trouva, pour ainsi dire, absorbée par la question des Principautés danubiennes, tandis que M. de la

Ferronnays, toujours fidèle à la cause qu'il avait si chaleureusement défendue contre M. de Metternich dans les trois congrès, continua de parler et d'agir comme si le successeur qu'on avait donné à M. de Chateaubriand avait hérité de ses sentiments en héritant de son portefeuille.

Heureusement les exigences de l'opinion publique, tant en France qu'en Angleterre et même en Russie, devinrent de plus en plus pressantes, et cette pression, jointe à des négociations habilement conduites, dans lesquelles le rôle de M. de la Ferronnays, sans être le plus apparent, n'en fut pas moins le plus efficace, cette pression, dis-je, aboutit enfin au traité de Londres du 6 juillet 1827, et à l'envoi des trois escadres de France, d'Angleterre et de Russie dans la Méditerranée pour délivrer la Grèce ou plutôt la Morée de la présence d'Ibrahim Pacha et de ses troupes. Cette délivrance, commencée par la bataille de Navarin, le 20 octobre 1827, sous le ministère de M. de Villèle, ne put être complétée que l'année suivante, quand une expédition française, sous les ordres du général Maison, alla débarquer dans le golfe de Coron. C'était M. de la Ferronnays qui, à la grande joie des Hellènes et surtout de Capodistrias, remplissait alors les fonctions de ministre des affaires étrangères.

Ces fonctions lui avaient paru tellement redoutables, que toutes les instances de ses amis politiques et de ses futurs collègues étaient venues se briser contre sa détermination invariablement négative. On avait beau faire appel à son patriotisme et à la spécialité de ses services diplomatiques connus et appréciés de tous ceux qui, à des titres divers, avaient figuré dans la même carrière que lui, on avait beau lui répéter que les Grecs et leurs amis l'appelaient de tous leurs vœux et que son entrée au ministère serait le signal de leur affranchissement, rien ne pouvait vaincre son refus fondé, disait-il, sur l'inexpugnable conscience de son incapacité. La difficulté ou plutôt l'impossiblité de trouver un autre candidat réunissant, au même degré que lui, toutes les conditions requises pour rassurer à la fois la nouvelle majorité parlementaire et le Roi faisait qu'on avait recours à tous les artifices imaginables pour triompher de sa résistance, mais toujours en vain. Enfin, après avoir épuisé tous les moyens de persuasion, on eut l'idée de recourir à la contrainte morale en mettant la modestie de M. de la Ferronnays aux prises avec la volonté royale.

Charles X ne s'était entretenu avec lui qu'une fois depuis dix ans, l'avant-veille de la fameuse fête de Saint-Ouen, et ce souvenir n'était guère propre à aplanir les dificultés. « Vous ne voulez donc pas être mon ministre, » dit le Roi, en continuant de supprimer le tutoiement familier dont il avait usé avec lui dans les jours d'exil et jusqu'à sa rupture avec le duc de Berry. Ici la réponse négative de M. de la Ferronnays fut plus longuement motivée qu'elle ne l'avait été avec ses collègues. A ses yeux, ses services diplomatiques, quelle qu'en pût être la valeur, ne pouvaient être une garantie suffisante ni pour le Roi, ni pour les chambres, ni surtout pour la France à laquelle son émigration d'abord et ensuite ses fonctions lointaines d'ambassadeur l'avaient rendu presque entièrement étranger. « Jamais, sire, » dit-il en terminant, « jamais la France n'eut plus besoin d'être
« gouvernée par des hommes qui aient fait leurs preuves

« et dont les antécédents soient assez bien établis pour
« aider Votre Majesté à conjurer les dangers qui nous
« menacent. » A ces mots, la physionomie du Roi chan-
« gea d'expression. « Eh bien ! » reprit-il, d'un ton de
voix que tout contribuait à rendre irrésistible, « eh bien !
« s'il y a des dangers, refuseras-tu de les partager avec
« ton ami? »

Ce n'était pas avec un cœur comme celui de M. de la
Ferronnays qu'on pouvait résister à un coup si bien
ajusté. Il fallut baisser la tête et subir, non sans marques
de mauvaise humeur, les félicitations des amis et des
collègues. Le lendemain de cette journée qu'il appelait
la journée des dupes, le nouveau ministre adressait la
lettre suivante à un correspondant dont la sympathie
n'était pas douteuse :

« Mon ami, je suis bien triste et bien malheureux !
« malgré toutes mes résolutions, j'ai accepté cette hor-
« rible place. J'aurais résisté peut-être aux ordres du
« Roi, j'ai cédé à sa tristesse, à sa bonté, et me voilà
« enchaîné. Vous lirez ce matin ma sentence dans le
« *Moniteur*, et vous pourrez vous dire que, dans ma
« nouvelle position qui sera si enviée par tout le monde,
« il n'y a pas d'homme en France qui se trouve plus à
« plaindre et plus malheureux. C'est une singulière
« chose que la destinée, et je ne comprends rien à la
« mienne qui me pousse toujours du côté opposé à celui
« où je voudrais aller. Jamais cependant je ne l'ai trou-
« vée plus triste, plus contraire à mes vœux que dans
« cette circonstance. Si jamais on vous dit que je suis
« ambitieux, que j'aime ce qu'on nomme les honneurs,
« l'importance des places, enfin toutes ces niaiseries
« humaines pour lesquelles on se bat et l'on bouleverse

« les empires, pressez-vous bien vite de dire que l'on en
« a menti! »

Tel était l'homme sous les auspices duquel j'inaugurai une nouvelle carrière qui aurait été très-probablement ma carrière définitive, si j'avais pu jouir assez longtemps du même patronage, et si la révolution de Juillet n'était pas venue ouvrir à mon patron et à moi de tout autres perspectives.

J'ai déjà dit que M. de la Ferronnays arrivait au ministère avec des idées très-arrêtées sur certaines questions de politique étrangère, et particulièrement sur la question grecque. Le nouveau ministre de la marine, M. Hyde de Neuville, entrait complétement dans ses vues, et ce furent eux qui, soit dans le conseil du Roi, soit dans les chambres, prirent presque toujours l'initiative des résolutions généreuses qui aboutirent à l'expédition de Morée, sous le général Maison. Un emprunt de 80 millions, jugé nécessaire pour en couvrir les frais, donna lieu à une discussion dans laquelle le beau rôle échut à M. de la Ferronnays, non-seulement parce qu'il avait à parler devant une majorité sympathique à ses vues, mais encore parce qu'on était curieux de savoir à quoi s'en tenir sur sa popularité qui n'était encore que négative, et sur la réputation qu'on lui avait faite d'être, à plus juste titre qu'aucun autre, le représentant de la partie vraiment chevaleresque de l'émigration.

Cette impatience était naturellement plus vive dans la Chambre des députés où ses antécédents étaient complétement ignorés, que dans la Chambre des pairs où l'on se souvenait qu'il avait débuté, en 1816, par une attaque véhémente contre la fameuse ordonnance du 5 septembre qui, selon l'opinion de Chateaubriand qui était aussi la sienne, *avait dispersé le peu de royalistes rassemblés pour reconstruire la monarchie légitime.*

Ceci n'avait guère été qu'une profession de foi politique. Sept ou huit ans plus tard, le même orateur, devenu notre premier diplomate, avait prononcé, devant la même chambre, un autre discours qui fut comme une révélation pour tous ceux qui ne l'avaient connu que dans l'exil ou à la cour. Rien n'y rappelait l'émigré ni le courtisan. L'accent en était ferme et fier, mais de cette fierté de bon aloi qui, dans certaines âmes, n'est pas moins attrayante qu'une vertu.

Quand il reparut à la même tribune, le 15 février 1828, ce fut moins à ses collègues de la pairie qu'à l'opinion publique du dehors et à ses organes, que furent adressées les déclarations énergiques par lesquelles le gouvernement préludait à une intervention plus décisive en faveur des Grecs. « Notre résolution est prise, » disait l'orateur avec un accent tout militaire, « nous sommes
« décidés à arriver à une pacification, même par la
« guerre, si la persuasion échoue. »

Mais ce fut surtout devant la Chambre des députés qu'il se montra le digne interprète des sentiments généreux dont les dispositions bien connues du nouveau cabinet favorisaient partout l'explosion. Dans le courant des mois de mai et de juin, M. de la Ferronnays, malgré son inexpérience parlementaire, prit la parole jusqu'à cinq fois pour justifier l'intervention armée que méditait la France, et pour élever le débat sur l'insurrection grecque à une hauteur que le ministère précédent n'avait pas su lui donner. A ses yeux, l'expédition en vue de laquelle on demandait un crédit de 80 millions était avant tout *l'acquittement d'une dette contractée par la politique envers la religion et l'humanité*. C'était à ces deux sentiments qu'il en appelait d'abord, même avant d'en appeler au sentiment national qui devait, selon lui, *élever la question actuelle au-dessus des chances d'une discussion ordinaire*. Pour sa part, il n'admettait pas la possibilité d'un pas rétrograde ou même d'une hésitation en face d'un pareil devoir. « La France, » disait-il aux députés dans la séance du 15 mai, « la « France ne saurait contempler avec indifférence les « malheurs prolongés des Grecs auxquels l'imposante « intervention de trois grandes puissances a donné « désormais le droit d'espérer un meilleur avenir. »

Ces paroles, comme toutes celles que prononça M. de la Ferronnays dans le cours de cette discussion, étaient comme un écho des traditions séculaires de la France dans ses rapports avec l'Orient chrétien, et ce rapprochement fut encore plus frappant, le jour où les Grecs de la Morée, à la première vue de nos vaisseaux libérateurs, se prosternèrent la face contre terre pour saluer notre pavillon et pour remercier Dieu de leur délivrance. Le 30 octobre 1828, le but de notre expédition était atteint.

Les difficultés militaires étaient vaincues, mais les difficultés diplomatiques ne l'étaient pas, à cause du mauvais vouloir de l'Angleterre qui allait jusqu'à désavouer, en plein Parlement, la victoire de Navarin et qui redoutait, par-dessus tout, l'agrandissement de la Russie aux dépens de la puissance ottomane. De là des complications sans cesse renaissantes qui, en lui rappelant celles que lui avaient suscitées pendant ses huit années d'ambassade à Saint-Pétersbourg, les agents plus ou moins accrédités du gouvernement britannique, avaient fini par lui inspirer une invincible antipathie pour la politique anglaise, mais sans porter atteinte à son estime pour le caractère national, ni à sa prédilection pour la société anglaise, partout où il la trouvait.

Cette incompatibilité de vues et d'intérêts entre nos voisins d'outre-Manche et nous, était le thème sur lequel j'exerçais le plus souvent et le plus volontiers ma plume encore bien novice, et l'on comprend qu'avec un tel patronage joint aux angoisses patriotiques dont j'étais souvent témoin, je me sois identifié de cœur et d'âme, avec les sentiments de celui que je regardais, en pareille matière, comme le plus infaillible de tous les guides. Je n'ai pas besoin d'ajouter qu'il en fut de même pour toutes les questions de politique extérieure ou intérieure dont la solution le préoccupa pendant la trop courte durée de son ministère.

Entre toutes les préoccupations qui se succédèrent dans son esprit, il y en eut une qui le tourmenta plus que les autres, tant à cause du sentiment de son incompétence, qu'à cause de la gravité des intérêts engagés. Il s'agissait du fameux débat auquel avait donné lieu l'illégalité prétendue de la position des jésuites en France devenus, grâce au surcroît de garanties qu'ils offraient aux familles, les dangereux rivaux de l'enseignement universitaire. Jamais la presse libérale ne s'était montrée si intolérante que dans cette occasion. Ses patrons, dans la Chambre des députés, signalaient les jésuites comme *le plus grand fléau de la France*, comme *la cause de ses maux présents et futurs*. C'était un spectacle scandaleux de voir des hommes qui ne parlaient que de constitution et de liberté, poursuivre avec un acharnement qu'on aurait bien pu qualifier de fanatisme, les auxiliaires désintéressés que les évêques s'étaient donnés pour l'éducation de la portion la plus pauvre de leur troupeau, destinée à remplir les vides que la mort faisait chaque jour dans les rangs du vieux clergé. Pour donner un commencement de satisfaction aux champions de la légalité, on avait nommé une commission de neuf membres chargés d'examiner les mesures qui devaient assurer l'exécution des lois du royaume dans toutes les écoles secondaires ecclésiastiques. Le résultat de cet examen fut que l'organisation de ces écoles n'avait rien de contraire aux lois du royaume, ni surtout aux principes de liberté consacrés par la Charte.

La voix prépondérante, dans cette commission, avait été celle de M. Lainé, l'un des oracles de M. de la Ferronnays dans les questions de politique intérieure, surtout dans celles qu'il n'avait pas étudiées lui-même. D'un autre côté, tous ses collègues n'avaient pas des opinions aussi indépendantes que les siennes. L'un, comme M. de Martignac, que Charles X appelait la Pasta, et sur le compte duquel on répétait ou on inventait mainte anecdote de coulisse, savait à peine ce que c'était qu'un petit séminaire; l'autre, comme M. Vatisménil qui voulait, à tout prix, se faire pardonner son ancienne affiliation à la congrégation, poussait aux mesures extrêmes et brûlait d'en devenir l'exécuteur en sa qualité de ministre de l'instruction publique; d'autres enfin gardaient une neutralité prudente, en attendant que le Conseil des ministres fût appelé à délibérer sur l'avis de la commission. Mais aucun n'était moins préparé que M. de la Ferronnays à se prononcer, avec connaissance de cause, dans un sens ou dans l'autre.

Avec une conscience aussi délicate que la sienne, il

était impossible qu'il ne cherchât pas autour de lui, dans les régions réputées les plus inaccessibles aux passions des partis, les lumières nécessaires pour suppléer à l'insuffisance des siennes. L'échange de lettres qui eut lieu entre lui et sa sœur, plus occupée que jamais de son frère dans ses prières, semblerait indiquer que la notion des priviléges de la sainteté, en matière de conseil, ne lui était pas complétement étrangère. Mais ce qui l'indique plus clairement encore, c'est l'appel qu'il fit, avant de prendre une détermination, à un homme que son caractère sacerdotal et ses antécédents bien connus mettaient à l'abri de tout soupçon de connivence avec ceux qui s'apprêtaient à frapper, dans quelques-uns de ses membres, la congrégation tout entière. En un mot, ce fut un prêtre et, qui plus est, un prêtre scrupuleux qui devint ainsi, malgré lui, l'arbitre du choix que M. de la Ferronnays était appelé à faire entre les deux opinions qui partageaient les chambres et le conseil des ministres.

Je regarderais comme une impardonnable témérité de ma part, d'essayer de reproduire ici, même approximativement, ce qui se passa entre ces deux interlocuteurs accablés l'un et l'autre, dans ce moment solennel, par le poids de leurs responsabilités respectives. Tout ce que je puis affirmer, c'est qu'il y eut, de la part de l'un, plusieurs appels consécutifs faits à la conscience et aux lumières supérieures de l'autre, et qu'il y eut parfois, entre les demandes et les réponses, des silences pleins d'angoisse auxquels une inspiration d'en haut semblait seule devoir mettre un terme. Plus M. de la Ferronnays s'humiliait devant l'arbitre qu'on lui avait envoyé, plus celui-ci sentait croître sa perplexité qui devint une véritable terreur, quand il s'entendit adresser une dernière sommation dictée par le besoin, de plus en plus urgent, qu'avait son interlocuteur d'éclaircir ses doutes, pour échapper au remords.

La mesure dont il s'agit, est-elle ou n'est-elle pas nuisible à la religion ?

En entendant cette dernière formule à laquelle il n'y avait plus moyen de faire une réponse évasive, le prêtre poussé dans son dernier retranchement, devint pâle comme la mort, et pour faire cesser le plus tôt possible l'embarras de la situation, il se hâta de répondre *non*, mais avec l'accent d'un désespéré qui aurait cru prononcer sa sentence de mort en prononçant cette syllabe. Pour le rassurer, on lui promit de ne jamais révéler son nom, et je puis affirmer, sur la parole de celui qui fit la promesse, qu'elle n'a jamais été violée (1).

A quelques jours de là, le conseil des ministre adoptait l'avis de la minorité de la commission, et le roi signait à contre-cœur les ordonnances de juin qui firent alors tant de bruit et qui sanctionnaient la violation la plus flagrante de la liberté des familles en matière d'éducation. On appelait cela *rentrer dans l'ordre légal*. C'était la formule favorite de la presse antireligieuse et antidynastique qui préludait ainsi à d'autres entreprises plus graves dont elle ne devait pas être seule à expier le succès.

Parmi les collègues de M. de la Ferronnays, il n'y en

(1) Tous ces détails furent notés dans mon journal, le 2 août 1837, à la suite d'une longue conversation que nous eûmes ensemble sur ce sujet. Des ecclésiastiques à qui Charles X avait posé la même question, avaient répondu dans le même sens que celui qui figure dans cette scène, et le Pape avait dit formellement à M. de Chateaubriand que *le spirituel n'était pas compromis par les ordonnances*, Mémoires d'outre-tombe, vol. VIII, p. 450.

avait pas un seul qui comprît aussi peu que lui le rôle compliqué de la presse périodique dans un gouvernement non encore affermi comme celui de la Restauration. Pendant ses huit années de séjour en Russie, il n'avait jamais eu occasion de populariser par cette voie les opinions qu'il lui importait de faire prévaloir. Non pas qu'il dédaignât les journalistes comme auxiliaires de sa politique, bien au contraire, et les premiers rapports qu'il eut avec cette puissance prouvèrent que la bonne intelligence n'était pas impossible. Mais il voulait, avant tout, des auxiliaires consciencieux, et comme la plupart de ceux qui s'offraient à lui n'étaient que des auxiliaires habiles et pourtant indispensables, il se vit bientôt en proie à un genre de perplexité qui n'avait probablement tourmenté aucun de ses prédécesseurs, du moins au même degré. Cette différence ne tenait pas seulement à sa scrupuleuse délicatesse qui ne fut jamais surpassée ; elle tenait aussi à certaines conditions déplorables de l'héritage politique qu'une haute intervention l'avait forcé d'accepter. La presse périodique, telle que l'avait constituée M. Sosthène de la Rochefoucauld par son opération d'amortissement, et telle qu'il l'avait laissée à son successeur, n'était plus ce qu'elle avait été sous l'influence immédiate du duc de Richelieu ou de M. Lainé. Au lieu de jouer le rôle de sentinelle vigilante et volontaire dans les conditions que lui avaient faites les exigences du gouvernement représentatif, elle avait appris d'un homme qui tenait ses pouvoirs de bien haut, à mettre ses services à l'enchère, et quoique le grand tentateur et sa complice eussent, depuis quatre ans, disparu de la scène, les habitudes de la tentation n'avaient pas disparu avec eux.

Or rien n'était plus antipathique aux idées de M. de la Ferronnays et à l'inflexible droiture de son caractère, que ce commerce clandestin entre les journalistes et leurs patrons, commerce d'autant plus compliqué que ces patrons eux-mêmes ne s'entendaient pas toujours entre eux et activaient la spéculation par leurs dissidences. Il fallait donc faire face à des hostilités multiples et soudoyer contre les hostilités latentes suscitées quelquefois par un collègue, les plumes les plus exercées à cette guerre de partisans, ce qui supposait dans celui qui voulait naviguer sur cette mer d'intrigues, un genre d'initiation ou plutôt de résignation peu compatible avec le respect qu'un homme d'honneur, en devenant homme d'État, ne cesse pas de se devoir à lui-même.

M. de la Ferronnays avait coutume de dire que les plus rudes moments de son ministère, les moments où il avait le plus de peine à se contenir, étaient ceux qu'il avait passés à écouter et à discuter des offres de service dont les auteurs ne semblaient même pas soupçonner le degré de répulsion qu'il éprouvait pour eux. L'un venait solliciter une gratification pour avoir supprimé, à l'insu du directeur de son journal, un article hostile au gouvernement et particulièrement au ministre des affaires étrangères. Un autre s'avouant effrontément l'auteur d'une violente diatribe contre les tendances de notre politique extérieure, venait offrir, moyennant compensation, de se réfuter lui-même. Un troisième, poussant encore plus loin l'effronterie, osait proposer, au nom de ses collaborateurs et au sien, de passer, avec armes et bagage, du parti de l'opposition dans le parti ministériel, pourvu qu'on les dédommageât convenablement des risques pécuniaires et autres qu'une si brusque défection leur ferait nécessairement courir. Cette fois-ci M. de la Ferronnays trouva que la mesure était comble, et quand, au sortir de l'entrevue qu'il venait d'avoir avec ce Janus à deux faces, il rentra dans le cabinet où j'attendais les instructions qu'il devait me donner ce jour-là, je n'eus pas d'abord le courage de les lui demander, à cause de l'agitation dans laquelle je le vis et de l'indignation qu'exprimaient son geste et sa physionomie habituellement si calme.

Bien que mes relations avec lui ne fussent pas de nature à provoquer de sa part quelque chose qui ressemblât à un épanchement, le besoin qu'il avait de se soulager du poids qui l'oppressait, était tellement impérieux, qu'il ne put s'empêcher d'éclater en ma présence; et alors ce ne fut pas seulement sur le cas particulier dont il venait d'être le témoin indigné, que portèrent ses invectives, ce fut encore plus sur le journalisme même et sur ceux dont l'ambition et la convoitise avaient fait dégénérer cette institution de son but primitif. Le mal lui paraissait désormais sans remède. « C'était, » disait-il, en s'animant toujours de plus en plus, « c'était une école publique de rébellion, de scan-« dale et de servilité. Si nous sommes destinés à voir « s'écrouler la monarchie, ce sera par l'action incessante « de ces mineurs infatigables qui en sapent tous les jours les fondements, et si nous voyons la religion perdre de plus en plus son empire sur les âmes, c'est bien plus « aux articles de journaux qu'à la réimpression des « OEuvres de Voltaire qu'il faut imputer cette déca-« dence. » Et il citait, à l'appui de son opinion, des arguments qui avaient d'autant plus d'autorité dans sa bouche, que c'était peut-être la première fois de sa vie qu'il éprouvait et témoignait une si vive sollicitude à cet égard.

Celle que lui inspirait l'inévitable décadence des caractères, sous un régime comme celui qu'avait inauguré l'homme qui naguère était l'arbitre de la presse gouvernementale, était pour le moins aussi vive. Un jeune homme du Poitou, issu de pauvres parents vendéens, et enrôlé, par besoin, parmi les rédacteurs d'un journal qui faisait une guerre systématique au nouveau cabinet, était venu un jour faire amende honorable auprès du ministre des affaires étrangères pour les articles que la peur et la faim l'avaient forcé d'écrire contre lui; et en guise d'expiation et de pacte avec sa propre conscience, il offrait à M. de la Ferronnays de mettre sa plume à son service; mais celui-ci refusa net. Seulement, pour adoucir la dureté de son refus, il usa de son crédit auprès de son collègue, M. Hyde de Neuville, pour mettre le jeune postulant à l'abri de toute tentative du même genre, et il ne lui demanda en retour que la promesse de s'abstenir de toute collaboration à quelque journal que ce fût.

Il y avait déjà quelque temps que ceci s'était passé entre eux deux, sans être communiqué à personne, lorsqu'eut lieu l'explosion d'indignation dont je fus témoin et qui se calma bientôt pour faire place à un sentiment d'ineffable bienveillance, dont je cueillis ce jour-là les délicieuses prémisses. Plus mon noble interlocuteur semblait attacher d'importance à ma conversion, plus je me sentais subjugué par lui. Depuis que je travaillais sous ses ordres, il m'avait fait rédiger quelques mémoires avec des matériaux empruntés à des dépêches diplomatiques venues de divers points de l'horizon, et dont j'avais à signaler ou à concilier les divergences. Mais jamais il ne m'avait demandé un article de journal, bien qu'il n'ignorât pas mes relations avec la *Quotidienne* et son rédacteur en chef, M. Michaud, que personne n'estimait et ne vénérait plus que lui.

Malgré cette estime et cette vénération, il employa ce jour-là toute son éloquence pour me détacher, non pas de la personne de mon patron qui m'était cher à plus d'un titre, mais de toute collaboration à son journal, sans excepter la collaboration littéraire. « L'indépendance de
« caractère était à ce prix, disait-il, pour un homme de
« lettres. Il est impossible qu'ayant à juger des écri-
« vains contemporains dont le suffrage peut vous être
« utile ou même nécessaire un jour, pour la satisfaction
« de quelque caprice ambitieux qui peut vous venir
« comme à tout autre, il est impossible qu'avec une pa-
« reille perspective, quelque lointaine qu'on la suppose,
« vous puissiez toujours être sincère avec vous-même et
« faire abstraction des considérations personnelles par
« lesquelles les hommes les plus intègres à leur début
« finissent par se laisser dominer. A quoi il faut ajouter
« l'inconvénient du parti pris en matière de critique ou
« d'appréciation soit des livres, soit des hommes, incon-
« vénient qui devient encore plus grave, quand il s'agit
« de juger les principes ou les personnages politiques.
« Il n'y a pas de tête dans laquelle l'idée d'une rétracta-
« tion entre plus difficilement que dans la tête d'un
« journaliste, même quand elle est déjà entrée dans sa
« conscience. Il sait que la trop minutieuse recherche
« des vérités contingentes discréditerait son œuvre, et
« que le public n'est pas habitué, comme le prêtre, à
« remettre leurs péchés à ceux qui les confessent. » Et

mon prédicateur, déjà riche de son expérience personnelle, depuis qu'il avait eu à traiter avec cette puissance dont les exigences l'inquiétaient chaque jour davantage, me citait, pour élucider sa thèse dont je ne donne ici que la substance, les exemples les plus propres à porter la conviction dans mon esprit déjà très-disposé à me prosterner devant le sien.

Ceux qui ont connu par expérience la fascination qu'exerçait la parole de M. de la Ferronnays, quand l'éloquence de l'imagination se combinait en lui avec l'éloquence du cœur, comprendront sans peine l'espèce d'exaltation que dut produire dans mon âme, cet appel si cordial et si nouveau pour moi, à quelque chose de mieux que mon intérêt purement intellectuel. Entraîné par une sorte d'enthousiasme dont je n'étais pas maître, non-seulement je lui promis de rompre le faible lien qui m'attachait, depuis trois ans, à la presse périodique, mais je pris en outre avec lui, ou plutôt avec moi-même, l'engagement très-sérieux de ne jamais participer, sous quelque prétexte que ce fût, à la rédaction d'un journal quelconque. Quoique je ne puisse pas me vanter de n'avoir jamais regretté l'impuissance à laquelle je m'étais ainsi condamné, sans exclure les cas où je serais sûr de ma compétence et de mon impartialité, cependant l'autorité, de plus en plus respectée, de celui qui imposa ce sacrifice à ma vanité littéraire, finit par le rendre tellement léger, qu'on ne pouvait plus l'appeler de ce nom. Je crois que toutes mes prévarications se sont bornées à un ou deux articles nécrologiques, service qui ne tire pas à conséquence, et qui a de plus l'avantage d'être plus promptement oublié par ceux qui l'ont demandé que par ceux qui l'ont rendu.

Tout ceci se passait vers la fin de l'année 1828, époque où mes relations personnelles avec le ministre étaient devenues beaucoup plus fréquentes par suite d'une tâche nouvelle qu'il m'avait imposée, celle d'exploiter pour lui les journaux étrangers en vue d'un tableau de notre situation politique, qu'il voulait adresser à tous nos ambassadeurs, y compris celui que nous avions à Londres et qui travaillait dans un sens entièrement opposé aux idées de M. de la Ferronnays, mais non pas à celles du Roi. Cet antagoniste secret qui aspirait dès lors au rôle fatal qu'il a joué depuis, était le prince de Polignac, qui avait son système de politique tant extérieure qu'intérieure, et qui se flattait plus que jamais de le mettre en œuvre à cause du désarroi dans lequel il trouva le nouveau ministère pendant un court séjour qu'il fit alors à Paris. L'antipathie du Roi pour quelques-uns de ses ministres, particulièrement pour MM. Hyde de Neuville et Martignac, était trop peu dissimulée pour ne pas laisser prévoir un retour ou du moins une tentative de retour à la politique si énergiquement répudiée par la nouvelle chambre. Le prince de Polignac laissa trop percer ce fol espoir dans l'entretien qu'il eut avec M. de la Ferronnays qui, dans un moment d'impatience, lui jeta son portefeuille en disant : « Puisque vous en avez tant envie, « prenez-le, ce sera tant pis pour la France, mais tant « mieux pour moi. »

A quelques semaines de là, une attaque de paralysie que l'on crut d'abord mortelle, vint ouvrir la succession si ardemment convoitée, et je n'ai pas besoin de dire que je fus un de ceux à qui la nouvelle de cette catastrophe imprévue causa le plus de douleur et de consternation. Je n'eus pas même la consolation de faire mes adieux à celui qui, indépendamment de tous ses titres à l'estime de ceux qui l'avaient connu, venait d'acquérir tant de droits à ma reconnaissance personnelle, et je le pleurai comme si on l'avait emporté du ministère pour l'enfermer dans son cercueil.

Son successeur par *intérim*, M. le comte de Portalis, malgré son peu de goût pour ce qu'il appelait la politique sentimentale des champions outrés de l'indépendance hellénique, connaissait assez mon patron et appréciait assez la rectitude de ses vues pour ne désavouer aucun des travaux qui m'avaient été imposés par lui; mais, en m'en demandant la continuation, il obéissait beaucoup moins à ses convictions intimes qu'à un sentiment de délicatesse envers son prédécesseur. Aussi m'aperçus-je bientôt de la différence qu'il y avait entre les inspirations que j'avais puisées à la première source et les renseignements que je puisais à la seconde. Mon travail avait été jusque-là trop peu mécanique pour que je ne me ressentisse pas de ce changement. Je devins chaque jour plus tiède dans l'accomplissement de ma tâche. On ne parut pas me savoir trop mauvais gré de ma tiédeur. Alors je me crus autorisé à transporter dans une autre sphère d'idées l'enthousiasme que je tenais, pour ainsi dire, en réserve. Je me souvins du baron Cuvier et du grand problème à la solution duquel il avait promis de travailler avec moi, dès que je serais en mesure de remplir toutes les conditions que m'imposait une si encourageante collaboration.

Tous mes loisirs de l'année 1829 furent consacrés à l'accomplissement de cette tâche, la plus attrayante de toutes celles qui m'étaient échues jusqu'alors, et aussi la plus profitable, grâce au vaste horizon scientifique qu'embrassait le génie de mon guide, et dont tous les rayons n'étaient pas perdus pour moi. Autrement mon sujet, touchant à tant de questions non résolues et à peine comprises, serait devenu pour mon intelligence encore peu exercée aux opérations synthétiques, un labyrinthe inextricable.

Je me suis souvent étonné depuis, que ce contraste si saisissant entre le progrès des sciences d'une part, et la décadence de la poésie, des arts et des croyances publiques de l'autre, chez le peuple qui, en dehors du christianisme, avait laissé le plus de traces et remué le plus d'idées dans chacune de ces trois sphères, je me suis étonné, dis-je, que ce spectacle si instructif pour les peuples qui sont entrés dans la même phase de civilisation et ont à doubler le même promontoire, n'ait pas provoqué les méditations de quelque génie supérieur, ne fût-ce que pour donner aux générations deshéritées destinées à clore la série des prospérités intellectuelles, la seule consolation dont ce triste sort soit susceptible, celle de savoir en vertu de quelle loi elles sont condamnées à le subir.

Pendant que toutes mes facultés étaient absorbées par cet intéressant problème, une révolution ministérielle que tous les spéculateurs politiques regardaient depuis longtemps comme imminente, vint troubler le calme relatif dont me faisait jouir l'insouciance de M. Portalis. Non pas que j'eusse à craindre les dispositions personnelles du prince de Polignac; bien au contraire, j'étais sûr d'avance qu'en ma double qualité de Breton et de volontaire des Cent jours, je trouverais en lui quelque chose de plus que de la bienveillance. Mais, d'un autre côté, je courais risque d'être, en quelque sorte, victime de la confiance que je pourrais lui inspirer, et d'être surchargé de travaux qui finiraient par se trouver incompatibles avec l'accomplissement de ma tâche favorite qui n'avait jamais eu tant d'attraits pour moi. Comme il me tardait d'éclaircir mes doutes à cet égard, je demandai une audience au nouveau ministre et je l'obtins dans les premiers jours de septembre. L'importance de l'entretien que j'eus avec lui, en a gravé la date dans ma mémoire.

Son accueil ne fut pas seulement bienveillant, il fut cordial au delà de tout ce que j'aurais pu imaginer, et ce qui me flatta encore plus que sa cordialité, ce furent les longs détails dans lesquels il entra pour me faire comprendre les exigences de la politique nouvelle qu'il se proposait d'inaugurer. Le pivot de cette politique devait être l'alliance anglaise, bien préférable, selon lui, à l'alliance russe et plus en harmonie avec les institutions que Louis XVIII, disciple constitutionnel de l'Angleterre, avait données à la France. Quant à la question grecque que j'avais plus à cœur qu'aucune autre, il parut vouloir la subordonner à de vagues éventualités auxquelles je ne compris rien, sinon qu'elles laissaient pressentir une opposition complète entre les idées de M. de la Ferronnays et celles de mon interlocuteur. « Maintenant, » ajouta-t-il de son ton de voix le plus caressant, « il ne « nous reste plus qu'à travailler ensemble à faire préva- « loir cette politique, en dissipant, par la voie de la « presse périodique et autre, les préventions qui ont « égaré, sur ce point, l'opinion publique. »

Avant que le prince eût achevé son allocution, j'avais entrevu la conclusion à laquelle il allait aboutir, et j'avais préparé ma réponse en conséquence. Cette réponse, que le lecteur a sans doute déjà devinée, fut aussi franche que respectueuse. Sans me permettre de rien préjuger sur le fond de la question, je me contentai de dire à son Excellence que son programme de politique extérieure étant en désaccord complet avec celui de son prédécesseur, auquel mes convictions étaient irrévocablement acquises, il m'était absolument impossible de faire ce qu'il me demandait.

Je m'étais bien douté que ma déclaration ne me nuirait pas dans son estime et qu'il trouverait moyen de concilier ma répugnance avec mes intérêts; mais j'avoue que je ne m'étais pas attendu à l'exquise délicatesse dont il ne cessa plus d'user envers moi, tant que je fus dans sa dépendance. « Monsieur, » me dit-il, en me serrant la main, « je suis heureux de trouver ici un homme ca-
« pable de me faire une pareille réponse. Si nous ne
« nous comprenons pas maintenant, j'ai la ferme con-
« viction que nous nous comprendrons plus tard. En
« attendant, poursuivez vos travaux historiques et si,
« pour leur donner plus de valeur, vous jugez que des
« voyages vous soient nécessaires, je vous autorise à vous
« absenter aussi longtemps que le permettront certaines
« convenances dont je suis obligé de tenir compte. »

Italiam, Italiam! m'écriai-je avec transport au sortir de cet entretien qui venait de m'ouvrir des perspectives d'autant plus ravissantes qu'elles étaient plus imprévues. Pour mettre le comble à ma joie, le bruit courut, sur ces entrefaites, que M. de Chateaubriand se démettait de l'ambassade de Rome, et qu'il était question de lui donner M. de la Ferronnays pour successeur. Je n'osais pas croire à tant de bonheur, et cependant ce n'était encore rien en comparaison de ce qui m'attendait.

Mais il fallait, avant tout, terminer la tâche doublement intéressante à laquelle m'astreignaient, outre les engagements pris avec moi-même, ceux que j'avais pris avec le baron Cuvier qui continuait à remplir les siens avec un zèle dont le vrai mobile ne me fut révélé que plus tard. Il fallait enfin tracer, sous sa direction et presque sous son inspiration immédiate, ce tableau de progrès scientifique qui devait servir de contraste, dans la même période, au tableau de décadence de tous les produits d'imagination, sans en excepter un seul.

Cette dernière partie de mon travail, pour laquelle j'étais presque entièrement livré à moi-même, devait nécessairement se ressentir de mon inexpérience et de l'insuffisance des documents que j'avais à ma disposition. C'était surtout en traitant du déclin des beaux-arts depuis Alexandre jusqu'à la conquête romaine, que cette insuffisance était désespérante. Des deux ouvrages composés par Aristote, l'un sur *le beau*, l'autre sur *la beauté*, il ne restait que quelques citations éparses qui ne servaient qu'à faire sentir combien cette perte était irréparable. J'interrogeais les gros volumes de Winckelmann, et je n'y trouvais de réponse à aucune de mes questions. Les littératures étrangères étaient, à cet égard, tout aussi stériles que la nôtre, excepté peut-être la littérature allemande plus riche qu'aucune autre en opuscules imperceptibles qui m'auraient été d'un grand secours, si j'avais connu leur existence. Il fallut donc, faute de mieux, procéder au dépouillement des auteurs les moins classiques de l'antiquité grecque, en y joignant ceux des écrivains latins qui avaient daigné donner quelque attention aux produits plastiques du génie hellénique, et de la fusion de ces divers éléments qui n'étaient pas parfaitement homogènes, former un tout qui ne fût pas trop indigne de servir de pendant au tableau qui intéressait plus spécialement mon illustre collaborateur et qui devait être bien plus son ouvrage que le mien.

Je m'étais d'abord imaginé que son zèle, qui se soutint merveilleusement jusqu'au bout, était l'effet d'une bienveillance personnelle que lui avait inspirée ma qualité de débutant, jointe à la naïveté de mes aspirations. Mais je m'aperçus bientôt que tout en s'intéressant à mon succès, il s'intéressait encore davantage à la thèse en elle-même et surtout aux conséquences qu'elle impliquait. Aussi ne se lassait-il pas de me montrer l'enchaînement qu'il y avait entre les diverses parties de mon sujet, m'apprenant à les subordonner les unes aux autres selon leur importance respective, retranchant ou ajoutant de sa propre main, quand j'étais prolixe ou obscur, en un mot procédant comme aurait pu le faire un auteur pénétré d'avance de sa part de responsabilité vis-à-vis des lecteurs habitués à respecter son nom et ses œuvres.

Quand mon second volume parut enfin au commencement de 1830, avec une préface dans laquelle la collaboration de M. Cuvier était bien nettement constatée, je m'attendais à un succès proportionné à l'importance scientifique de mon collaborateur. Mais ce succès ne vint pas assez vite pour que je me misse en peine de l'exploiter. C'était pour ainsi dire à la veille de mon départ pour Rome, et il n'y avait pas d'intérêt littéraire ou pécuniaire qui pût, à mes yeux, balancer celui-là. Ensuite vint la catastrophe de juillet qui changea pour un temps la direction des divers courants intellectuels auxquels le gouvernement de la Restauration était accusé bien injustement de n'avoir pas ouvert une assez large issue, de sorte que la portion du second volume sur laquelle l'un des plus illustres naturalistes de notre siècle avait apposé, pour ainsi dire, le cachet de son génie, passa presque aussi inaperçue que la portion à laquelle j'avais travaillé seul. Et cependant, quelque indigne que fût cette portion de figurer à côté de l'autre, leur réunion ou plutôt leur opposition constituait un problème qui avait déjà occupé des esprits sérieux, et dont la solution est devenue de nos jours plus urgente que jamais.

On sait que M. Cuvier était protestant; mais, ce qu'on ne sait pas assez ou du moins ce qu'on fait semblant d'oublier, c'est l'importance qu'il attachait aux dogmes fondamentaux du christianisme et à l'autorité des livres saints. Il ne saurait y avoir aucun doute à cet égard pour quiconque a lu ses *Recherches sur les ossements fossiles* et son *Discours sur les révolutions du globe.* Ici la date est importante; car ces deux protestations non équivoques contre les tendances anti-chrétiennes de la science contemporaine, sont de 1824, et on peut justement les regarder comme un acte de foi servant de couronnement à une carrière si utilement et si glorieusement remplie. Non pas qu'il fût resté oisif pendant les six années qu'il vécut encore; mais ce fut la dernière de ses publications importantes, comme si un instinct secret l'avait averti qu'il était temps de faire quelque chose qui lui donnât le droit d'être placé, comme naturaliste et comme savant, à côté des Copernic, des Newton, des Euler et des Keppler dans l'estime de la postérité.

Il y avait donc eu un travail mystérieux dans le puissant cerveau de cet homme extraordinaire, quand il eut dépassé sa cinquantième année, et ce travail avait eu pour résultat de lui suggérer un désaveu, non pas de la science elle-même qui fut son idole jusqu'à la fin, mais des interprétations arbitraires et sauvages par lesquelles on avait, depuis un siècle, dénaturé son rôle. L'accueil fait à cette profession de foi par les philosophes du temps et par un grand nombre de ses collègues, ne pouvait manquer de remuer, dans un esprit comme le sien, des idées dont l'enchaînement devait aboutir à des problèmes soit historiques, soit psychologiques plus faciles à poser qu'à résoudre. Qu'il fût occupé de ces solutions à l'époque où je fis sa connaissance, c'est ce qui ne saurait être pour moi la matière d'un doute, vu l'intérêt si gratuit et si persévérant qu'il prit à un travail aussi superficiel que le mien. Peut-être y trouvait-il de quoi suppléer, dans une certaine mesure, aux lacunes de son éducation esthétique qui n'était pas moins incomplète que mon éducation scientifique. Je m'en aperçus à la manière dont il me parla de mon chapitre sur la décadence des beaux-arts, lequel ne méritait certainement pas de fixer son attention, s'il avait été plus au courant de la matière. Je me souviens plus particulièrement de l'impression que produisit sur lui l'anecdote du musicien Antigénide qui, à l'époque où les modulations nationales commençaient à se gâter en Grèce par le mélange des modulations asiatiques, disait à un de ses disciples que déconcertait la froideur d'un auditoire déjà épris de ces innovations : « Eh bien, « si on ne t'écoute pas, chante pour moi et pour les « Muses. »

A la différence de presque tous les naturalistes de son siècle et du siècle précédent, Cuvier préférait les tendances de Platon à celles d'Aristote, tout en reconnaissant l'immense progrès que ce dernier fit faire à l'ensemble des connaissances humaines et à chacune des sciences en particulier. Mais les inconvénients d'un système qui semblait prendre exclusivement son point d'appui dans la méthode expérimentale, ne pouvaient échapper à un œil aussi pénétrant et aussi exercé que le sien. En voyant ce que devinrent les idées philosophiques d'Aristote entre les mains de ses disciples immédiats et plus encore entre celles de ses disciples éloignés, il était impossible, pour l'admirateur le plus enthousiaste, pour peu qu'il fût chrétien, de n'y pas soupçonner un germe latent de décadence qui avait dû nécessairement porter ses fruits. Que ne puis-je reproduire ici tous les développements que mon savant interlocuteur donnait à cette thèse dont j'étais loin de comprendre toute la portée ! J'ai souvent pensé depuis qu'elle lui était peut-être suggérée par les prétentions dès lors exorbitantes de la science contemporaine, supposition d'autant plus vraisemblable qu'il avait souvent à la bouche, en y changeant un seul mot, cette belle pensée de Pascal :

« La dernière démarche de la science c'est de connaître
« qu'il y a une infinité de choses qui la surpassent. Il faut
« savoir douter où il faut, assurer où il faut, se soumettre
« où il faut. » (1)

Une autre de ses thèses favorites pour laquelle mon esprit était encore moins mûr que pour la précédente, était le rapport de la science hellénique avec la science hébraïque par l'entremise de l'école d'Alexandrie. Autant que je puis me souvenir du point de vue dans lequel il se plaçait pour résoudre cette question, l'Hellénisme était, à ses yeux, un dissolvant très-dangereux pour les croyances contenues dans l'Ancien Testament, et il aurait

---

(1) Dans Pascal, il y a *raison* au lieu de *science*.

regardé l'introduction de la science des Grecs dans le Sanhédrin, comme un malheur non-seulement pour les Juifs, mais pour l'humanité tout entière. Ce qui était arrivé en Grèce où la science, telle qu'elle avait été comprise et propagée, avait miné peu à peu les croyances populaires et même les saines croyances philosophiques, n'aurait pu manquer, selon lui, d'arriver en Judée, quand les livres de Moïse et ceux des prophètes auraient été mis aux prises avec la dialectique d'Aristote. En un mot, il avait l'air de dire, mais il le disait avec plus de chagrin que d'orgueil, que, dans l'histoire intellectuelle des peuples trop civilisés, il vient un moment où la science et la foi ne peuvent plus s'entendre et que cette rupture était plus particulièrement à craindre là où l'ordre surnaturel jouait un rôle aussi prépondérant que dans la religion mosaïque (1).

Tous ces souvenirs, relégués depuis près de quarante ans dans les plus profonds replis de ma mémoire, se sont réveillés au bruit des cris de triomphe poussés, d'un bout à l'autre de l'Europe, par la science contemporaine plus enivrée que jamais de ses découvertes et des perspectives indéfinies qui semblent s'ouvrir devant elle. Une voix partie du camp ennemi, et cette voix était la plus autorisée de toutes, proclamait récemment encore, dans la capitale même de la civilisation moderne, l'incompatibilité définitive de la religion et de la science (2), et

---

(1) Pour expliquer la persistance de Cuvier dans sa croyance à la révélation, le *National* disait, en rendant compte de ses funérailles, qu'ayant été élevé dans le protestantisme, il n'était pas étonnant qu'il eût conservé un respect superstitieux pour la Bible.

(2) Voir l'article de la *Revue des Deux-Mondes* du 1er juillet 1869, où on lit le passage suivant :

« Il résulte de là que partout où la science est en progrès, l'orthodoxie est en

l'hommage séculaire que les compatriotes d'Alexandre Humboldt viennent de rendre à sa mémoire, a été pour beaucoup d'entre eux une occasion de blasphèmes scientifiques que la presse périodique a largement exploitée. On est allé jusqu'à se féliciter d'avoir été débarrassé par ce grand homme, de la notion stupide et importune de la Providence ; et ces félicitations ont trouvé de l'écho non-seulement dans les sociétés savantes, mais aussi dans les sociétés populaires.

Voilà précisément le danger qu'entrevoyait le génie perspicace de Cuvier, mais sans le croire aussi prochain. Un autre génie non moins perspicace, mais dans une autre direction, avait signalé encore plus hardiment que lui, l'écueil sur lequel un si grand nombre de notabilités intellectuelles de la fin du xviiie siècle avaient échoué.

« La physique, » disait Joubert, « a aujourd'hui une
« telle étendue et occupe tant de place dans l'esprit qui
« veut l'étudier, qu'elle en remplit toutes les capacités
« et en absorbe toutes les pensées. » Un peu plus loin, il affirme hardiment la disposition providentielle en vertu de laquelle « Dieu a laissé engendrer les sciences
« physiques au temps, mais en se réservant à lui-même
« les autres, la morale, la poésie et tout ce qui en dé-
« rive. » Enfin il termine son réquisitoire par cette dénonciation foudroyante non moins frappante par son opportunité que par sa justesse :

« Les savants forgent les sciences, cyclopes laborieux,
« ardents, infatigables, mais qui n'ont qu'un œil. »

« décadence ; elles marchent en sens contraire d'un pas égal. S'il venait un jour
« où la science eût rallié à elle tous les éléments d'une société, l'orthodoxie locale
« disparaîtrait en même temps. — E. Burnouf, p. 112. »

Voilà comment je fus initié, pour ainsi dire à mon insu, à la philosophie de la science. Maintenant il faut que je revienne à mon sujet et que je dise par quel concours de circonstances fortuites je fus initié à la science de la philosophie.

Le lecteur n'a pas sans doute oublié la lettre de félicitation que m'adressait, à l'occasion de mon refus des fonctions de censeur, un élève du collége Sainte-Barbe qui traduisait avec amour les discours de Démosthène et puisait dès lors, dans cette étude, quelque chose de mieux que le goût de la littérature classique. Le jeune Montalembert (car c'est de lui que je veux parler ici) avait contracté, dès son enfance, des habitudes d'esprit sérieuses qu'il devait surtout à l'influence de son aïeul maternel pour qui la société de son petit-fils avait été non-seulement une joie, mais un véritable besoin dans ses vieux jours. Quand la mort les eut séparés, le survivant, bien qu'à peine âgé de douze ans, était trop avancé pour redevenir enfant, et quand je le rencontrai, pour la première fois, l'année suivante, je fus non moins émerveillé de ses acquisitions précoces que de son impatience d'en faire de nouvelles. Comme les miennes étaient encore assez récentes, mon enthousiasme, qui n'était pas factice, n'avait pas eu le temps de se refroidir, et je me trouvai ainsi dans les conditions les plus heureuses pour faire aboutir une relation accidentelle à une liaison sérieuse et durable; car, aux yeux de mon jeune ami, l'enthousiasme était un ingrédient obligé de toute vraie jouissance d'esprit et de cœur; et ce fut sous l'empire de cette illusion ou de cette découverte que naquit entre nous, malgré la différence d'âge et d'opinions politiques, une sympathie alimentée par des aspirations identiques en dehors de ces opinions. Cette identité, que je pus entrevoir dès le premier jour, devint de plus en plus manifeste à mesure que notre confiance réciproque devenait plus intime.

Malgré l'attrait que ma conversation semblait avoir pour lui, je ne puis pas me flatter d'avoir influé sérieusement sur ses idées qui étaient dès lors très-arrêtées. Son éducation politique, encore plus précoce que son éducation littéraire, avait été faite beaucoup moins par les leçons du foyer domestique que par les livres anglais qui composaient le plus précieux bagage de son père au retour de l'émigration. Parmi ces livres il y en avait deux qui étaient faits pour enflammer à la fois son imagination et son cœur. C'étaient les discours de Burke et ceux du grand patriote irlandais Grattan. Ce dernier surtout, comme champion infatigable de la plus noble cause qui fut jamais, prit bientôt les dimensions d'un héros de croisade aux yeux de son jeune admirateur dont l'enthousiasme, accru de jour en jour par le retentissement des harangues patriotiques d'O'Connell, devait aboutir un peu plus tard à une excursion pleine de charmes pour lui, dans la patrie de ces trois grands hommes.

C'était là comme un pressentiment de la lutte mémorable que *le fils des croisés* devait bientôt engager contre *les fils de Voltaire* tant dans la presse que dans les chambres, et il faut avouer qu'il ne pouvait puiser ses inspirations à une meilleure source. De tout ce que les Irlandais avaient tenté pour résister à l'oppression et pour reconquérir leur liberté religieuse, il ne désavouait absolument rien, et, à ce titre, il préconisait, avec non moins d'enthousiasme, l'insurrection armée des Vendéens et des Bretons contre le despotisme révolutionnaire ; seulement il ne tenait aucun compte du point de vue dynastique, et il répudiait la formule qui semblait comprendre dans le même culte et dans le même amour le trône et l'autel, ce qui ne l'empêchait pas d'envier nos prouesses enfantines de 1815 et de me dire souvent qu'il aurait volontiers échangé sa pairie contre un pareil souvenir.

Ainsi nulle dissidence entre nous relativement à la question irlandaise ; mais j'étais moins rassuré que mon jeune coreligionnaire sur les conséquences que pourrait entraîner une alliance trop chanceuse et trop inégale avec un parti très-habile et très-fort dont les avances pouvaient couvrir un piége. Notre correspondance, de 1828 à 1829, roulait principalement sur cette question alors très-vivement débattue entre les deux fractions du parti royaliste. Je venais de faire un séjour de quelques semaines en Bretagne, parmi mes anciens compagnons d'armes, et j'y avais un peu retrempé ma foi monarchique qui en avait grand besoin, depuis que je m'étais trouvé enrôlé, presque à mon insu, sous la bannière un peu déteinte qu'avait levée Chateaubriand.

On jugera de la tournure qu'avait prise notre controverse par un fragment de lettre écrite, en mars 1829, sous l'empire des préoccupations auxquelles je viens de faire allusion. Elle était datée de Stockholm où le comte de Montalembert, alors ministre plénipotentiaire près la cour de Suède, avait fait venir son jeune fils enfin dégagé des entraves universitaires. Voici comment ce dernier répondait à mes sinistres prévisions sur l'avenir de la France :

« N'allez pas, je vous en supplie, vous abandonner à

« ce découragement politique que Burke appelle si jus-
« tement la plus funeste des maladies. N'allez pas dés-
« espérer de la cause que vous avez embrassée, et re-
« noncer à des principes sacrés parce qu'une génération
« sans croyances et sans élan semble les déshonorer par
« le prétendu attachement qu'elle leur porte. Je le vois,
« vous êtes consterné de ce manque absolu d'enthou-
« siasme et de foi politique, de ce désolant individua-
« lisme qui, depuis le triomphe du côté gauche, paraît
« prendre chaque jour de nouvelles forces ; mais, dites-
« moi, mon cher ami, est-ce en reculant vers le passé
« que vous pouvez remédier à ce triste état de choses ?
« Est-ce en vous associant à des gens dont le but, la
« direction intellectuelle et les émotions politiques sont
« toutes différentes des vôtres, que vous espérez pouvoir
« rendre quelques services à votre pays ? Ne devez-vous
« pas plutôt chercher à vous mettre à la tête du mou-
« vement actuel, à le maîtriser, à le diriger dans la bonne
« voie, à montrer que la foi religieuse n'est point une
« puissance retardatrice, que sa marche est moins timide,
« bien moins chancelante que celle d'une indépendance
« purement rationnelle ? Il n'y a pas jusqu'à l'abbé de la
« Mennais qui ne voie dans le mouvement actuel de la
« société une exécution des lois de la Providence. Nous
« qui avons les mêmes croyances que lui, seulement
« avec moins d'exclusivité, ne pouvons-nous pas espérer
« comme lui ? Pour moi, j'ai eu aussi des moments de
« désespoir et de découragement, mais j'ai su vaincre
« mes craintes. Ma propre carrière m'inspire bien peu
« de confiance, mais mon âme demeure inébranlable-
« ment attachée aux espérances qu'elle a conçues sur
« l'amélioration graduelle de la société, sur la régéné-

« ration de l'Église. Pour que le catholicisme triomphe,
« il faut qu'il ait pour alliée, pour tributaire la liberté.
« Je suis persuadé qu'un jour viendra où cette grande
« œuvre sera accomplie; nous ne verrons pas ce jour,
« mais du moins ne le retardons pas. »

On voit que ses préoccupations politiques étaient plus ardentes que jamais. Heureusement pour moi, il ne se laissa point absorber par elles, ni par ses études sur la littérature et les institutions scandinaves, ni même par son cher projet de voyage en Irlande. La rencontre fortuite d'un prêtre catholique initié au mouvement philosophique de l'Allemagne, vint contre-balancer, dans l'esprit de celui qui s'était fait momentanément son disciple, l'influence jusque-là trop exclusive des leçons de M. Cousin qui n'avait vu ce mouvement que par le côté analogue à ses propres tendances, et qui, dans son récent enivrement de *la raison pure*, aspirait à se faire le prophète officiel de cette nouvelle religion. Voici ce que m'écrivait, à ce sujet, mon jeune correspondant :

« Je lis Kant que je trouve horriblement difficile.
« M. Cousin m'avait recommandé de m'y livrer exclusi-
« vement; mais je ne suivrai pas son conseil. J'ai fait
« ici une découverte bien précieuse, celle d'un prêtre
« catholique philosophe et qui croit que l'on peut arriver
« à la foi par la science. Sa tolérance répond à sa science,
« et plût à Dieu que notre clergé possédât seulement dix
« membres comme lui. Il m'a révélé l'existence d'une
« école nombreuse, qui règne dans les universités du
« midi de l'Allemagne, Vienne, Munich, Landshut, et
« qui a pour but de combiner la philosophie avec la
« religion, pensée qui a toujours présidé jusqu'ici à mes

« études philosophiques. Elle a pour chefs Zimmer et
« Baader, théologien catholique et disciple du grand
« Schelling, si mal compris en France. »

Si la rencontre de l'abbé Studach (c'était le nom du prêtre dont il est ici question) fut providentielle pour M. de Montalembert, elle le fut bien autrement pour moi, grâce au soin qu'il prit de noter tout ce qu'il entendait, autant du moins que le permettaient les inconvénients de l'improvisation en pareille matière et les inconvénients encore plus graves d'une terminologie arbitraire; mais les nuages étaient assez transparents pour laisser entrevoir des solutions dont l'affinité avec la poésie était pour nous un charme de plus; ou plutôt c'était le seul charme, car de la partie métaphysique nous ne pouvions guère apprécier que les tendances. Je dis *nous*, parce que mon jeune initiateur, revenu de Stockholm à Paris dans l'automne de 1829, n'eut rien de plus pressé que de me lire son journal pour me mettre au courant des excursions aventureuses qu'il avait tentées dans une direction opposée à celle que lui avait tracée M. Cousin. Cette lecture fut un événement décisif dans ma vie intellectuelle. Non pas que je comprisse la portée des idées qui constituaient le système; mais j'en comprenais assez pour désirer passionnément d'en comprendre davantage, et ce fut alors que le confident très-sympathique de mes aspirations me parla, pour la première fois, de l'immense profit intellectuel qu'il y aurait pour moi à combiner un voyage d'Allemagne avec mon voyage d'Italie, de manière à cumuler les bénéfices des deux, c'est-à-dire à rapporter de l'un une moisson d'idées qui serait en harmonie avec la moisson d'impressions que je rapporterais de l'autre. C'était là une combinaison qui pouvait en effet devenir féconde, si la fortune continuait à me sourire comme elle l'avait fait jusqu'alors.

En effet, non-seulement le prince de Polignac me mettait, pour ainsi dire, les rênes sur le cou, mais M. de la Ferronnays, devenu effectivement notre ambassadeur à Rome, renouait, de la manière la plus gracieuse, ses relations avec moi, en m'invitant à partir de Paris avec sa famille que je connus alors pour la première fois. Ce fut Albert qui voulut être le messager de cette bonne nouvelle. Ce fut lui qui m'introduisit auprès de sa mère et de ses sœurs pour lesquelles la perspective d'un voyage qui devait aboutir à la ville éternelle, n'était pas moins enivrante que pour moi. En attendant, nous nous préparions de notre mieux à notre pieux pèlerinage par des lectures appropriées au genre de jouissances que nous avions en vue, et plus nos imaginations s'exaltaient, plus nous étions impatients de voir les objets et les lieux qui produisaient d'avance cette exaltation.

CHAPITRE IV.

Enfin, le 15 avril 1830, l'un des jours les plus heureux de ma vie, je pus en me réveillant, m'écrier encore une fois: *Italiam, Italiam*, et croire enfin au prochain accomplissement du plus cher de mes vœux. Nous voyagions lentement, surtout après avoir franchi les Alpes, et j'obtins sans peine de mes compagnons de voyage que nous nous arrêterions à Pise, pour voir le *Campo-Santo*, et à Florence, pour visiter la galerie des Uffizj et le palais Pitti, où l'on m'avait annoncé d'ineffables jouissances... devant la Judith de Cristofano Allori ! J'avoue que je fus déconcerté par mon inintelligence en présence de tous les chefs-d'œuvre étalés devant mes yeux sans aucun ordre chronologique ou génétique. Aucun des livres que j'avais lus, ne me donnait un fil pour me guider dans ce labyrinthe. L'ouvrage de Valery sur l'Italie n'existait pas encore et je n'avais même pas entendu parler de celui par lequel l'allemand Rumohr venait d'inaugurer une ère nouvelle dans cette branche de littérature qui forme la base et l'aliment de la science esthétique.

Mais ce désappointement très-passager était compensé par une foule d'émotions dont la vivacité n'était pas toujours en rapport avec l'importance des objets ou des spectacles qui les produisaient. C'était un délicieux mélange d'admirations puériles et d'admirations sérieuses dont le point culminant devait se trouver à Rome où nous fîmes notre entrée dans la nuit du 1er mai, au milieu d'un silence qui avait quelque chose de solennel et qui n'était interrompu que par le sourd roulement de nos voitures et par les jets d'eau de la place du Peuple. Malgré la fatigue d'une longue journée, le besoin de nourriture et de sommeil fut moins impérieux que celui de la prière. La mienne n'avait jamais été si longue ni si absorbante. Il me semblait que je venais d'entrer dans la cité de Dieu et que j'allais enfin en visiter les merveilles.

En effet cette visite commença dès le lendemain par où elle devait commencer, c'est-à-dire par la basilique de Saint-Pierre. Notre introducteur était l'ambassadeur lui-même qui jouissait paternellement des émotions dont il épiait les indices. Après ce premier hommage rendu à la mémoire du prince des apôtres et au génie de Michel-Ange, nous dûmes nous conformer à la tradition superstitieuse qui, depuis Nicolas Poussin, faisait un devoir aux voyageurs français d'aller s'incliner devant les cinq chefs-d'œuvre que cet oracle de notre école avait imposés d'avance à leur admiration. Nous payâmes notre tribut aussi gracieusement que possible, mais sans trop comprendre à quel titre des tableaux comme *la descente de croix* de Daniel de Volterra et *le miracle du Corporal* d'André Sacchi pouvaient figurer dans la même catégorie que *la Transfiguration* de Raphaël. Cette classification absurde avait été déjà désavouée par l'école allemande ; mais la révolution française qui avait fait la guerre aux vieux préjugés, en Italie comme en France, avait respecté celui-là, et notre guide avait une beaucoup trop modeste opinion de lui-même pour ne pas se conformer à la routine plus que séculaire qui imposait d'avance aux voyageurs les plus intelligents l'ordre dans lequel ils devaient admirer les chefs-d'œuvre. réels ou prétendus, exposés à leurs regards. Les préjugés d'après lesquels était réglé ce tribut d'admiration, remontaient bien au delà de Lesueur et du Poussin, et les hommes de génie n'en étaient pas plus dispensés que les autres. Montaigne qui vint à Rome moins de vingt ans après la mort de Michel-Ange, n'avait apprécié ni les œuvres de ce grand peintre ni même celles de Raphaël qui devaient être plus à sa portée, et quand l'Anglais Evelyn, le proscrit de la révolution de 1640, et l'oracle le plus accrédité de son pays en matière d'esthétique, vint chercher en Italie une distraction à ses douleurs patriotiques, ce fut l'école des Carraches qui parut avoir le plus de charmes pour lui. Cette prédilection était devenue une sorte de maladie que chaque génération inoculait à la génération suivante et dont la nôtre pouvait se préserver moins que toute autre à cause du respect que nous inspirait l'auteur du *Génie du christianisme*, l'écrivain réputé le plus orthodoxe en pareille matière et à l'infaillibilité duquel j'étais tenu de croire plus que personne, surtout à Rome où il avait figuré, moins d'un an auparavant, dans tout l'appareil de son rôle d'ambassadeur et où les traces de son passage étaient encore récentes.

Chose étonnante ! lui qui avait donné le signal de la

restauration du culte et qui avait presque entrevu les conditions de l'esthétique chrétienne, ne comprit pas que les peintres allemands qui travaillaient alors à Rome presque sous ses yeux, accomplissaient instinctivement une œuvre analogue à la sienne. Il faut voir, dans le huitième volume des *Mémoires d'outre-tombe*, le superbe dédain avec lequel il traite cette nouvelle école qui *prétendait faire remonter la peinture à Pérugin et préférait la première manière de Raphaël à la dernière*. Pour l'illustre écrivain, tous ces jugements étaient autant de blasphèmes. Plus esclave de la routine traditionnelle qu'il ne le soupçonnait, il s'extasiait, tant à Rome qu'à Bologne, devant les peintures des Carraches, et, dans la chapelle Sixtine, il ne songeait pas à regarder autre chose que le *Jugement dernier* de Michel-Ange. Comment ceux qui se faisaient gloire d'être, pour ainsi dire, ses disciples, auraient-ils eu le courage de sentir et surtout de parler autrement que lui ? Cette superstition avait naturellement pour effet de dérouter les âmes candides dans leurs appréciations subséquentes, et de les priver du bénéfice, beaucoup plus grand qu'on ne pense, des impressions spontanées. Ces entraves étaient d'autant plus respectées que nos artistes, même les plus célèbres, ne se distinguaient pas, sous ce rapport, des artistes les plus routiniers. Tous semblaient admettre, comme un article de foi patriotique, l'infaillibilité du Poussin, et de ce dogme découlaient plusieurs autres qui formaient un ensemble de doctrines assez burlesques. Faisait-on à un nouveau venu les honneurs du Vatican, on ne songeait même pas à l'introduire dans la chapelle de Nicolas V, et, quand on le conduisait dans la chapelle Sixtine, on se gardait bien, après lui avoir montré les fresques de Michel-Ange, de signaler à son attention celles de Ghirlandaio, de Botticelli et de Pérugin. Une aberration plus étrange encore était le partage très-inégal qu'il fallait faire de son admiration entre les peintures de la voûte et le Jugement dernier. Il était rare de trouver quelqu'un qui osât nier que cette dernière composition fût le premier titre de Michel-Ange à l'admiration de la postérité. Dans les chambres de Raphaël, les appréciations traditionnelles n'étaient pas moins impérieuses. *Étudiez le bras de l'Héliodore*, disait-on aux élèves qui aspiraient au grand style. *La dispute du Saint-Sacrement* et l'*Ecole d'Athènes* n'étaient regardés que comme des acheminements à de plus grandes choses, et les transports d'enthousiasme ne commençaient que quand on rencontrait la collaboration néfaste de Jules Romain.

Tel était l'inévitable point de vue auquel on était contraint de se placer, pour passer en revue les richesses artistiques qui s'offraient partout aux regards et qui se succédaient trop rapidement pour laisser à l'esprit la liberté de la critique comparative. J'usai cependant de cette liberté en voyant les peintures des catacombes et certaines madones miraculeuses, objets d'un culte immémorial, comme la Vierge dite de saint Luc, dans l'église de Saint-Jean de Latran. Ce fut là comme le premier rayon de lumière qui vint éclairer vaguement, à travers bien des ténèbres, mon horizon esthétique, et qui me fit entrevoir la possibilité de construire l'histoire de l'art chrétien sur un plan qui ferait dépendre son progrès de l'intensité de l'inspiration bien plus que de la perfection de la science. Mais ce n'était pas en quelques semaines, ni même en quelques mois, qu'on pouvait aborder assez sérieusement un pareil sujet, pour mesurer approximativement la longueur et les difficultés de la tâche qu'on aurait à remplir. Les études préliminaires seules, telles que je les concevais, c'est-à-dire avec la substruction philosophique et historique qui devait donner de la solidité à mon édifice, auraient exigé un séjour prolongé en Allemagne, ce qui était incompatible avec mes nouvelles fonctions. Je ne vis donc rien de mieux à faire que de jouir au jour le jour, en cherchant mes meilleures jouissances dans l'enthousiasme religieux que je puisais à une double source; car, outre les émotions solitaires qui à la vérité devinrent très-rares, il y avait les émotions sympathiques, dont la note dominante était donnée par des âmes qui ne soupçonnaient pas à quel point elles étaient obligées de descendre pour se mettre au niveau de la mienne. Ceux d'entre mes lecteurs qui ont lu le *Récit d'une sœur* et particulièrement l'appendice du premier volume pourront se faire une idée mais une idée très-faible de ce qui se passait alors en moi. Tous les personnages de ce drame émouvant, à l'exception de celle qui en est l'héroïne, étaient là, recevant dans leur âme, à des degrés divers de profondeur, des impressions qui, comme nous le montrerons bientôt, ne devaient pas rester stériles. Rien ne se peut imaginer de plus touchant, ni de plus étranger à toute notion expérimentale, que la distribution naïve et, pour ainsi dire, instinctive des rôles entre les membres de cette curieuse association. Le rôle de celui qui mettait au service des autres sa science historique appliquée à l'étude des monuments, lui conférait naturellement certaines attributions extérieures qui pouvaient tromper un observateur superficiel; mais quiconque aurait pu être initié à nos dispositions intimes et suivre, jour par jour, dans ses phases successives, le genre de progrès dont nous étions vaguement épris, se serait bientôt convaincu que, malgré cette supériorité apparente, celui qui en était investi recevait beaucoup plus qu'il ne donnait; car il ne faut pas avoir pénétré bien avant dans les mystères de la psychologie, pour savoir que la supériorité des âmes est tout autre chose que la supériorité des intelligences. Quand on cultive trop exclusivement ce dernier genre de supériorité, on court risque de se rendre incompétent pour l'appréciation de l'autre, et de fermer d'avance tout accès aux influences providentielles dont nous avons besoin pour sortir de nous-mêmes.

Mais ici l'harmonie était parfaite, bien qu'à quelques égards élémentaire, entre les dons intellectuels et les dons de la grâce. C'était comme deux sphères distinctes, mais concentriques et éclairées par la même lumière et obéissant chacune à sa manière, à la même impulsion. C'est à cette condition que les pèlerins de la ville sainte, ceux qui s'élèvent au-dessus de la curiosité vulgaire, ressentent, en présence des objets que leurs yeux rencontrent pour la première fois, le seul genre d'enthousiasme qui mérite qu'on le recherche, celui qui fait que les régions de l'idéal deviennent moins inaccessibles à notre imagination. Or rien n'est plus propre à nous imprimer l'élan nécessaire pour franchir la distance qui nous en sépare, que les grands souvenirs, les grands sacrifices et les grandes espérances, et l'on peut dire que cette triple grandeur ne se trouve nulle part aussi visible que dans Rome, mais plus particulièrement dans la Rome souterraine.

Aussi la visite que nous y fîmes, produisit-elle une

impression proportionnée au genre de dispositions que chacun de nous y apportait et qui n'avait rien de commun avec la curiosité archéologique proprement dite. Rien n'est plus légitime assurément que cette curiosité savante à laquelle nous devons la solution de tant de problèmes historiques et qui, entre autres mérites, a celui de substituer, dans l'étude des antiquités tant chrétiennes que païennes, des inductions positives à de vagues conjectures. Mais si l'archéologie plane en maîtresse absolue au-dessus des nécropoles de la vallée du Nil, elle n'a plus droit à ce privilége dans les catacombes de Rome, parce qu'elle est impuissante à satisfaire le besoin qu'éprouve ou que doit éprouver le voyageur chrétien en y entrant pour la première fois, le besoin du recueillement et de la prière. Or ce besoin était le plus impérieux de tous pour les âmes à la hauteur desquelles je m'efforçais d'élever la mienne, pendant ce pieux pèlerinage ; et c'était dans cette prévision, que nous avions demandé de n'y être pas accompagnés, comme nous l'étions dans la revue des monuments de Rome païenne, par le représentant officiel et diffus de la science archéologique. Grâce à cette concession, j'eus sous les yeux un spectacle qui fut à la fois pour moi une cause de distraction et d'édification, et qui m'absorba presque autant que les tombes et les emblèmes dont j'étais entouré. Au lieu d'y puiser un redoublement de ferveur, comme mes compagnes, je suivais des yeux leurs lentes évolutions, de sanctuaire en sanctuaire, je tâchais de deviner leurs prières pour m'y joindre, et j'enviais presque les larmes qui baignaient leurs joues quand leurs têtes prosternées se relevaient de terre.

Comme nous remontions en silence l'escalier de pierre

que nous avions descendu, je fus assez frivole pour me demander lequel d'entre nous pourrait être, ne fût-ce qu'approximativement, l'interprète des émotions dont j'avais été le témoin sympathique, même sans les partager. Pour cette interprétation, qui ne pouvait être vraie qu'à la condition d'être naïve, l'inexpérience littéraire était plutôt un avantage qu'un inconvénient ; mais ce n'était pas au sortir des catacombes que je pouvais espérer de remporter un pareil triomphe sur la modestie de celle que j'avais en vue. Cependant mes instances furent si pressantes et ma promesse d'un secret inviolable en dehors de la famille, parut si rassurante, que j'obtins enfin ce que je demandais. Quant à l'autre compagne de nos pieuses pérégrinations, alors âgée seulement de dix-sept ans, le moment n'était pas encore venu pour elle de se rendre compte à elle-même de ses impressions et de les recueillir, comme elle le fit plus tard. D'ailleurs, son intelligence esthétique proprement dite était encore très-arriérée, par la raison toute simple que, pour elle, une église n'était pas une œuvre d'art et qu'elle donnait à la prière, extérieure ou intérieure, tout le temps que les autres donnaient à la délectation ou à l'admiration stérile. Le sentiment qui la dominait dès lors, elle l'a exprimé plus tard en quittant Venise où elle s'y était livrée avec encore plus d'abandon, puisque son âme y était plus triste qu'elle ne l'avait jamais été : « Patrie, c'est
« le lieu où l'on vit, où l'on aime, où l'on voudrait être,
« vers lequel on soupire. La patrie ne peut être que le
« ciel, et s'il faut s'en choisir une sur la terre, elle est
« dans vos églises, ô mon Dieu, dans le lieu où l'on
« vous adore ; elle est dans la croix qui rappelle vos
« souffrances. »

A l'époque dont il est ici question, ces pensées n'étaient pas encore écrites ; mais le sentiment qui devait les dicter plus tard, était dès lors dans toute sa force, et les manifestations spontanées qui lui échappaient presqu'à son insu, donnaient l'idée d'une âme déjà marquée du sceau de la prédestination. A quoi il faut ajouter un autre genre d'édification plus accessible à mes appréciations ; je veux dire qu'outre le spectacle de sa piété, trop peu contagieuse à mon gré, elle me donnait celui d'un amour ou plutôt d'un culte filial en même temps si délicat et si exalté, que je crus voir alors, pour la première fois, l'idéal de ce sentiment réalisé devant mes yeux, et je ne pouvais m'empêcher de comparer ces effusions délicieuses avec les habitudes sévères et presque dures des familles bretonnes que j'avais connues. Il est vrai que, dans ces dernières, les enfants avaient leur part des épreuves aussi bien que des jouissances ; tandis que le chef de la famille que j'avais alors sous les yeux se faisait un devoir encore plus qu'un plaisir d'épargner, surtout à ses filles, objets d'une prédilection non avouée, tout contre-coup d'un chagrin domestique, afin que rien ne vînt comprimer les joies expansives de leur âge. C'était le souvenir de ces ménagements et du bonheur qu'ils avaient produit, qui inspirait à Eugénie ces retours si fréquents, dans son journal, sur cette bienheureuse insouciance due à la clairvoyance « de parents chéris qui n'ont fait de notre
« jeunesse qu'un long jour heureux, qui nous ont caché
« avec tant de soin la peine et le chagrin, qui n'ont
« laissé arriver à nous que le bonheur..... Pour les fem-
« mes, rien ne rend ce beau jeune temps où elles vivent
« sans vivre. Elles *entendent* le monde, mais elles n'y
« sont pas. Prier Dieu, aimer son père, sa mère, prier

« encore, voilà leur existence. Aussi ne comprennent-
« elles rien à ce mot *épreuve*, à la difficulté de traverser
« la vie, de gagner le ciel. Pour elles, mourir c'est aller
« à Dieu. Elles l'ont tant aimé ! Elles ont tant espéré !
« L'amour et l'espérance, c'est le ciel. »

Le retard qu'avait éprouvé l'éducation d'Albert par suite d'une longue maladie et d'une guérison plus longue encore, avait d'abord fait craindre qu'il ne fût pas assez mûr pour le genre de progrès que le séjour de Rome semble promettre aux âmes bien préparées. Mais il y avait dans la sienne, à défaut de préparation classique, des germes tellement pressés d'éclore, qu'il suffisait de quelques gouttes de rosée, avec la moindre culture d'une main amie, pour produire un commencement d'éclosion, en attendant la floraison qui devait nous ravir plus tard. Ce fut sous ces auspices, qui certes n'avaient rien de funèbre, que commencèrent nos relations intimes, pendant un voyage que nous fîmes ensemble à Naples, et qui me donna le moyen de pénétrer plus avant dans les replis de cette belle âme, mais sans soupçonner encore tous les trésors qu'elle recélait.

A dire vrai, je n'avais fait cette excursion que pour l'acquit de ma conscience de voyageur, et je ne me retrouvai dans mon élément qu'après mon retour à Rome, vers la fin du mois de juin. La fête de saint Pierre approchait et j'avais promis à mon jeune correspondant, Charles de Montalembert, toujours préoccupé de mon voyage d'Allemagne, de partir décidément pour Munich dans les premiers jours de juillet. Je ne pouvais me dissimuler que mon bagage scientifique était bien léger; mais je me consolais tant bien que mal en me figurant que la richesse des impressions pouvait bien compenser la pauvreté des acquisitions, et je ne pouvais me résoudre à regarder comme perdu, même pour mon progrès intellectuel, le temps que j'avais consacré à des jouissances d'un autre genre.

Pendant mon voyage de Rome à Naples, j'avais employé les heures de loisir que me laissait notre navigation nocturne, à esquisser mes adieux poétiques à la ville éternelle. C'était tout simplement une apostrophe déclamatoire et par trop historique à la Rome païenne que je mettais pompeusement en contraste avec la Rome chrétienne ; mais cette pompe et cette déclamation n'en exprimaient pas moins des sentiments très-vrais, et, ce qui m'importait plus que tout le reste, il n'en résulta aucun obstacle à la sympathie que je tenais à exciter dans mon jeune auditoire, et dont mon petit poëme, avec tous ses défauts, n'était pas tout à fait indigne.

La première lecture en fut faite dans la matinée du 29 juin, immédiatement avant notre départ pour la basilique de Saint-Pierre, et le surcroît d'impression que j'avais reçu en voyant mon succès dépasser mon attente, m'avait fait prendre tellement au sérieux les sentiments imparfaitement exprimés par moi, que cette fête eut pour moi, ce jour-là, une signification qu'elle n'avait jamais eue, une signification analogue à l'idée dominante de mon poëme, comme si j'avais assisté au *Te Deum* annuel, chanté de siècle en siècle depuis saint Ambroise, pour célébrer le triomphe de la Rome chrétienne sur la Rome païenne, triomphe dont l'apôtre saint Pierre avait été le premier instrument.

Ce fut là mon enthousiasme du matin ; mon enthousiasme du soir fut d'un autre genre.

Pour voir de plus près l'illumination de la coupole et

celle de la colonnade, l'ambassadeur et sa famille avaient occupé un grand balcon en face même de la basilique, et ce fut là que nous prîmes position pour contempler l'éblouissant spectacle qui se déployait devant nos yeux. Mais pour moi cette contemplation ne fut pas longue; car M. de la Ferronnays, m'ayant attiré près de lui à l'extrémité du balcon, me fit, ce soir-là, des confidences si curieuses, tant sur sa vie diplomatique que sur les vues ultérieures qu'il avait eues sur moi, il entra dans des détails tellement intéressants sur les crises ministérielles auxquelles il avait été mêlé, sur les congrès où il avait figuré et particulièrement sur celui de Vérone, enfin il sut si bien accaparer mon attention que je n'eus plus d'yeux ni d'oreilles pour ce qui se passait autour de moi, et que j'oubliai complétement et les lumières de la terre et les étoiles du ciel qui, cependant, étaient magnifiques ce soir-là. Que de fois, depuis lors, ne me suis-je pas fait à moi-même le reproche de n'avoir pas profité des quelques jours que j'avais encore à passer à Rome, pour consigner par écrit, ne fût-ce que sommairement, ces précieux souvenirs dont la valeur morale surpassait encore la valeur historique, mais que mon inexpérience ne me permettait d'apprécier que très-imparfaitement (1). Je n'appréciai pas davantage les confidences que je reçus en même temps sur la politique aventureuse du prince de Polignac auquel mon noble interlocuteur, dans la prévision des fautes qu'il le voyait prêt à commettre, venait d'écrire une lettre pleine de sévères avertissements qui ne portèrent pas leurs fruits.

---

(1) Ce fut ce jour là que M. de la Ferronnays me laissa entrevoir, pour la première fois, la pensée qu'il avait eue de me faire écrire ses mémoires.

Cette seconde initiation à la politique, surtout à la politique extérieure, différait beaucoup de la première qui avait eu lieu trois ans auparavant, sous les auspices du même maître, au ministère des affaires étrangères. Seulement je me sentais plus incapable que jamais de remplir les vues du prince de Polignac, quand le congé qu'il m'avait si généreusement accordé, serait expiré. D'ailleurs, les préoccupations diplomatiques étaient, pour le moment, bien loin de mon esprit, et c'était vers de tout autres régions que je me sentais entraîné par l'élan que mon séjour de Rome venait d'imprimer à toutes mes facultés. J'aurais voulu que cet élan pût durer toujours; je l'aurais voulu aussi pour les âmes qui, dans ce mouvement d'ascension, s'étaient naïvement associées à la mienne. Je l'aurais voulu surtout pour celle d'Albert, en qui je crus entrevoir dès lors quelques-unes des qualités qui devaient se développer plus tard.

Le chagrin de mon départ fut considérablement adouci par la perspective du noble patronage qui m'était définitivement acquis, et auquel je me fiais désormais pour la satisfaction éventuelle de mes velléités ambitieuses. J'emportais même la promesse d'une intervention prochaine auprès de notre ministre des affaires étrangères pour me ménager, sous prétexte de missions diplomatiques, les moyens d'étudier plus à fond et sur une plus grande échelle, les choses que je n'avais fait qu'entrevoir.

La rapidité de mon voyage à travers les Romagnes et la Lombardie, ne m'empêcha pas d'être frappé de l'originalité et de la fécondité des écoles qui avaient eu leur berceau dans ces deux provinces, et dont je me promettais bien d'étudier à loisir les produits, quand mon jour serait venu.

Mais nulle impression, pas même celle de Rome, ne peut se comparer à celle que fit sur moi la ville de Venise, et je puis dire qu'en écrivant, trente-cinq ans plus tard, mon chapitre sur l'école vénitienne, je n'avais pas besoin de recourir à des moyens artificiels pour ressusciter en moi mon enthousiasme du premier jour, enthousiasme qui, dans ce long intervalle, ne se démentit pas un instant, grâce aux aliments périodiques que j'eus soin de lui fournir par des séjours fréquents et prolongés au milieu de ces merveilles incomparables. L'impression qu'elles firent sur moi de prime abord, fut tellement violente que, malgré les lacunes qui me restaient à remplir, esthétiquement parlant, en Toscane, en Ombrie et même à Rome où mes études avaient été très-superficielles, je pris avec moi-même l'engagement de donner la préférence à la cité des doges sur toutes les autres cités italiennes, le jour où il me serait permis de choisir entre elles le lieu de mon séjour temporaire dans un avenir indéterminé. Qu'eût-ce donc été si j'avais su dès lors tout ce qu'il y avait de charme, d'édification et de grandeur dans l'histoire de cette république héroïquement chrétienne, histoire dépouillée, surtout en France, de son véritable caractère et par conséquent inaccessible à tous ceux qui, comme moi, avaient puisé leurs notions sur les républiques italiennes à des sources suspectes !

CHAPITRE V.

Ce fut donc avec un ferme espoir de retour que je dis adieu à mes chères lagunes, et l'on verra que cet espoir devait se réaliser bien plus vite que je n'avais osé l'espérer. En attendant, j'avais devant moi une perspective qui devenait chaque jour plus attrayante, à mesure que j'approchais de ma destination. Mais cette préoccupation ne m'empêchait pas de jouir, avec une sorte d'ivresse, de la beauté des sites qui s'offraient à nous sur toute la route, particulièrement dans les vallées du Tyrol. J'en aurais joui bien davantage, si j'avais su à quel point la race héroïque qui les habitait, avait mérité l'admiration et la sympathie de tous les vrais appréciateurs des résistances magnanimes. Je n'appris tout cela qu'à Munich, en lisant, dans l'ouvrage de Hörmayer, les détails de la lutte atroce que nous avions engagée contre ces fiers montagnards, uniquement pour le plaisir de les soumettre à la domination bavaroise.

Ce fut alors que j'entendis, pour la première fois, ces

chants pleins d'élan et de verve belliqueuse qui avaient joué un si grand rôle dans ce qu'on appelait la guerre de délivrance, et qui, depuis quinze ans que cette guerre était terminée, n'avaient rien perdu de leur empire sur les imaginations. Aussi les chants guerriers étaient-ils devenus, dans ces montagnes, plus populaires que les chants pacifiques, et il y avait un chant plus populaire que tous les autres et que je ne devais entendre que bien des années plus tard, c'était le chant funèbre sur la mort de l'infortuné André Hofer fusillé par nos soldats sur le glacis de la citadelle de Mantoue!

Heureusement j'ignorais complétement alors l'abus que nous avions fait de notre supériorité militaire, tant dans le Tyrol que dans le reste de l'Allemagne, de sorte que nul remords patriotique ne vint troubler mes jouissances au milieu de cette population énergique et fière dont la poétique originalité m'intéressait encore plus que l'aspect pittoresque de ses montagnes.

Cependant une jouissance encore plus vive m'attendait au bord d'un lac près duquel était un village où nous devions passer la nuit (Kochel-See). Vers la chute du jour, la lumière du soleil couchant venant à éclairer tout à coup le pic des montagnes qui bornaient notre horizon, je voulus être seul pour mieux jouir de la magnificence de ce spectacle tout nouveau pour moi, et je descendis de voiture en laissant aux deux artistes allemands qui étaient mes compagnons de voyage, le soin de faire préparer notre gîte et notre repas du soir. Je m'oubliai si bien dans ma délectation contemplative, qu'au lieu de mettre deux heures à franchir la distance qui me séparait du rendez-vous convenu, j'en mis plus de quatre, qui me parurent très-courtes, tant j'étais dominé à la fois par les impressions du présent et par les souvenirs du passé. Je venais de profiter des derniers rayons du jour pour relire, dans un volume de Schiller, dont je ne me séparais jamais, celui de ses poëmes qui exprime le mieux ce qu'il y a de légitime dans nos actions mystérieuses vers l'idéal, et qui réfute le mieux les objections involontaires que nous nous faisons à nous-mêmes sur ce qu'il peut y avoir de chimérique dans ces aspirations. Ce poëme, intitulé *Thecla und die Geisterstimme*, est une consolation envoyée du ciel à une âme qui doute d'elle-même et de sa destinée, et j'avais ouï dire que la musique n'était pas moins belle que les paroles. J'avais donc fait de vains efforts pour me procurer cette double jouissance, et j'avais fini par me résigner à ne l'avoir qu'à Munich.

Je venais précisément de renouveler cet acte de résignation, quand, en approchant du village où mes deux compagnons m'avaient devancé depuis longtemps, j'entendis l'un d'eux entonner de sa voix vibrante dont les souples modulations m'avaient déjà frappé, une mélodie triste et suave dont les paroles, bien que distinctement articulées, ne furent d'abord que très-imparfaitement comprises. A mesure que j'approchais, je comprenais davantage, et je compris encore mieux quand, arrivé sur le bord du lac, j'entendis chanter avec un redoublement de verve, ces encourageantes paroles dont l'application rétrospective était facile à faire :

« Wort gehalten wird in ienen Räumen,
« Iedem schönen glaübigen Gefühl,
« Wage du zu irren und zu träumen,
« Hoher Sinn liegt oft im kind'schen Spiel.

« Il y a des régions supérieures où toute les belles aspi-
« rations d'ici-bas, les aspirations du sentiment aussi
« bien que celles de la foi, seront un jour réalisées. Ne
« crains pas de te livrer à tes rêves et à tes chimères;
« car souvent il y a une très-haute signification dans ce
« qui semble un jeu d'enfants. »

Il était impossible de trouver des paroles mieux appropriées à la disposition d'esprit dans laquelle je me trouvais alors. C'était plus qu'il n'en fallait pour réveiller, dans toute leur énergie, les bonnes impressions que j'avais emportées de Rome et pour leur donner une sorte de consécration poétique à laquelle tous les objets environnants et même les astres qui brillaient au ciel, semblaient concourir. Aussi ne me fis-je pas faute de demander à celui qui avait provoqué cette manifestation inintelligible pour lui, de répéter le même chant une seconde et une troisième fois, et je le lui demandai encore le lendemain à mon réveil, en guise de salutation matinale.

Tout ceci se passait dans la soirée du 27 juillet, et quand nous arrivâmes à Munich, nous y vécûmes encore, pendant près d'une semaine, dans une heureuse ignorance des graves événements qui venaient de s'accomplir en France. Ma première visite fut chez notre ministre plénipotentiaire, le comte de R......, qui devait au patronage de M. de la Ferronnays le poste très-envié qu'il occupait auprès du roi de Bavière. Aussi l'accueil qu'il me fit, fut-il celui d'un homme bien décidé à prendre au sérieux la recommandation de son patron et à me rendre tous les services qui pouvaient contribuer à l'agrément comme à l'utilité de mon séjour. Mais quand il crut voir que le résultat du conflit engagé à Paris était pour le moins incertain, son accueil fut plus froid ; et il devint glacial, quand je le consultai sur les moyens de me rendre par la Belgique en Bretagne, où je ne doutais pas que la guerre civile n'eût déjà fait explosion. Le sourire ironique de mon interlocuteur me donna des soupçons qui ne tardèrent pas à se confirmer ; car nul ne montra plus d'empressement que lui à changer de maître et de drapeau, et je n'ai pas besoin d'ajouter que sa porte me fut fermée sans retour.

Au bout de quelques jours, il ne me resta plus de doute pour le présent ni d'espérance pour l'avenir, pas même l'espérance d'une protestation à main armée dans ma patrie armoricaine où je croyais que les chouans des Cent jours avaient conservé leur organisation militaire pour parer à toutes les éventualités. Cette mesure de prévoyance avait été prise en effet ; mais il y avait eu tant de fautes commises depuis quinze ans, et tant de causes avaient contribué à refroidir l'enthousiasme des populations, que, malgré la direction prise par Charles X, dans sa retraite, vers les départements de l'Ouest, et malgré la belle avant-garde qu'aurait pu lui fournir, au début des hostilités, un régiment de la garde royale qui était en garnison à Lorient, le Morbihan demeura immobile comme le reste de la France ; et, comme je ne doutais pas que nos ennemis de 1815, armés d'un pouvoir révolutionnaire nouvellement reconquis, ne fussent disposés à s'en prévaloir pour satisfaire leurs rancunes, je regardais ma famille et mon pays comme irrévocablement perdus pour moi. Quant à ma position universitaire et à la séduisante perspective qu'avaient ouverte à mon ambition juvénile mes relations avec le ministère des affaires étrangères, il y avait là matière à un double sacrifice devant lequel je n'hésitai pas un instant. Après le serment solennel que j'avais prêté en recevant ma croix d'honneur, devant tous mes camarades et sur les marches d'un autel, un second serment, qui aurait démenti le premier, me faisait l'effet d'une impossibilité physique et morale, sans compter le risque que je courais de me perdre dans l'esprit d'un homme à l'estime duquel je tenais bien plus qu'à toutes les faveurs de la fortune.

On devine sans peine qui était cet homme et l'on devine plus facilement encore l'accueil qu'il fit à la révolution qui venait de le frapper si rudement dans ses affections publiques et privées. Voici dans quels termes il répondait à une amie qui le félicitait, à cette occasion, de son noble désintéressement:

«Votre admiration pour ma conduite est sans motif;
« si vous voulez vous en convaincre, demandez-vous quelle
« eût été votre opinion sur mon compte si, par des consi-
« dérations d'intérêt personnel, je m'étais conduit au-
« trement que je ne l'ai fait; certes vous m'auriez moins
« estimé; je ne suis donc pas très-admirable de n'avoir
« pas fait ce qui aurait pu donner à vous ou à d'autres le
« droit de me mépriser. Mon premier besoin est toujours
« de marcher tête levée, même devant mes ennemis; je
« mourrais s'il se pouvait trouver un seul homme dans
« le monde qui se crût en droit de me faire baisser les
« yeux. »

«..... La raison, la réflexion, la conviction, la con-
« science, mon amour exalté pour mon pays, tout me dit
« que je dois rester fidèle au principe conservateur, à celui
« sans lequel l'ordre, le calme, le bonheur et la prospérité
« des empires ne peuvent jamais être assurés. Mon pa-
« triotisme véritable et désintéressé ne sait point se

« courber devant l'œuvre de la violence, du caprice,
« et de la précipitation; il est d'ailleurs un enfant qui fut
« accueilli par la France entière comme un gage d'espé-
« rance, d'avenir et de bonheur; sur cet enfant reposent
« tous les droits que ses parents ont perdus par leurs
« fautes. Le père de cet enfant fut mon ami, mon bien-
« faiteur pendant vingt ans ; il mourut sans avoir avoué
« ses torts et son injustice envers moi; mon devoir ne pou-
« vait être un instant douteux ; voilà mon histoire et la
« clef de ma conduite. »

Il y avait une autre destinée qui m'intéressait presque autant que celle de M. de la Ferronnays : c'était
la destinée de mon très-jeune ami Charles de Montalembert, à qui la suppression probable de l'hérédité de
la pairie pouvait fermer pour longtemps la carrière où
ses talents précoces lui garantissaient les plus éclatants
succès. Il avait quitté Paris, la veille même de l'explosion,
pour s'acheminer vers l'Irlande, et la nouvelle du soulèvement populaire était arrivée presqu'aussi vite que
lui à Londres d'où il m'écrivait sous le coup de la première émotion :

« Je ne vous fatiguerai pas du récit de toutes les émo-
« tions qui se sont mélangées et succédé dans mon
« âme depuis le 25 Juillet, — horreur, indignation, puis
« sympathie et admiration, puis mécontentement, regrets,
« craintes, tout cela vous l'avez deviné, car vous l'avez
« sûrement ressenti comme moi. Je n'entre dans aucun
« détail, je ne vous demande qu'un signe de vie. Je crains
« que votre existence ne soit compromise, abîmée ; c'est
« le sort de tous nos amis; celui de mon pauvre frère,
« et le mien : probablement aussi celui de mon père.
« Je prie Dieu qu'il vous éclaire et qu'il vous calme. »

Le conseil qu'impliquait ce vœu n'était pas facile à suivre ; car ma perplexité augmentait de jour en jour et presque d'heure en heure. En vain mon ami Cornudet, plus rassuré que moi sur l'avenir, parce qu'il voyait les choses de plus près, m'écrivait-il lettre sur lettre pour me persuader de ne pas rompre avec le nouveau gouvernement dont les intentions conciliantes semblaient mises hors de doute par le choix des nouveaux ministres ; j'attendais toujours que la question du serment fût résolue affirmativement ou négativement pour ou contre les fonctionnaires de l'Université à qui on ne l'avait jamais imposé jusqu'alors. Au bout de quelques semaines, je reçus la sommation de le prêter immédiatement, sous peine de destitution, et je fis la réponse que j'avais arrêtée d'avance.

A dater de ce jour, j'eus de quoi me consoler amplement de la rupture de mes relations avec M. de R......; car, parmi les hommes éminents dont j'ambitionnais les bonnes grâces, en attendant que je pusse exploiter leurs lumières, il n'y en avait pas un seul dont les susceptibilités patriotiques n'eussent été plus ou moins réveillées par la réapparition de notre drapeau tricolore sous lequel nos alliés bavarois avaient contribué à des victoires dont ils n'osaient plus être fiers. Or la Révolution de Juillet leur avait paru d'abord être une sorte de résurrection de l'Empire, et les passions politiques que cette révolution avait soulevées, leur semblaient assez violentes pour qu'on dût craindre de les voir bientôt déborder sur l'Europe, et sur l'Allemagne plutôt qu'ailleurs. Je partageais trop leurs inquiétudes à cet égard pour chercher à les dissiper, et, comme j'avais l'air de me condamner provisoirement à une sorte d'exil volontaire, je devins bientôt l'objet des sympathies les plus propres à me dédommager de ce qu'on appelait mon sacrifice. Le célèbre Schelling, qui était alors à l'apogée de sa gloire et qui n'avait fait qu'entrevoir M. de la Ferronnays à Carlsbad, n'eut pas plutôt appris comment son protégé avait été éconduit par le ministre de France, qu'il résolut de suppléer à cet échec par son propre patronage, et ce fut ainsi que commencèrent mes relations avec le coryphée de la philosophie allemande, relations pour lesquelles je n'étais pas encore mûr et qui, pour porter leurs fruits, avaient besoin d'être renouvelées plus d'une fois.

Je sentais encore plus vivement cette nécessité dans mes rapports avec Franz Baader, le rival peu populaire de Schelling, et qui ne lui était inférieur ni en originalité ni en profondeur; mais il avait avec moi un tort que l'autre n'avait pas, du moins au même degré, celui de me croire capable de monter avec lui dans les régions les plus élevées de ses spéculations philosophiques ou mystiques. Par complaisance plutôt que par hypocrisie, je faisais quelquefois semblant de comprendre, et alors ses formules et ses déductions devenaient si subtiles, qu'elles n'offraient plus aucune prise à mon intelligence. Il en était tout autrement quand on faisait appel à son sens pratique, pour poser ou résoudre les problèmes politiques, tels qu'ils surgissaient, sous des formes et avec des exigences diverses, des complications de l'histoire contemporaine. C'étaient toujours les événements de Paris, tels qu'ils se déroulaient sous l'impulsion du souffle révolutionnaire, qui fournissaient le texte de ses merveilleuses improvisations que j'aurais trouvées plus merveilleuses encore, s'il avait cédé moins souvent à la tentation de substituer ma langue à la sienne, ce qui le rendait parfois complétement inintelligible. Mais il y avait des sujets sur lesquels sa verve jetait une telle lumière, qu'on ne s'apercevait ni de ses incorrections, ni même de ses barbarismes. Pour les tendances et la tournure d'esprit, on aurait pu le comparer avec Joseph de Maistre ; mais l'horizon philosophique de ce dernier était mieux éclairé, peut-être parce qu'il était beaucoup moins large.

Pendant ce premier séjour que je fis à Munich, la pensée de Baader, comme celle de la plupart de ses collègues, fut constamment tournée vers les grands problèmes politiques que la Révolution de Juillet avait posés sans les résoudre, et il était rare qu'il parlât d'autre chose dans les longues conversations que j'avais avec lui. Ce qui ne veut pas dire qu'il faisait trêve à ses préoccupations philosophiques ; au contraire, il était plus que jamais dominé par elles. Seulement l'élément purement spéculatif y tenait moins de place, mais sans nuire en rien, du moins en ce qui me concernait, à l'élévation de ses idées rendues plus accessibles à mon intelligence par l'application qu'il en faisait aux grandes questions qui étaient alors à l'ordre du jour dans presque toute l'Europe. Malheureusement l'impression que sa parole produisait sur moi me semblait tellement ineffaçable, qu'avec une simple note de deux lignes, dans mon journal, je croyais m'assurer la possession inaliénable des magnifiques développements qu'il donnait quelquefois à ses thèses favorites pendant deux heures consécutives.

La plus intéressante de ces thèses, la plus originale, je dirais presque la plus étourdissante, du moins pour moi, fut celle que lui suggéra, dans l'après-midi du 3 septembre, la lecture d'un journal français dans lequel il était question de la nouvelle charte et des modifications qu'elle ne pouvait manquer de subir au profit de la puissance populaire. Or rien n'était plus antipathique à la tournure d'esprit de Baader et à ce qu'on pourrait appeler son tempérament philosophique, que les théories modernes sur l'origine du pouvoir politique et sur les conditions de son exercice. Non pas qu'il fût partisan du gouvernement arbitraire, surtout en Allemagne, où les dynasties souveraines avaient montré si peu de respect pour la liberté religieuse ; mais il ne voulait pas qu'un chrétien, monarque ou sujet, puisât ses moyens de défense dans une source aussi empoisonnée que l'étaient, selon lui, les doctrines proclamées ou propagées par la Révolution française. En un mot, il substituait, comme M. Guizot, mais avec des tendances plus bibliques, la souveraineté de la raison à la souveraineté du peuple, et il poussait l'exagération jusqu'à regarder comme frappé de déchéance morale tout prince qui aurait eu la faiblesse de s'incliner devant l'émeute.

Tout ceci se disait avec une verve de conviction naïve à laquelle l'incorrection ou plutôt l'étrangeté du langage n'ôtait rien de sa force ni de son charme, et il y avait des moments où le génie de mon interlocuteur, tout en s'élevant bien au-dessus de ma portée, laissait échapper des éclairs qui n'avaient pas seulement pour effet de m'éblouir. Il m'arrivait rarement de le quitter sans emporter avec moi un sujet de méditation pour mes heures de solitude, et sous ce rapport, notre promenade du 3 septembre fut pour moi plus particulièrement mémorable, à cause de la pensée non moins originale que profonde par laquelle il termina une de ses éloquentes improvisations :

« Il faut être bien fort pour faire des concessions. Si
« Dieu n'était pas tout-puissant, sa grâce ne serait qu'une
« faiblesse. »

Un autre jour, il s'efforçait de me démontrer, en s'appuyant à la fois sur des principes et sur des faits, l'impuissance politique des révolutionnaires. « Ils auront
« beau faire, » disait-il avec un ton de défi presque triomphant, « ils ne se feront jamais histoire ; car
« l'histoire est une évolution. » Et les développements dans lesquels il entrait pour élucider son point de vue, me charmaient tellement par leur nouveauté, qu'il m'est arrivé quelquefois de faire semblant de ne pas les comprendre, afin d'avoir le plaisir de l'entendre parler plus longtemps.

C'était toujours à l'occasion de notre charte constitutionnelle qui, disait-on, *allait enfin devenir une vérité*, que Baader se livrait à ces effusions sarcastiques et prophétiques dont il n'avait pas, du reste, le monopole; car son collègue Görrès n'était pas moins prodigue que lui de prédictions sinistres sur l'avenir de la France, et c'était aussi sur les récentes concessions faites à l'esprit révolutionnaire qu'il fondait ces prédictions. « Les insensés, » me dit-il un jour en faisant également allusion à certaines dispositions de notre nouvelle charte, « les
« insensés ! Ils s'imaginent pouvoir créer un monde en
« n'y mettant que des forces centrifuges ! Celui qu'ils
« viennent de créer si pompeusement à Paris, ne sau-
« rait avoir une longue durée, et quand son heure sera

« venue, on fera ce qu'on a fait après la République :
« on créera un autre monde en n'y mettant que des
« forces centripètes ! »

Personne n'avait accueilli avec plus d'enthousiasme
que lui les décevantes promesses de la Révolution française, mais aussi personne ne prit une revanche plus
éclatante de ces déceptions ; car on peut dire qu'il fut
le dénonciateur le plus infatigable et surtout le plus
éloquent des grandes iniquités de son temps, à quelque
titre qu'elles fussent commises, et l'Allemagne n'a pas
oublié, et n'oubliera jamais la part qu'il eut au réveil
de la nationalité allemande, quand on eut résolu de
briser le joug imposé par nos armes. Le journal qu'il
fonda sous le nom de *Mercure du Rhin*, fut comme une
trompette guerrière qui retentit d'un bout à l'autre de
l'ancien empire germanique, et ce retentissement produisit de si terribles effets, que Napoléon lui-même, assailli par les quatre grandes puissances continentales,
reconnaissait qu'il y en avait une cinquième qui n'était
pas moins formidable, et cette cinquième puissance
était Görres, dont les articles, traduits et reproduits par
les journaux anglais, étaient expédiés dans toutes les
parties du monde. C'était désormais la lecture favorite
de tous ceux qui jouaient un rôle quelconque dans le
grand drame qui tenait l'Europe en suspens, des diplomates, des hommes d'État et surtout des hommes de
guerre. Blücher, par exemple, ne se mettait jamais à
table avant d'avoir lu *le Mercure du Rhin*, et l'auteur
comptait en outre, parmi ses amis, des hommes tels que
Stein, Gneisenau et Scharnhorst, c'est-à-dire les plus
grandes illustrations de la guerre de délivrance.

Cette double fraternité, militaire et littéraire, dont on

aurait de la peine à citer un autre exemple, était facile à comprendre pour ceux qui voyaient le noble athlète, même dans ses vieux jours. On peut dire que jamais figure humaine ne ressembla davantage à une figure de lion pour l'expression, le regard et la chevelure ; à quoi il faut ajouter une voix qui pouvait être alternativement terrible comme un tonnerre et douce comme une prière d'enfant. C'était une nature très-riche en contrastes ; mais je n'étais pas mûr pour ce genre d'études.

Je peux dire que ces trois hommes, chacun dans la sphère qui lui était propre, exerçaient sur mon intelligence un empire d'autant plus absolu, que leurs idées pouvaient y faire irruption sans trouver la place occupée par aucun ensemble d'idées antérieures, c'est-à-dire que j'avais plutôt besoin de refaire mon apprentissage que de donner un couronnement à mon édifice intellectuel. Mais la lumière, projetée par ces trois astres, avait besoin d'être, pour ainsi dire, décomposée par un prisme, pour être mise utilement en rapport avec des organes aussi faibles que les miens. En un mot, il me fallait un intermédiaire entre eux et moi, un interprète intelligent et affectueux qui sût à la fois compatir et encourager ; car j'avais besoin de l'un et de l'autre.

Ici mon bonheur dépassa de beaucoup mes espérances; car non-seulement je trouvai deux auxiliaires de ce genre, au lieu d'un, mais ces deux auxiliaires, quoique encore bien jeunes, étaient déjà des notabilités éminentes dans l'Université de Munich, et les suffrages qu'ils avaient déjà conquis leur garantissaient de plus brillantes conquêtes pour l'avenir. L'un d'eux était le baron de Moy, fils d'un émigré français qui avait trouvé à Munich non-seulement un asile pour lui-même et pour sa famille, mais encore des ressources d'éducation dont sa prévoyance paternelle avait habilement profité pour ménager à ses enfants toutes les chances de succès possibles dans leurs carrières respectives. Celle que choisit le fils dont je veux parler ici, Ernest de Moy, était plus adaptée qu'aucune autre à ses dispositions naturelles ; car il avait un genre d'ambition que les succès de cour ou de négoce eussent été impuissants à satisfaire, et les souvenirs qu'il a laissés dans les Universités de Würzbourg et d'Inspruck ont prouvé qu'il ne s'était pas mépris sur sa vocation. Compris, en 1846, parmi les victimes immolées au caprice de Lola-Montès par son royal admirateur (1), il ne fit, pour ainsi dire, que passer par l'Université de Munich, où il trouvait un théâtre sur lequel il aurait pu déployer, au profit de ses auditeurs et au sien, les acquisitions intellectuelles vivifiées par la double assimilation du génie allemand et du génie français.

Quand je le connus d'abord, j'aurais pu le prendre pour un émigré de la veille qui n'aurait pas encore eu le temps de perdre la pureté de sa langue par le contact avec une langue étrangère. Familiarisé depuis longtemps avec la phraséologie, souvent inintelligible pour moi, de la philosophie allemande, il savait mettre à ma portée, par des nuances d'expression qui semblaient couler de source, le sens, souvent très-simple, que recouvraient les formules conventionnelles récemment introduites dans les écoles et dans les livres ; c'est-à-dire qu'il traduisait dans le langage de Joseph de Maistre, son auteur

---

(1) Il y aurait de l'injustice à ne pas dire que le roi Louis dans ses vieux jours, non-seulement reconnut son tort envers M. de Moy, mais s'arrêta tout exprès à Inspruck pour lui en faire l'aveu. Il avait déjà fait la même réparation à M. Philips, victime non moins innocente, mais plus difficile à consoler.

favori, les idées de Schelling qui était devenu le mien, depuis que j'avais pu entrevoir le rôle important que jouait l'esthétique ou la science du beau dans ses spéculations philosophiques.

Mais celui qui m'aida le plus efficacement à substituer des études positives à mes aspirations vagues, fut l'abbé Döllinger, le plus jeune professeur de l'Université et sans contredit le mieux doué pour faire jouir les autres, en parlant à chacun sa langue, des trésors d'érudition qu'un travail infatigable, joint à une rare puissance d'assimilation, lui avait fait amasser avant l'âge de trente ans. Les acquisitions scientifiques ont aussi leur lune de miel, et j'arrivais précisément quand celle de l'abbé Döllinger commençait. Par un privilége dont il serait difficile de citer un autre exemple, il avait la passion des études théologiques, comme s'il n'avait été que prêtre, et la passion des études littéraires appliquées aux auteurs anciens et modernes, comme s'il n'avait été que littérateur; à quoi il faut ajouter un autre don qu'il y aurait de l'ingratitude à oublier, celui d'une exposition lucide, patiente et presque affectueuse, comme s'il n'avait accumulé tant de connaissances que pour avoir le plaisir de les communiquer.

Avec de pareilles dispositions, mon ignorance, rachetée à ses yeux par un grand désir de savoir, était pour lui une sorte de bonne fortune. Quand nous parlâmes de l'Italie et de la littérature italienne qui ne lui était pas moins familière que la littérature grecque, je fus obligé de confesser ma misère intellectuelle, car le nom de Dante m'était à peine connu, et je ne savais pas même ce que signifiait le titre suspect de son grand poëme. Ma honte ne fut pas stérile, et la *Divine comédie* fut en effet ma première lecture après mon retour en France. Mais il y avait bien d'autres lacunes à remplir, et je sentais, avec une sorte de désespoir que je n'étais pas en mesure de tirer tout le parti que j'aurais voulu des rencontres providentielles qui s'offraient à moi. J'avais besoin d'un ami qui eût assez de perspicacité pour deviner ma vocaion et assez de savoir, et de savoir spécial, pour m'orienter dans mes recherches.

Ce qu'il y a de certain, c'est que ce fut l'abbé Döllinger qui mit entre mes mains le livre qui devait fixer mes incertitudes. Après avoir lu, avec toute l'attention que demandaient le sujet et la manière dont il était traité, les *Recherches italiennes* du baron Rumohr, publiées quelques mois auparavant, l'histoire de l'art chrétien, particulièrement dans le pays qui en avait été le berceau, m'apparut sous un aspect tout à fait nouveau, et j'entrevis la possibilité de faire ou du moins de commencer, dans cette branche si attrayante des connaissances humaines, une révolution analogue à celle qui avait été opérée par Linné quand, après avoir étudié, dans leurs plus imperceptibles manifestations, les lois de la vie végétale, ce grand naturaliste eut coordonné l'infinie variété de ses produits dans un système qui, bien qu'un peu artificiel, substituait aux anciennes classifications plus ou moins arbitraires, une classification fondée sur des analogies minutieusement constatées. Mais l'exécution de mon aventureux projet était subordonnée à des conditions tellement indépendantes de ma volonté, que j'avais presque peur de me laisser séduire par le charme qu'il avait pour moi.

En attendant que les difficultés pendantes reçussent une solution quelconque, je dévorais tous les livres dont la lecture pouvait servir d'acheminement, direct ou indirect, vers le but, encore très-vague, que je me proposais d'atteindre. Ce que j'avais lu à Paris, pour me préparer à mon voyage d'Italie, m'avait laissé une telle impression de dégoût, que l'idée d'une seconde initiation du même genre glaçait d'avance mon imagination. Quelle ne fut pas ma surprise, quand je trouvai, sous des formes plus ou moins attrayantes, une littérature spéciale qui avait pour but de mettre à la portée de toutes les classes de lecteurs les déductions et les applications de la science nouvelle qui, sous le nom d'*esthétique* ou science du beau, était devenue, dans les écoles, comme dans les livres, une annexe obligée de tout système et de tout enseignement philosophique. Les philosophes fournissaient les lingots, et les poëtes, les critiques et les romanciers en faisaient de la petite monnaie qui avait cours d'un bout à l'autre de l'Allemagne.

Au moment même où je commençais à sentir le prix des jouissances, toutes nouvelles pour moi, que me donnait cette petite monnaie, des soucis qui n'avaient pas mon avenir seul pour objet, vinrent faire diversion à mon enthousiasme naissant. Des questions graves, d'un tout autre genre, restaient à résoudre pour moi et pour mes amis dont le sort me préoccupait autant que le mien, et je sentais chaque jour davantage que ces préoccupations étaient incompatibles avec la liberté d'esprit qui était la première condition du progrès intellectuel auquel j'aspirais.

Cependant plus de cinq mois s'étaient écoulés depuis mon arrivée à Munich, et bien que j'eusse le droit de me rendre un bon témoignage sur la manière dont je les avais employés, la solution du problème qui me concernait personnellement, n'avait pas avancé d'un pas, bien que mon ami Cornudet n'eût pas cessé d'y travailler avec un dévouement tout fraternel. Quant à mon autre ami, lancé depuis deux mois dans son pèlerinage d'Irlande, il avait puisé à cette source, toute nouvelle pour lui, un surcroît d'enthousiasme pour la sainte cause qui avait déjà fait battre son jeune cœur et à laquelle il devait désormais consacrer toute l'ardeur de son âme et toute l'énergie de ses grandes facultés. De Belfast, d'où il m'écrivait le 20 octobre, il poussait déjà son cri de guerre qui allait avoir un si prompt retentissement dans toute la France catholique, et qui devait se renforcer à chaque nouvelle épreuve que la liberté religieuse aurait à subir. En attendant que ses coreligionnaires inconnus pussent répondre à son appel, il s'efforçait d'allumer le feu sacré dans le cœur de ses amis, par des paroles dont il savait que la distance n'affaiblirait pas l'effet.

« Ne faites pas la folie de rester en Allemagne, » me disait-il dans sa lettre de Belfast, « revenez parmi nous,
» « parmi vos amis ; une bannière sacrée est levée parmi
» « nous ; la main même de nos ennemis l'a plantée. Ral-
» « lions-nous autour d'elle, heureux de pouvoir le faire
» « aujourd'hui sans restriction et sans crainte de soup-
» « çons injurieux. La pensée de la sainte et sublime des-
» « tinée du catholicisme me console de tout, me rassure
» « et me fortifie sur tout.

« Quant à l'Irlande, j'en suis enthousiasmé. Elle a
» « dépassé mon attente, j'en ai la tête tournée. Je vis
» « dans une alternative perpétuelle de bonheur et d'ad-
» « miration, et ne suis plus le même homme. J'ai puisé
» « ici une vie nouvelle ; l'air que je respire me donne une
» « force, une ferveur, une énergie que je ne me suis ja-

« mais connues. . . . .
« Que devient M. de la Ferronnays et sa famille? Encore
« une fois soyez, je ne dirai pas prudent, mais fidèle à
« vos devoirs, à ceux que vous imposent vos vieilles et
« chères croyances.   Montalembert. »

Mais il y avait des obligations d'un autre genre, que mon cœur était plus pressé de remplir : je veux parler de mes obligations envers le comte de la Ferronnays. On a vu comment elles avaient été contractées, d'abord à Paris, lors de mon entrée au ministère des affaires étrangères, ensuite à Rome où, grâce à des influences providentielles, toutes mes jouissances n'avaient pas été stériles. Aujourd'hui que la fortune avait retiré à cette noble famille ses faveurs pécuniaires, le moment me semblait venu d'acquitter, au moins en partie, mon immense dette de reconnaissance, en aidant Albert à réparer, dans la mesure de ses forces, les lacunes que de fréquentes défaillances de sa santé avaient laissées dans son éducation. Quoiqu'il eût pris part à toutes nos pieuses excursions, son âge, qui dépassait à peine l'adolescence, et sa qualité d'attaché d'ambassade, qui lui était très-antipathique, nous empêchaient cependant de le croire aussi mûr que nous l'aurions désiré, pour les émotions qu'il aspirait à partager avec nous. Il fallait une grande épreuve et une grande secousse pour révéler les trésors que recélait cette âme, trésors d'affection, trésors de résignation et même trésors d'intelligence; car, à dater de la catastrophe qui avait précipité sa famille du sommet le plus élevé des régions diplomatiques, sa correspondance, naguère superficielle et décousue, devint plus sérieuse à cause de l'espèce de désespoir que lui causait son impuissance à alléger le poids dont sa famille allait être surchargée. Ce changement avait été si subit, que je n'avais pas eu le temps d'y adapter ma correspondance, et j'avais parlé de lui, dans ma lettre de condoléance, avec une froideur d'autant plus blessante qu'elle contrastait davantage avec la vive sollicitude que j'exprimais pour tous les siens. Sa plainte, partie d'un cœur qui avait profondément senti la blessure, fut pour moi une révélation encore plus qu'un remords, et je fus obligé de m'avouer à moi-même que j'avais étudié bien superficiellement cette riche nature qui ne demandait pas mieux que de s'ouvrir et de s'attacher à moi. Voici ce qu'il m'écrivait de Naples le 18 septembre :

« En apprenant les grands événements arrivés en
« France, je m'estimai heureux de voir notre position
« changée, de me voir sorti d'un monde que je hais,
« pour vivre paisible au milieu d'une famille chérie. Je
« pensais avec délices au bonheur que j'avais de posséder
« un ami tel que vous. Longtemps je rendis grâce à Dieu
« de m'avoir envoyé quelqu'un qui ne m'aimait que
« pour moi; à présent jusqu'à la mort, me disais-je,
« il m'aimera sans autre but d'intérêt que de m'avoir
« pour ami et, par ses bons conseils, de me maintenir
« dans la seule voie où se trouve le vrai bonheur. . . .

« Vous avez cru peut-être que je ne vous comprendrais
« point, qu'un tel langage serait inintelligible pour moi;
« détrompez-vous, mon cher ami, je ne suis pas un
« phénix, je l'avoue, mais, quand il s'agit du cœur, il
« suffit de descendre d'un père et d'une mère comme
« les miens pour être sûr du fond. . . . .

« Soyez persuadé, mon cher et bon ami, que quand

« j'aime, c'est pour toujours ; ne croyez pas que cette
« espèce de froideur que vous paraissez me témoigner
« me ralentisse. . . . .

« Je dirai, comme dans l'Évangile : Eh bien ! si j'ai
« perdu un ami, je quitterai tout bonheur, tout repos
« pour le retrouver ; mais j'ai peur, je me méfie de moi-
« même. J'espère cependant que cet ami me connaîtra
« mieux et que des causes aussi légères ne suffiront pas
« pour séparer deux cœurs qui s'accorderaient si bien.

« Adieu, je n'espère pas de réponse ; à peine si vous
« vous souviendrez de celui qui vous écrit. Enfin re-
« gardez le nom, il vous rappellera d'heureux jours ;
« ces jours sont passés et ne reviendront plus.

« Adieu, il me tarde d'être en France, mon beau pays,
« mon pauvre pays.   ALBERT. »

Pour comprendre l'intensité de mes émotions et surtout de mes remords, à la lecture d'une pareille lettre, il
faut savoir qu'elle avait été précédée d'une autre, écrite
avant qu'on sût ce que j'avais pu sauver de mon récent
naufrage, et dans laquelle le chef ruiné de cette incomparable famille s'informait de mes besoins pécuniaires
en offrant d'y pourvoir ! Pour répondre dignement à de
pareilles avances du père et à un pareil appel du fils, il
fallait que la reconnaissance devînt un sentiment assez
passionné pour emporter le sacrifice de tous les projets
qui pourraient y mettre obstacle. Ils furent en effet
joyeusement sacrifiés l'un après l'autre, et comme j'étais
sûr que ma résolution n'était pas l'effet d'une exaltation
passagère, je fis de loin tout ce qui dépendait de moi
pour hâter la solution.

Tel fut le début de ma correspondance avec M. de la

Ferronnays, début assez délicat à raison de la répugnance naturelle d'une âme aussi fière que la sienne pour un service qui, vu nos positions respectives, ne comportait d'autre rétribution que celle du cœur. Heureusement cette répugnance était contre-balancée par d'autres sentiments qui ne pouvaient manquer, tôt ou tard, de plaider victorieusement en ma faveur. Mais il y avait d'autres obstacles, ou plutôt il n'y en avait qu'un, celui de la santé d'Albert, moins rassurante que jamais, depuis qu'il avait changé le séjour de Rome contre le séjour de Naples. Changer maintenant ce dernier contre celui de l'Allemagne, même méridionale, était une détermination trop aventureuse pour qu'il se trouvât quelqu'un, à l'exception du malade lui-même, qui voulût en suggérer le conseil ou en assumer la responsabilité. On prit donc, bien à regret, le parti d'ajourner indéfiniment l'exécution du projet dont la première mention avait fait briller un éclair de joie dans les yeux d'Albert, et son père m'écrivait, à cette occasion, une lettre dont l'accent, à la fois noble et cordial, me donnait un avant-goût de nos relations futures :

« L'offre que vous avez la bonté de nous faire n'a pu
« me causer aucune surprise, elle est d'accord avec
« l'opinion que vous avez su me donner de votre carac-
« tère et de vos sentiments. Cette opinion est telle que,
« bien loin d'éprouver le moindre embarras en accep-
« tant la proposition que vous me faites, je n'aurais pas
« hésité à vous la faire moi-même, à vous demander de
« me rendre le service important pour lequel vous vous
« proposez. Le changement qui vient d'avoir lieu dans
« ma position, loin de me paraître un obstacle, eût été
« pour moi une raison déterminante pour m'adresser à

« vous avec une entière confiance. Il est des caractères
« auxquels on n'est point embarrassé de devoir une
« obligation et envers lesquels la reconnaissance n'est
« jamais un fardeau. C'est l'opinion que je me suis faite
« du vôtre. Tenez-vous donc pour assuré que je me
« serais empressé d'accepter votre proposition, et que
« peut-être dans quelque temps serai-je dans le cas de
« vous la rappeler; mais aujourd'hui cela serait impos-
« sible. . . . .

« Je ne vous parle pas de la résolution que j'ai prise;
« je ne me serais plus cru digne de ma propre estime si
« je me fusse conduit différemment, je n'ai donc eu au-
« cune espèce de mérite. La voix de ma conscience a
« parlé plus haut que toute espèce de considérations. J'ai
« fait ce que j'ai cru devoir faire, advienne que pourra.
« La résignation, le courage avec lesquels mes enfants
« se soumettent aux sacrifices de toute espèce qui sont
« la conséquence de ma conduite, sont à la fois pour
« moi une consolation et un motif d'orgueil et de
« fierté. . . . .

« Avec une famille comme celle que j'ai le bonheur
« d'avoir on est bien fort contre le malheur; ne me plai-
« gnez donc pas trop.   La Ferronnays. »

Cette décision fut pour le pauvre Albert un désappointement d'autant plus amer, que le besoin de remplir ce
qu'il appelait le vide de son âme devenait chaque jour
plus impérieux. Dans ses premières lettres, écrites
immédiatement après la révolution de Juillet, l'idée
dominante était celle de son impuissance à soulager sa
famille. Maintenant qu'il voyait le bonheur régner autour
de lui en dépit des rigueurs de la fortune, il commençait

à trouver étrange qu'on attachât tant de prix à ses faveurs qui déjà lui semblaient incompatibles avec le genre de progrès auquel il aspirait ; mais, pour réaliser ses aspirations, son premier besoin, qui avait chez lui toute la force d'un instinct, était le besoin d'un ami. « Je « pensais à ce voyage avec tant de joie, » m'écrivait-il de Castellamare le 26 octobre, « un an passé avec vous « aurait développé ce cœur que je crois bon... Je souffre, « et je n'ai personne ici à qui confier mes peines, je n'ai « que moi ! Vous m'aimez, n'est-ce pas? promettez-le « moi ; oh ! si je vous perdais !... Depuis quelque temps, « je ne suis plus le même ; je ne suis content que quand « je suis seul, et cependant je ne puis vous dire tout le « bien que me fait une heure passée auprès de mes « deux excellentes sœurs. Il me semble qu'en appro- « chant d'elles, je me sens meilleur qu'auparavant ; et « néanmoins malgré tout leur charme, il m'arrive de les « quitter pour être seul. »

Avec de pareilles dispositions, il était difficile que l'air de Naples, au moral comme au physique, eût pour lui des propriétés vivifiantes. La corruption des mœurs dont la génération précédente avait été témoin, avait laissé des miasmes que la génération présente respirait à pleins poumons, et il fallait une puissante réaction ou une grande innocence de cœur pour se conserver pur au milieu d'une société où les notabilités du vice étaient sur le même pied que les notabilités du rang, quand elles n'étaient pas confondues dans le même sujet. La plupart des palais avaient leur chronique scandaleuse héréditaire qui, dans l'éducation d'une certaine classe tristement privilégiée, jouait le rôle inverse de celui de la légende dans l'éducation populaire. Il va sans dire que les résidences diplomatiques étaient encore mieux partagées que les autres, d'abord parce qu'elles étaient plus en vue, ensuite parce que souvent ceux qui les occupaient passaient pour être spécialement avides de ce genre de succès, de sorte qu'en entrant chez eux il fallait se résigner, pour soi et pour les siens, à être mis au courant de toutes les allusions scandaleuses qui pullulaient dans le dévergondage de la conversation, et qui blessaient, pour peu qu'elles fussent comprises, les oreilles même les moins délicates.

Mais les allusions n'étaient rien en comparaison des exemples vivants de dépravation systématique qu'on avait sous les yeux et qui, pour comble de scandale, étaient communs aux deux sexes. C'était la première fois qu'Albert voyait l'application du dogme de l'égalité des droits en matière de corruption, et je ne pouvais m'empêcher de le féliciter en moi-même de n'avoir pas encore été initié par les livres classiques aux confidences du même genre que nous a transmises, par excès de naïveté, l'antiquité grecque et romaine; car c'était cette ignorance même qui le rendait capable d'une répulsion assez énergique pour lui fournir un préservatif de plus contre toutes les séductions du vice. Mais ce préservatif n'empêchait pas le conflit intérieur avec toutes ses alternatives et toutes ses angoisses, telles que devait les produire une imagination aussi ardente que la sienne, jointe à un cœur déjà dévoré du besoin d'aimer. Aussi employait-il toutes les formules que peuvent suggérer l'amour et la peur, l'amour du bien et la peur du mal, pour obtenir de moi des conseils et accélérer sa délivrance. Ce n'était pas avec de pareilles dispositions que la victoire définitive pouvait être douteuse.

Au moment où il était le plus absorbé par son mécontentement de lui-même, un autre sujet de tristesse vint faire diversion à celui-là, en touchant douloureusement la fibre la plus sensible de son cœur, je veux dire la fibre filiale. C'était à l'occasion d'un article de journal qui, sans mettre en doute directement la fidélité politique de M. de la Ferronnays, laissait planer sur son caractère des soupçons presque aussi blessants qu'une imputation directe. Ceux-là seuls qui ont su jusqu'à quel point le père et le fils portaient la susceptibilité du point d'honneur, peuvent se faire une idée de l'effet que la seule possibilité d'une fâcheuse interprétation produisit sur ces deux âmes. Celle d'Albert en fut affectée à tel point, qu'il en résulta une aggravation temporaire de ses souffrances, aggravation que je pus deviner de loin, à l'accent de douleur qui respirait dans ses lettres. Je ne comprenais que trop à qui il voulait faire allusion quand il me parlait *des gens qui désiraient passionnément de trouver un si beau caractère en défaut.* La seule idée du parti que la malveillance pourrait tirer de cet incident, était pour lui à la fois une torture d'esprit et une angoisse de cœur. « Serait-il possible, » m'écrivait-il encore, « qu'il soit au pouvoir de ces gens là de ternir le plus « beau et le plus noble des caractères? » Ce sont bien là les terreurs de l'amour alarmé; mais comme elles sont touchantes, et comme on est tenté d'envier celui qui en était l'objet!

Cette espèce de culte filial que celui qui en était l'objet mettait à l'abri de toute décadence, a joué dans la courte vie d'Albert un rôle qui ne fut jamais plus intéressant à suivre que dans la période comprise entre la révolution de Juillet et son mariage, période féconde en épreuves de tout genre et en consolations proportionnées à ces épreuves. Vis-à-vis d'un tel père et dans de telles circonstances, il ne suffisait pas d'être un consolateur ordinaire; il fallait être pourvu de sympathies instinctives qui pussent suppléer, dans une âme neuve et candide comme celle d'Albert, aux appréciations expérimentales, et mettre en relief ce qu'il y avait d'héréditaire dans cette passion de dévouement qui animait le fils vis-à-vis du père; car c'était véritablement une passion, alimentée depuis longtemps, mais surtout depuis les récents revers de fortune, par le spectacle de la résignation la plus héroïque.

A dire vrai, nos relations avaient été jusque-là trop superficielles et notre correspondance trop peu suivie pour qu'il me fût possible d'être au courant de tous ses progrès. Mais j'en savais assez pour comprendre tout ce qu'il y aurait d'attrayant dans la tâche à laquelle je voulais consacrer les loisirs dont la révolution de juillet venait de me gratifier. Je savais surtout, par suite des révélations contenues dans les lettres d'Albert, qu'il y avait, dans la riche et noble nature de son père, des côtés plus particulièrement sympathiques à la sienne, et qu'il devait par cela même, peut-être sans bien s'en rendre compte, comprendre et admirer davantage; ce qui le disposait naturellement à aimer avec prédilection ceux qui partageaient son enthousiasme. Voilà quel fut mon premier titre à cette affection si touchante qui n'avait fait que poindre à Rome et qui prit, par suite des événements de Juillet, un développement extraordinaire auquel ne participèrent pas seulement les facultés aimantes. Mais le moment n'était pas encore venu pour moi d'en jouir, et il fallut me résigner à un ajournement indéfini.

Le séjour que je venais de faire en Allemagne avait duré plus de cinq mois sans que cette longue absence, jointe aux rigueurs de l'hiver, plus précoces et plus sensibles en Bavière à cause du voisinage des montagnes, eût pu me décider à reprendre le chemin de la France. Enfin je pris congé de mes amis le lendemain de la fête de Noël que j'avais voulu célébrer avec eux, et le 1ᵉʳ janvier 1831, j'aperçus le drapeau tricolore qui flottait à l'extrémité du pont de Kehl, drapeau glorieux pour l'Alsacien qui avait le droit de le saluer avec orgueil, mais drapeau lugubre pour un Breton qui ne l'avait vu arborer, pendant longtemps, que comme signal de détresse ou de guerre civile. Aussi me fut-il impossible de retenir mes larmes et ne fallut-il rien moins que la brutalité des douaniers pour me distraire de mon émotion et pour faire succéder l'indignation à l'attendrissement. Il est vrai que l'irrégularité de mon passe-port, délivré à contre-cœur par la légation française de Munich, fournissait un prétexte plausible aux nouvelles autorités qui ne voulaient pas manquer une occasion de faire parade de leur zèle aux dépens des voyageurs suspects. Or nul voyageur ne l'était plus que moi, et cet état de suspicion me suivit, d'étape en étape, jusqu'aux portes de Paris. Autant mon cœur avait été dilaté par la joie quand j'en étais sorti triomphant le 15 avril précédent, autant il était maintenant resserré par la tristesse, et cette tristesse ne fit que croître de jour en jour. Dès le surlendemain de mon arrivée, on me sommait d'évacuer au plus tôt le logement gratuit qui m'avait été octroyé comme fonctionnaire de l'Université, et on me signifiait, avec tout aussi peu de cérémonie, la suppression du faible traitement qui m'avait été alloué en 1828 quand j'avais été nommé membre de la Commission des livres classiques. Comme il s'agissait de fonctions tout à fait étrangères à la politique et pour lesquelles nul serment n'était encore exigé, j'avais espéré que ce débris échapperait au naufrage de ma fortune, et rendrait possible la continuation de mon séjour à Paris. Maintenant il fallait renoncer à cet espoir aussi bien qu'à toute perspective d'avancement dans une carrière quelconque ; car le *væ victis* retentisssait de toute part à mes oreilles, et les applications qu'on en faisait à des positions sociales qu'on aurait pu croire bien affermies, laissaient planer l'incertitude sur toutes les autres.

Au plus fort de mes tribulations, l'idée me vint d'aller visiter, en ma qualité de vaincu, le seul homme du parti vainqueur dont je fusse personnellement connu. Cet homme était M. Guizot. Son suffrage, rendu public dans la *Revue française* dont il était le principal rédacteur, n'avait pas peu contribué au succès de mon premier ouvrage. Comme les siens m'avaient été d'un grand secours pour m'orienter dans mes travaux historiques, je me considérais, à certains égards, comme son élève, et cette sympathie, jointe aux droits qu'il avait acquis à ma reconnaissance, avait établi entre nous des relations qui, sans être intimes, m'avaient fourni l'occasion d'apprécier son caractère autant que j'avais apprécié son esprit. Par conséquent j'étais sûr d'avance que son âme était restée étrangère à toute haine de parti, et comme je le savais au courant de mes antécédents religieux et politiques, j'étais également sûr que mon refus de serment ne serait pas un crime irrémissible à ses yeux.

Son accueil, que je trouvai encore plus gracieux qu'à l'ordinaire, me prouva, dès le premier abord, que je ne m'étais pas trompé. Il savait que j'avais refusé mon serment, et pour couper court à toute explication embarrassante, il reconnut franchement que mes souvenirs de 1815 constituaient pour moi une obligation impérieuse à laquelle il n'oserait jamais me conseiller de me soustraire ; puis, avec le sourire et le ton de voix d'un homme qui s'attend à causer une surprise agréable, il me raconta la démarche qu'il avait faite, plusieurs mois auparavant, à mon insu, auprès du ministre des affaires étrangères, pour arrêter, pendant qu'il en était encore temps, les conséquences de ma détermination et pour régler avec lui les conditions de ma réhabilitation. Elles étaient telles qu'on pouvait l'attendre de l'intervention d'un arbitre si compétent en matière d'honneur et de délicatesse. On promettait de n'exiger de moi aucun travail qui eût trait à la politique intérieure ou extérieure du nouveau gouvernement, et on m'autorisait à y substituer un ouvrage quelconque de longue haleine, que je composerais en France ou en pays étranger, suivant les exigences du sujet ou mes propres convenances. En même temps, on m'invitait à venir toucher tout l'arriéré de mon traitement.

Cette conversation éclairait d'une lumière soudaine l'horizon jusque-là si ténébreux de mes espérances et donnait à mes projets littéraires une consistance que même le bon vouloir du prince de Polignac, renforcé de celui de M. de la Ferronnays, aurait été incapable de leur donner. J'avais maintenant devant moi un avenir indéterminé qui pouvait se prêter à toutes les combinaisons dont était susceptible le plan encore très-vague que mon imagination seule avait tracé. Les limites qui devaient circonscrire mon sujet n'étaient pas encore nettement tracées, mais le sujet lui-même avait déjà pris possession de toutes mes facultés, et je brûlais de compléter, par un séjour prolongé en Allemagne et en Italie, les études très-superficielles que j'avais commencées dans ces deux pays.

Mais avant de tourner encore une fois le dos à la France, sans savoir combien de temps pouvait durer cette seconde absence, je voulus faire un voyage en Bretagne pour dédommager ma mère de la longue privation qu'elle avait subie, et pour consoler mes anciens compagnons d'armes des avanies que leur infligeaient les rancunes vivaces de nos ennemis de 1815. Après quelques mois consacrés à l'accomplissement de ce double devoir, je repris un peu tristement le chemin de la capitale; mais j'étais moins triste quand j'en sortis, et je l'étais encore moins quand j'aperçus les Alpes que j'allais descendre pour arriver à Venise.

APPEDICE.

Lettre du docteur Duc à un ami, après avoir achevé la lecture de l'*Art chrétien.*

Mon cher B..., je viens de lire l'*Art chrétien.* J'y remarque une regrettable lacune. La musique (que le concile de Trente a jugée digne, grâce au génie de Palestrina, comme vous le savez, de rehausser par ses splendeurs celles de notre culte) n'a pas eu l'honneur d'obtenir un seul chapitre dans ce beau travail qu'elle devait, ce semble, compléter. Il est vrai que depuis longtemps elle n'est regardée par la plupart des hommes qui dirigent l'opinion publique que comme une source de pures sensations ou de distractions plus ou moins stériles. Peu de personnes lui reconnaissent le droit de prendre rang dans l'éducation, comme complément des études littéraires. Une digression pour établir ce droit et prouver que, sans elle, il est impossible d'arriver à une intelligence complète de l'esthétique, trouve donc ici naturellement sa place.

Des trois modes de manifestation de la poésie, savoir : la parole, la forme et le son rhythmé, le premier et le second ont une précision de langage qui les rend éminemment propres, comme on sait, à exprimer directement des idées. Le troisième, qui n'a pas cette précision, est impropre à en exprimer directement. Mais cette impuissance qui n'est pas absolue, comme vous allez le voir bientôt, est amplement rachetée par la merveilleuse supériorité de ses ressources pour révéler certains ordres de sentiments et d'émotions qui, par leur délicatesse même et leur caractère fugitif, semblent devoir échapper toujours à la puissance d'expression de la parole, comme à celle du pinceau.

La musique, ai-je dit, ne peut traduire directement des idées précises, mais elle le peut indirectement.

Pour comprendre cette assertion, il est nécessaire d'entrer dans quelques considérations psychologiques.

Tout sentiment profondément éprouvé éveille, tôt ou tard, un certain groupe d'idées qui en sont comme une émanation invariable. Toute idée bien conçue amène bientôt un certain groupe de sentiments qui en sont, invariablement aussi, une émanation. L'idée pure, le sentiment pur ne sont que des abstractions et n'existent réellement jamais.

Maintenant il est aisé de concevoir que s'il n'est pas donné à la langue musicale qui ne procède pas, comme la parole, par l'alliance d'un substantif à un verbe et à un adjectif, ou comme la peinture, par des représentations matérielles idéalisées, d'exprimer directement des idées, la nature même de l'unique procédé qu'elle emploie, c'est-à-dire un ébranlement tout spécial du système nerveux, lui donne une grande puissance pour produire l'élément sentimental d'où les idées qui y sont corrélatives doivent plus tard se dégager.

Il faut remarquer que les idées qui proviennent de cette source ont une force d'entraînement qui leur est propre. On sait que celles qui ont traversé le cœur, avant d'arriver à l'intelligence, jouissent au plus haut degré de cette propriété. Au reste, pour ceux qu'une longue pratique a familiarisés avec l'idiome des notes, il y a si peu d'intervalle entre la perception du sentiment et celle de l'idée, qu'on peut dire que ces deux perceptions sont simultanées.

Ainsi non-seulement la musique n'est pas inférieure en puissance aux deux premiers modes de manifestation, mais elle a une spécialité de révélations, qui tient à cela même que le procédé dont elle se sert ne l'astreint pas, comme la peinture, à représenter avant tout, des objets matériels dont l'idéalisation est toujours limitée par la nécessité de ne pas sortir du vrai et du possible, ou, comme la parole poétique, à emprisonner son essor dans les termes si peu élastiques d'une proposition grammaticale, sous peine d'être inintelligible. Pour elle le domaine des perceptions du cœur et de l'imagination s'ouvre débarrassé des entraves qui gênent la fantasia de ses deux sœurs. Quel que soit le vague des impressions qu'elle porte à l'âme en l'élevant, sans toutefois cesser d'être intelligible, à des régions où la phrase et les représentations matérielles deviennent impossibles, ces impressions n'en ont pas pour cela moins de valeur, car elles sont pour un esprit méditatif, ce que sont pour le navigateur, ces parfums incertains qu'exhalent, en mer, les lointaines contrées inconnues dont ils lui décèlent l'existence.

Or la spécialité des révélations musicales, étant intraduisible, reste ignorée des princes de la littérature, c'est-à-dire de ceux-là mêmes qu'elle conduirait infailliblement à des points de vue dont ils ne sauraient se douter.

Un savant a dit : « La philosophie a eu tort de ne pas s'é-

APPENDICE. 385

clairer des découvertes de la physiologie. » Avec bien plus de raison on pourrait dire : La littérature a eu tort de ne pas demander des inspirations à la musique. Car la science des phénomènes vitaux est encore trop peu avancée pour fournir des données fondamentales à la philosophie, tandis que la science des sons, au dix-neuvième siècle, est entrée, grâce au génie de Beethoven, dans une voie nouvelle si riche de poésie, qu'on peut dire, sans exagération, que tout pâlit, artistiquement parlant, à côté de ses colossales créations.

Pour ne parler ici que du style religieux, l'adagio *in modo lydico* et la *missa solemnis* se présentent, non pas seulement comme d'inimitables modèles, mais comme la floraison de tout ce que les sentiments mystiques ont de plus tendre et de plus passionné. Le thème de l'adagio où l'auteur annonce qu'il a voulu exprimer à la Divinité sa reconnaissance, après la guérison d'une maladie, est composé de notes égales, d'une candeur de mélodie qui s'allie admirablement à la virginale simplicité des accords. Puis l'enthousiasme croissant peu à peu, donne lieu à des développements de plus en plus mouvementés, jusqu'à ce que, arrivé enfin à son comble, il amène une explosion de cris de l'âme, qui semblent arrachés par d'extatiques visions (1). Oh ! qu'il serait beau, en chaire, le prêtre qui pourrait faire passer dans la langue des mots, les élans d'amour et de foi dont les développements du thème lydien sont la ravissante expression !

Si l'on voulait étudier Beethoven dans la grande sphère de son activité humanitaire, il faudrait s'exercer à donner à la parole la puissance d'un instrument de musique, pour pouvoir faire deviner le caractère particulier de méditations qui a inspiré chacun de ses derniers poëmes où, loin de remarquer entre eux la moindre trace de cet air de parenté qui trahit toujours un défaut de fécondité et partant d'universalité de conceptions, on ne se lasse jamais d'admirer une incroyable diversité, soit dans l'invention, soit dans la forme, soit dans la tendance des sentiments et des idées ; il faudrait surtout ana-

---

(1) Il ne faut pas oublier qu'un tel degré d'exaltation a exigé une complication d'agencements dont les effets sont nécessairement incompréhensibles pour ceux qui n'ont pas une éducation technique très-avancée.

Lorsque avec le concours de Chrétien Urhan, de Schaft et d'un jeune Prussien devenu depuis une célébrité berlinoise, j'eus, en 1827, l'honneur d'exécuter pour la première fois à Paris, sur les manuscrits autographes, les derniers quatuors de Beethoven, en présence de sommités artistiques parmi lesquelles on remarquait Baillot, Vidal, Habeneck, Pixis, Benazet, etc., une première audition de cet adagio n'excita, chez cet aréopage si compétent, qu'une vive curiosité et beaucoup d'étonnement. Habeneck fut le premier qui voulut en méditer la partition. Son enthousiasme après cette étude devint extrême, mais sa propagande, quelque ardente qu'elle fût, ne s'éterdit jamais au delà d'un petit cercle d'individualités très-distinguées. Jugez par là de l'effet de cette musique sur le gros du public et les habitués sensualistes des théâtres.

lyser dans tous ses détails ce divin dix-septième quatuor qui est comme une causerie du maître sur son passé artistique si plein de terribles ou douloureuses péripéties intimes, et comme la conclusion suprême de son idéale philosophie. C'est là qu'avec une expression de tendresse qui émeut (1) d'autant plus que toute prétention à l'effet est écartée, il semble chercher, si j'ose le dire, à mettre sous les yeux de son auditeur, pour le consoler, les titres de la souffrance aux joies de l'immortalité, et ne vouloir faire couler que des larmes d'espérance.

Ne dites pas que mon imagination prête ici à Beethoven des pensées qu'il n'a peut-être jamais eues. Il parle d'une manière si explicite, et avec un tel accent de conviction, que ceux qui entendent la langue des sons ne peuvent se méprendre sur le sens de ses paroles.

Quand on a compris les effroyables angoisses de désespoir qu'il a fallu ressentir pour créer le finale de son quatuor en ut dièze mineur, on devine aisément que ces angoisses ont dû produire en lui un état mental qui ne pouvait le conduire qu'au suicide, ou à la claire vision de ses destinées d'outre-tombe.

Voici une anecdote qu'Urhan aimait à raconter, et qu'il disait tenir de source non suspecte : « Un grave personnage étant allé visiter le géant de la musique, déjà atteint de sa maladie mortelle, lui dit : Cette misérable vie n'est que le premier acte d'un drame dont la dernière scène nous dévoilera bien des mystères joyeux. Le malade répondit : Mon art m'a démontré ces choses de manière à ne laisser place à aucun doute. »

Qu'on se figure donc le degré d'élévation où serait parvenu le talent d'un Chateaubriand, si l'idiome de Beethoven lui eût été familier. Qu'on se figure les pages où avec cette éloquence dont il avait le secret, il eût pu rendre compte au public de l'immense progrès réalisé dans les onze derniers quatuors, par cet homme extraordinaire que l'on doit regarder comme le véritable *Messie* de notre siècle, si tant est que l'art, arrivé à son point culminant, puisse, comme le pense le révérend Père Félix, mériter à un homme, une si auguste qualification.

On serait loin de faire connaître ce grand poëte des sons (c'est ainsi que ses compatriotes l'appelaient), si l'on disait qu'il est le Shakespeare du monde musical. L'étrange beauté des horizons qu'il a découverts en a fait un être, on ne peut dire surhumain (car toutes ses compositions conservent le cachet humanitaire) mais exceptionnel dont il serait chimérique

---

(1) Un jeune compositeur allemand, M. Reichel, m'a dit, après avoir entendu ce morceau : « Le caractère n'en est nullement triste, et cependant il me fait éprouver le besoin de pleurer. » Il est impossible de montrer plus de pénétration.

d'essayer de donner une idée par un moyen autre que l'audition même de ses dernières œuvres (1). Il faudrait dire des choses qui n'ont pas encore reçu de noms ici-bas.

L'auteur d'Hamlet nous a montré à l'œuvre et sous ses plus émouvants aspects, l'implacable logique des passions dans la mêlée de cette vie d'antagonisme, pour en faire jaillir d'éblouissantes lueurs sur les replis les plus mystérieux de la conscience humaine. L'auteur de la symphonie héroïque a peint les choses, je voudrais dire les *ineffabilités* d'une vie idéale inconnue avant lui, et l'on peut ajouter, à peine connue de nos jours.

Qu'il soit donc permis d'émettre le vœu que l'art musical soit considéré, non pas seulement comme le complément, mais comme le couronnement des hautes études littéraires. Malheureusement il n'est guère cultivé sérieusement parmi nous que par des hommes presque illettrés qui s'en font une profession. Il ne pourra devenir une source importante d'enseignements esthétiques qu'à la condition d'être cultivé par ceux en qui la passion du beau s'allie à celle de la science. On s'est trop accoutumé à croire que celle-ci est peu favorable à la poésie. Ne les voit-on pas l'une et l'autre briller simultanément d'un vif éclat, dans le discours de Cuvier sur les révolutions du globe, dans les écrits de Platon et de plusieurs autres ? A mesure que la réunion des connaissances humaines deviendra plus complète dans les mêmes individus, on verra se produire, avec une critique à la fois plus exigeante et plus large, une poétique nouvelle dont les lieux communs et les banalités de l'ancienne feront sentir de plus en plus la nécessité.

En ne disant rien de la musique dans son ouvrage, M. Rio m'a d'autant plus surpris, qu'elle a joué un grand rôle dans nos premières relations d'amitié.

Ici, pour vous donner une idée de ce qu'ont été ces relations et du prix que j'ai dû y attacher, il est nécessaire que je jette un coup d'œil rétrospectif sur mon enfance, sur mon éducation, et l'état de mon âme, quand je suis entré en seconde au collége de... J'avais alors seize ans. Je quittais pour la première

(1) Remarquez qu'il ne s'agit ici que de ses dernières publications et nullement des premières, où l'on ne trouve rien de bien supérieur à l'école de Mozart et d'Haydn. Beethoven n'avouait que les éclosions de son automne, et ne parlait qu'avec une sorte de mépris de tout le reste. Ne vous étonnez pas de ce mépris dans lequel bien des gens n'ont vu qu'une bizarrerie. Reconnaissons au contraire, qu'on ne s'expliquerait pas qu'il ne l'eût pas témoigné. On a beau dire que chaque chose a sa valeur, et que ce qui a fait l'admiration de l'Europe ne mérite pas ce dédain, il n'en est pas moins vrai qu'un génie habitué à vivre dans une très-haute sphère, y a contracté des goûts et des besoins qui lui rendent insupportable la nourriture intellectuelle dont son inexpérience juvénile s'était d'abord contentée. Il y a eu dans le Messie allemand deux individus successifs, et le second est parvenu à une telle altitude au-dessus du premier, qu'il est à celui-ci ce que le baobab de mille ans est à l'embryon renfermé dans sa graine.

fois la maison paternelle où j'avais été élevé dans une très-grande liberté, c'est-à-dire au milieu de mille dangers, l'immoralité, pendant et après les désordres de la révolution, ayant envahi, dans ma ville natale, tous les rangs de la société.

Jusqu'alors j'avais choisi, au hasard, mes lectures dans quelques bibliothèques presque exclusivement composées des livres qui avaient préparé la grande catastrophe du dix-huitième siècle, et je puis dire que, chez moi, la science du mal précéda longtemps celle du bien. Cette connaissance prématurée du côté hideux de notre espèce est peut-être ce qui a le plus contribué à développer les instincts de solitude et presque de misanthropie dont j'ai eu beaucoup de peine à me défendre pendant toute ma vie.

Des leçons particulières avaient dirigé mes études classiques, et cette éducation solitaire ayant écarté les influences civilisatrices que les enfants exercent ordinairement les uns sur les autres, mon caractère avait conservé toutes ses spontanéités les plus sauvages.

Mon père qui était peintre, mon frère et mes sœurs qui cultivaient passionnément la musique, avaient fait naître en moi, avec le goût des arts, cette sensibilité trop vive pour ne pas dire maladive, qui ne peut guère produire, dans une jeune âme, que des mélodies tristes, au moment où elle s'ouvre aux premières impressions de la vie, dans cette vallée de larmes. Aussi le vague pressentiment de celles que je devais y verser, m'avait-il inspiré une mélancolie précoce dont mes jeux d'enfant ne me distrayaient pas toujours, et qui a persisté jusque dans ma vieillesse, bien que celle-ci s'écoule dans une position que tout le monde appellerait heureuse.

L'audition quotidienne des plus célèbres maîtres que j'appris bientôt à interpréter moi-même, m'avait familiarisé avec la langue musicale dont l'intelligence devait me donner des notions esthétiques bien autrement étendues et bien autrement saisissantes que celles que j'ai puisées dans la lecture des ouvrages poétiques anciens et modernes. Cette belle langue, il faut bien en convenir, est trop ignorée en France, souvent même de ceux qui la parlent correctement.

Ce paradoxe demande quelques explications.

Les notes sont les mots de la musique; différents des mots du langage parlé, qui ont isolément un sens bien déterminé, ceux de la musique n'en ont, par eux-mêmes, aucun. Leur timbre peut, à la vérité, produire une impression plus ou moins agréable, mais il n'entre pas comme élément dans la composition d'une phrase. Ce qui donne à chaque note un sens, c'est son rapport avec celles qui la précèdent ou la suivent.

Par l'étude on acquiert facilement la connaissance des intervalles des tons, ainsi que l'aptitude à subdiviser diversement des unités de temps, ce qui constitue la science du rhythme, autre élément essentiel qui est aux tons ce que la ponctuation est au discours. Ce qu'on ne saurait acquérir, même par l'étude la plus longue et la plus opiniâtre, c'est le sentiment des rapports des notes. Il faut entendre par sentiment des rapports des notes, l'appréciation de leur valeur en tant que source d'émotions ou d'idées quelconques.

L'homme vulgaire peut donc apprendre parfaitement tous les procédés de tonalité et de rhythme, c'est-à-dire être ce qu'on appelle un musicien. Le grand artiste seul découvre un puissant langage soit dans la succession, soit dans la simultanéité des sons. Ce privilége singulier, je le répète, il ne le doit pas au travail. Encore tout petit enfant, lorsqu'il entendit pour la première fois une mélodie accompagnée d'harmonie, il éprouva des impressions qui se reproduiront identiquement toutes les fois qu'on exécutera devant lui, la même mélodie, à condition qu'on n'en change pas l'harmonie. Sans doute le travail lui fera découvrir une foule de riches et importantes combinaisons, en un mot, lui donnera tout le savoir-faire de l'érudit, mais n'ajoutera rien à ce sentiment des rapports des tons, sentiment qui résulte de notre organisation même, et qui n'est, au dernier jour de notre vie, que ce qu'il a été dans la première jeunesse.

Or il est évident que sans ce privilége d'organisation, toujours très-rare, le temps consacré à l'étude de la musique est, pour celui qui s'y livre, entièrement perdu au point de vue esthétique; néanmoins il s'en faut de beaucoup que ce temps soit toujours perdu pour le public. Il arrive quelquefois que les gens incapables de comprendre la poésie de la langue musicale sont, peut-être à cause de cette incapacité même, doués d'une patience et d'une adresse prodigieuses qui leur font faire dans le technique instrumental d'incroyables progrès. Quand ils appliquent toute la puissance de ce technique à l'interprétation des œuvres des grands maîtres, le résultat ne laisse rien à désirer.

La vulgarité intellectuelle et morale de ces grands instrumentistes est désespérante pour ceux qui regardent l'art musical comme le plus propre à révéler les plus hautes régions de la pensée et du sentiment : qu'ils se consolent de ce démenti donné en apparence, à leur foi artistique, car ces instrumentistes ne sont réellement que des manœuvres parvenus, à force de travail, à imiter exactement leur professeur, et à dire parfaitement des choses dont ils n'ont point la moindre intelligence.

Il suffit de se rappeler les nobles individualités d'un Beethoven, d'un Chopin, d'un Schumann, d'un Mendelssohn, d'un Urban, d'un Listz, etc., pour se convaincre qu'un musicien de premier ordre est toujours initié aux grandes choses.

Dès mon entrée au collége, j'eus à souffrir un genre de tyrannie tout nouveau pour moi. On m'astreignit à remplir exactement tous les devoirs du culte extérieur, sans daigner s'informer le moins du monde si j'avais les convictions que ce culte suppose. Or malheureusement je ne les avais pas. Toutefois mon incrédulité n'était pas sans remède. J'avais, au fond du cœur, quelque chose qui, loin de s'en accommoder, me prédisposait au mysticisme, et n'attendait pour produire tous ses fruits que de plus complètes études religieuses et philosophiques. Oh! si j'avais rencontré alors un des premiers représentants de la science, un Joseph de Maistre dont la parole lumineuse et paternelle eût mis sous mes yeux, avec cette hauteur de vue que donne une grande universalité de savoir, les véritables titres du christianisme au respect et à l'amour des hommes, quel changement se serait opéré en moi!

L'indignation que j'éprouvai de me voir ainsi l'objet de violences morales, les plus insupportables de toutes dans l'adolescence, ne tarda pas à m'inspirer un profond mépris pour tous ceux qui en étaient les auteurs. Bientôt je me posai à mes propres yeux comme un martyr de ma raison, et sentis redoubler mon enthousiasme de disciple pour le romanesque théologien de la *profession de foi du vicaire savoyard*.

Cette trop célèbre profession de foi, ou plutôt cette emphatique introduction au scepticisme, faisait mes délices. Encore trop peu versé dans la métaphysique pour m'apercevoir que toute la dialectique de cet écrit dont l'auteur a la prétention d'être déiste, conduit inévitablement à l'athéisme, comme l'a démontré l'abbé de Lamennais, il me semblait y voir le résumé des seules croyances qu'un penseur puisse accepter. Quant à l'élément mystique dont le besoin était en moi, toujours plus ou moins vague, il était remplacé, jusqu'à un certain point, par ce naturalisme, ou si vous voulez, par cet humanitarisme sentimental et rêveur qui est comme le cachet du génie de Rousseau, et peut-être tout le secret des grandes séductions qu'il a exercées sur la jeunesse.

On ne sait pas assez combien il est triste pour un pauvre jeune homme, sans guide, d'être réduit à ses propres conjectures sur la solution des mille problèmes qui se présentent, au moment où il passe de l'enfance à la vie virile. Que de fausses routes, que de pertes de temps, que d'amers mécomptes lui épargnerait la bienveillance d'un homme de haute culture intellectuelle!

Je ne pouvais espérer de rencontrer un pareil personnage, dans un collége où la classe de rhétorique n'était pas même une classe de seconde, et où la chaire de philosophie était occupée par un honnête paysan qui parlait à peine français, et ne savait littéralement rien qu'un petit extrait de la philosophie scolastique dite de Lyon, comme si l'Université réactionnaire de cette époque eût été convaincue que la meilleure garantie qu'elle pouvait offrir aux familles contre les dangers de l'enseignement philosophique, était la profonde ignorance et la nullité du professeur.

Je déplorais donc amèrement ma mauvaise fortune qui m'avait conduit dans un établissement dont les maîtres, au lieu de me donner l'instruction solide et variée dont j'avais si grand besoin, se contentaient à peu près de me prescrire des génuflexions.

Tel était l'état de mon âme quand commencèrent mes relations avec M. Rio. Elles inaugurèrent une phase nouvelle dans mon existence jusqu'alors si triste.

Tous deux nous devinâmes promptement l'avantage que nous devions tirer de l'échange de nos idées, et la certitude de nous comprendre presque toujours, même à demi-mots, le besoin de causer cœur à cœur sans crainte d'odieuses indiscrétions, établirent entre nous des rapports auxquels nous consacrions, avec bonheur, tous nos instants de loisir.

Pour écarter les importuns, nous louâmes, à frais communs, à l'extrémité d'un faubourg, dans un vaste jardin, un petit pavillon solitaire où une table, accompagnée de deux chaises, fut bientôt couverte des œuvres de Rousseau, de Raynal, d'Helvétius, de Montesquieu, de Bernardin de Saint-Pierre, etc., comme si une réaction contre les tendances, alors en faveur, eût été un de nos plus impérieux besoins.

L'étude de l'art n'était pas exclue de notre petit ermitage.

A dix-huit ans, j'entrepris de rassembler des matériaux pour un travail philosophique sur la musique. Ceux que je trouvai dans les œuvres de saint Augustin me parurent les plus dignes d'attention, quoiqu'on ne puisse pas en conclure que ce puissant esprit ait eu de grandes aptitudes musicales. Quant à ceux que je trouvai dans le *Génie du Christianisme*, je me bornerai à vous dire que je fus atterré en y lisant ces mots : *La musique est l'imitation des bruits de la nature*. Il faut bien le reconnaître, un esprit supérieur ne nous préserve pas toujours de la faiblesse de parler des choses que nous ignorons le plus.

Au reste, je ne fus pas longtemps à me convaincre que les recherches d'érudition me seraient médiocrement utiles, et que l'étude des compositions des écoles modernes, depuis Palestrina au moins, pourrait seule me faire connaître toute l'importance de la mine que je voulais exploiter.

Les idées qui me préoccupaient alors à ce sujet n'eurent pas d'autre confident que mon aimable compagnon de solitude. Il m'écoutait attentivement. Mes communications avaient pour lui l'intérêt de la nouveauté. Il les prenait au sérieux, ce qui n'était pas pour moi un petit encouragement. Ses objections me rendaient service, à son insu, en me donnant occasion d'élucider mes thèses par de nouveaux développements, et quelquefois d'en rectifier la formule. J'étais fier de lui faire partager l'enthousiasme avec lequel je me mettais à la recherche de l'inconnu, abordant, dans ma présomption, les problèmes les plus ardus, parce qu'ils semblaient promettre les découvertes les plus curieuses.

Toutefois ce ne fut que plus tard, après avoir commencé à comprendre l'esthétique chrétienne, que j'ai pu extraire de mes *juvénilités* quelque chose qui ressemblât à une doctrine, et arriver à des aperçus d'un certain intérêt. En voici un que je livre à votre appréciation, non sans crainte que vous ne me blâmiez de m'être placé à un point de vue trop ambitieux.

« Bien que la musique puisse exprimer toute espèce de sen-
« timents, on ne remarque pas sans étonnement qu'elle ne se
« prête que très-difficilement à l'interprétation de la joie et du
« plaisir. Si l'on veut l'y contraindre, elle semble grimacer plu-
« tôt que sourire, et à moins qu'on n'ait recours à des combinai-
« sons d'une habileté extrême, son sourire, dépourvu alors de
« noblesse et de grâce, devient presque inévitablement trivial.
« Au contraire ses ressources paraissent inépuisables quand elle
« se fait l'interprète de la tristesse, comme si elle était essen-
« tiellement, et avant tout, la langue de la souffrance. *Omnis
« ingemiscit natura*, telle est la pensée qu'elle excelle à traduire
« sous mille formes et avec une richesse infinie de détails.

« Cette grande inégalité dans ses moyens d'expression, sem-
« ble correspondre à une inégalité pareille dans le partage qui
« nous a été fait des biens et des maux sur cette terre d'exil,
« la somme des uns étant infiniment inférieure à celle des
« autres.

« Mais voici un fait étrange : Il ne s'attache qu'un attrait
« fort médiocre, j'allais dire vulgaire, à l'expression musicale
« de nos joies. Ce n'est que dans celle de la douleur noble
« que nous goûtons la plénitude des jouissances poétiques qui
« nous ravissent et nous passionnent le plus. Otez des œuvres
« artistiques l'indéfinissable beauté qu'elles empruntent à cette
« douleur, soit directement, soit indirectement, et vous en
« faites disparaître tout l'intérêt. L'image de l'homme livré
« aux tortures des grandes luttes morales, nous retrempe en
« nous faisant éprouver un charme que rien ne peut égaler.
« Celle de l'homme subissant l'énervation des félicités, nous
« inspire un secret dégoût, comme si souffrir était une condi-
« tion de progrès, de grandeur, et jouir, une cause d'amoin-
« drissement et de décadence.

« Tout cela est fort mystérieux. Ne dirait-on pas voir ici
« une lueur crépusculaire se projeter sur certains côtés ration-
« nellement inexplicables de la nature humaine?

« En effet, créons par la pensée un homme imaginaire con-
« servant dans toute son intégrité l'organisation morale et
« physique qui constitue notre espèce, mais n'ayant qu'une

« existence accidentelle et passagère qui ne se rattacherait à
« rien dans le passé et dans l'avenir. Tous ses instincts le pous-
« seraient incessamment et irrésistiblement au plaisir, et tout
« ce qui pourrait en amoindrir le sentiment, lui inspirerait
« une horreur invincible. Comment donc s'expliquer la volupté
« des larmes si elle n'est pas le résultat d'une arrière-pensée
« qui ne vient pas de ce monde? Comment se l'expliquer, si
« elle n'a pas sa raison d'être dans les traces héréditaires d'une
« révolution qui se serait opérée dans les profondeurs de notre
« nature, et en aurait altéré le type harmonieux primitif, en
« créant le supplice de l'antagonisme entre les diverses puis-
« sances qui la composent? Comment ne pas reconnaître dans
« cette singulière désolation qui charme, non-seulement un
« retentissement lointain et un témoignage ineffaçable de la
« catastrophe qui changea notre destinée, mais encore le pres-
« sentiment instinctif, sinon la conception innée de cette doc-
« trine si opposée à tout entraînement animal, celle du sacri-
« fice fondement de l'espérance d'une réhabilitation? Vous ne
« vous expliquerez pas autrement la mélancolique douceur
« que goûte l'homme malheureux, en donnant un libre cours
« à ses larmes. Ne lui semble-t-il pas alors que chacune de ces
« larmes tombe dans le sein même de Dieu qui les compte?

« De même que dans la seule inspection du globe on trouve
« la démonstration du déluge, on peut confirmer notre his-
« toire primitive par la seule étude des grands phénomènes
« psychiques que l'art met en lumière, et qui ont acquis par
« leur universalité et leur constance, l'autorité d'un débris
« monumental du passé. Ce genre de preuves recueillies dans
« un ordre de faits facile à vérifier, peut donner à réfléchir à
« ceux pour qui toute tradition religieuse est un objet d'insur-
« montable défiance. »

La philosophie de la musique est une mine qui est restée jusqu'à présent et restera longtemps encore inexplorée. Ceux-là seuls qui pourraient en parler pertinemment, c'est-à-dire les grands maîtres, n'ont que la moitié de ce qu'il faut pour entreprendre ce travail. En général ils n'ont pas, à un degré suffisant, le don de la méditation, et manquent de ce tact exercé qui sait dégager l'idée de la sensation et tirer une nourriture pour l'esprit, de choses qui parlent à peine aux sens de la foule. Ajoutons qu'ils trouvent beaucoup plus de gloire et de profit à consacrer tout leur temps à la pratique de leur art.

D'ailleurs, eût-on toutes les qualités requises pour mener à bonne fin une tâche si difficile, le moyen de ne pas se décourager quand on sait qu'il est impossible de persuader à l'immense majorité du public que la musique a une autre destinée que celle de nous amuser? Quel est le nombre de ceux qui lui font l'honneur de croire que sa mission est d'enrichir notre existence morale d'un genre de trésors dont, sans elle, on n'aurait aucune idée? On n'écrit pas pour quelques individus.

Ces motifs, auxquels il faut ajouter les préoccupations de père de famille et les devoirs professionnels, firent avorter mes projets littéraires. Mais ceux de mon ami devaient se réaliser et donner à son nom une légitime célébrité. Combien de fois l'ai-je entendu annoncer avec les candides élans d'enthousiasme dont la jeunesse seule est capable, que la première moitié de sa carrière serait consacrée à de *vastes acquisitions scientifiques*, et la seconde aux applications qui pourraient en être faites *aux besoins de l'humanité*! Il n'est pas défendu de sourire, j'en conviens, de tant de générosité à son âge; toujours est-il que je devinais en lui une âme passionnée pour la gloire, et un grand dédain pour une existence vulgaire. Je lui prédisais un bel avenir. Je ne me suis pas trompé.

Nos relations, de plus en plus intimes, me mirent bientôt en rapport avec sa mère, à laquelle il témoignait un respect et une affection qui m'édifiaient chaque jour davantage. J'eus alors occasion de vérifier une fois de plus, cette loi d'hérédité qui démontre l'extrême importance du choix d'une épouse pour ceux qui ont à cœur de conserver ou d'augmenter les dons que Dieu a départis à leur famille : *on est bien plus le fils de sa mère, que celui de son père*. Cette vérité qu'aucun observateur sérieux ne contestera, est, en ce qui concerne M. Rio, d'une évidence frappante.

J'ai conservé un souvenir encore précis de sa mère. Je me rappelle son front large et élevé, la distinction de son nez peut-être un peu trop viril, ses yeux expressifs où l'on observait, non sans une étrange impression, un singulier mélange de tendresse et d'inexorable sévérité, sa bouche pensive dont les très-rares sourires ne semblaient être que de passagères victoires sur une tendance naturelle à de graves préoccupations.

En considérant attentivement cette figure, dont le caractère noble a sans doute échappé à plus d'un regard vulgaire ou distrait, on se surprenait bientôt cousant ensemble ses impressions sous la forme d'une histoire de dévouement maternel, dont elle était l'héroïne. Ce sentiment paraissait dominer son âme et l'absorber tout entière.

Enfin en sa présence on était pénétré du respect qu'inspire la dignité humaine, dans les classes modestes de la société, où, soit à cause de son extrême rareté, soit par un effet de contraste, elle revêt je ne sais quel caractère auguste qu'on ne trouve pas dans les classes élevées.

Or il était impossible de ne pas reconnaître dans cette femme vénérable la riche individualité de son fils, non à l'état rudimentaire, mais s'il est permis de parler ainsi, à l'état féminin, et l'on peut dire qu'elle a dû se sentir revivre tout entière en lui. C'est dans cette évidente identité de type qu'il faut chercher la cause de la pieuse et ineffable tendresse que ce fils a toujours conservée pour celle qui lui donna, avec la vie, quelque chose de mieux que d'éminentes facultés intellectuelles... un cœur qui devait les féconder.

Le lieu que nous fréquentions avec le plus de plaisir, était l'île d'Arz. C'était là que nous donnions un libre cours à nos excentricités juvéniles. C'était là qu'après avoir lu quelques pages lugubres des Nuits d'Young, nous allions vers minuit au cimetière, non pas pour nous y repaître toujours de réflexions banales sur le néant des choses passagères de ce monde, mais il faut bien, hélas! le confesser (au moins en ce qui me concerne), pour y chercher les insalubres tristesses de cette poésie sauvage et désespérante que le doute en matière de religion prépare ordinairement aux âmes passionnées. Cependant je ne voudrais pas vous paraître plus mauvais que je ne l'étais réellement. Les enseignements contradictoires que j'avais successivement reçus de ma famille, de mon maître d'école, de mon confesseur et de ce qu'on appelle le monde, enfin le pêle-mêle d'idées incohérentes que je devais à des études faites au hasard sans la moindre direction, me conduisaient à mettre tout en question, à ne voir partout que des opinions plus ou moins soutenables. L'homme jeune aime beaucoup à manier l'arme du raisonnement. Il en est presque aussi fier que du maniement d'une épée. L'escrime intellectuelle qui développe ses facultés, lui plaît comme celle qui exerce la force et l'adresse de ses membres. Il en abuse souvent, mais quand son cœur n'est pour rien dans son scepticisme, il n'y a pas lieu à désespérer de son avenir.

Les bruits lointains de la haute mer et le cri sinistre de l'oiseau maritime appelé dans le pays le *Siffleur*, annonçaient-ils de gros temps, la pluie nous chassait-elle de la grève, nous nous retirions dans une petite chambre, et devant un plat de coquillages, nous nous donnions le plaisir d'une excursion romanesque dans l'avenir alors paré pour nous, comme toujours au matin de la vie, de suaves images et de ravissantes harmonies qui ne devaient jamais exister que dans notre jeune imagination.

Je vous divertirais probablement si je reproduisais ici les longues discussions qui s'élevaient entre nous sur la valeur de la fameuse hypothèse que le philosophe génevois a patronnée de ses phrases les plus humoristiques, et selon laquelle le genre humain aurait existé primitivement à l'état sauvage. Dans notre naïveté nous ne nous apercevions pas que la gravure qui précède le discours sur les causes de l'inégalité parmi les hommes, et représente un sauvage renonçant à la vie civilisée, pour retourner à son premier état, prouve précisément tout le contraire de la thèse soutenue dans ce discours.

Malgré son absurdité cette hypothèse présentée avec tout le prestige d'une mise en scène calculée pour fournir des pages à effets, m'avait séduit au point d'exercer sur moi tout l'empire d'une doctrine philosophique solidement basée. Elle me paraissait expliquer les maux de la civilisation qui m'était devenue odieuse. Très-sérieusement je déplorais mon malheur de n'être pas né dans ces temps reculés où l'homme non encore dépravé par la pensée, beau, robuste, fier et bon, vivait en paix avec la nature entière, lorsqu'il avait bien dîné, exempt de toutes les misères qui nous font maudire notre existence perfectionnée. Je regardais avec un incroyable dédain mes contemporains se donner mille soucis, pour réaliser des progrès qui n'étaient pour moi que des pas de plus vers la décadence. Hélas! en songeant aux funestes effets de ces billevesées sur les plus belles années de ma jeunesse, je ne puis m'abstenir de réflexions amères sur l'incapacité ou plutôt sur la coupable incurie des hommes auxquels mon éducation avait été confiée, surtout quand je me rappelle que ces abrutissantes billevesées ont retardé de plusieurs années l'heureuse révolution qui se fit enfin dans ma vie intime.

Vous attendez sans doute quelques détails sur cette révolution. Je ne tromperai pas votre attente, bien que je ne sache rien de plus difficile que de rendre compte de la série d'échelons que l'on franchit pour monter de l'incrédulité à la foi. Dans ces sortes d'histoire, l'élément naturel et l'élément surnaturel se combinent ou s'enchevêtrent de tant de manières, qu'il faut être très-avancé dans la science spirituelle pour ne pas confondre des apparences avec des réalités. Ne m'en voulez donc pas s'il m'arrive d'attribuer à une cause naturelle ce qui est l'œuvre de la grâce, et *vice versâ*.

J'ai connu bien des incrédules, et j'ai remarqué que chacun d'eux avait pour l'être des raisons tout à fait personnelles qui variaient à l'infini, parce que trois choses fort différentes de nature peuvent faire obstacle à la foi, tantôt séparément, tantôt simultanément, et toujours à des points de vue particuliers à chaque individu : je veux parler du raisonnement, de l'imagination et du cœur.

Je m'appliquai donc à rechercher par une longue et attentive observation de tout ce qui se passait dans les endroits les plus secrets de ma conscience, laquelle de ces trois choses avait eu le plus de part à mon éloignement de la religion.

Je prévois que vous allez m'adresser cette question : qu'est-ce qui vous a amené à vous étudier ainsi vous-même? Je vous répondrai que sans doute l'intervention du surnaturel ne fut pas étrangère à ma détermination; peut-être cependant vous contenterez-vous de l'explication naturelle que je vais vous donner. Elle n'est pas sans quelque valeur.

Depuis longtemps je m'affligeais de n'avoir aucune idée arrêtée sur le but de la vie et de n'être à mes yeux qu'un phénomène passager sans liaison connue avec le passé, sans liaison probable avec l'avenir. Ma profession me donnait sans cesse le plus navrant de tous les spectacles, celui des souffrances imméritées dans lesquelles ma philosophie ne me permettait pas de voir autre chose qu'un vice inhérent à la nature humaine comme à toute la nature dont l'équilibre général ne se maintient que par le concours des désordres particuliers, c'est-à-dire au prix d'innombrables hécatombes, partant d'incessantes tortures de tous les êtres luttant cruellement entre eux pour conquérir, au soleil, une place impossible.

On a dit que l'étude de la nature nous élève à la connaissance de son auteur. Cela est vrai pour ceux qui l'étudient dans la lumière de la foi; mais quand on l'observe en dehors des données traditionnelles, quand on ne tient compte que des enseignements qui ressortent de la constatation de ses lois générales, quand on remarque ses procédés de conservation et de multiplication de toutes les espèces, depuis le haut jusqu'au bas de la hiérarchie animale, et les conditions d'existence qu'elle leur a faites, loin de découvrir dans les plans d'un ordonnateur supposé de cet état de choses, la moindre pensée de justice, de bonté, de perfection morale, on n'a sous les yeux que le révoltant spectacle d'une destruction impitoyable, atroce, inévitable, par des moyens qu'une cruauté raffinée semble avoir imaginés pour multiplier les souffrances. Telle est la lugubre science qu'on acquiert en scrutant les secrets de cette nature que ceux-là seuls qui ne la connaissent pas peuvent peindre avec des couleurs séduisantes. L'élimination de l'hypothèse de la divinité est la fatale conséquence d'un système d'organisation qui n'est qu'un conflit permanent de forces inintelligentes dont chacune tend à anéantir toutes les autres.

Abandonnée à elle-même en face des effrayants problèmes que présente ce monde, notre intelligence, si elle ne se laisse pas entraîner à l'affirmation de l'athéisme, ne peut que s'écrier: « Il faut se résoudre à ignorer. » Mais le cœur qui a besoin de bénir, d'aimer, et non de maudire, ne se contente pas de cette ignorance, et privé du seul aliment qui puisse le nourrir, l'espérance, finit ordinairement par se flétrir, et quelquefois, hélas! par se dépraver dans le *tædium vitæ*. Grâce au ciel, au lieu de subir les stériles langueurs de cette maladie, je me fis cette question : S'il existait une hypothèse qui fût en possession, depuis un grand nombre de siècles, de faire accepter volontairement et même avec joie, aux pauvres mortels, ces maux que toutes nos sciences ne nous apprennent même pas à supporter, ne faudrait-il pas l'accueillir avec enthousiasme, seulement à cause d'un si précieux résultat, alors même qu'il serait impossible de démontrer qu'elle n'est pas une utopie? Ma conscience répondit affirmativement. J'étais trop malheureux dans mon scepticisme pour ne pas sentir toute l'importance de cette hypothèse, et je résolus de m'assurer si elle ne pourrait pas se transformer pour moi, au moins en une probabilité.

Mon premier soin fut d'examiner la portée et les titres de compétence de la faculté de raisonner, appliquée seule à l'étude du mysticisme. Cet examen terminé, il me parut évident que j'avais poursuivi jusqu'alors une chimère, l'accord du rationalisme avec l'enseignement traditionnel. Ici la musique me fut d'un grand secours. Vous savez que les dernières compositions de Beethoven m'avaient fait connaître un monde idéal. Je me supposai chargé de donner quelques notions de ce monde à un homme qui n'eût été que physicien, chimiste ou mathématicien. Après avoir longtemps réfléchi aux moyens que j'emploierais pour me faire comprendre, je reconnus que je n'y réussirais jamais. Il n'y a, en effet, rien de commun entre les préoccupations que font naître les sciences physiques et mathématiques, et l'exaltation que produit la poésie. Or si la raison pure ne découvre rien dans la musique terrestre, que pourrait-elle découvrir dans la musique du ciel, c'est-à-dire dans la révélation? Sans doute la raison a une grande mission particulière devant laquelle on doit s'incliner avec un profond respect, mais ce devoir rempli, on peut et l'on doit considérer son rôle comme très-secondaire dans le domaine de la morale et surtout dans celui de la religion. Ouvrons les livres saints. Jamais les vérités fondamentales n'y sont présentées comme des corrollaires d'une argumentation quelconque; on n'y trouve point de dissertations métaphysiques, quoiqu'il y soit continuellement question des matières les plus propres à en provoquer. Ces livres s'adressent avant tout, pour ne pas dire uniquement, aux deux facultés qui nous dominent en maîtresses absolues et nous poussent soit au mal, soit au bien, selon que l'exercice en est anormal ou régulier. J'ai nommé l'imagination et le cœur.

Qu'est-ce, en effet, que l'imagination, sinon la faculté de tirer de la conception même de l'imparfait, c'est-à-dire du réel, celle du parfait dans la sphère de chaque objet réel, ou, en d'autres termes, de transfigurer le fini au point de le faire participer aux splendeurs de l'infini?

Qu'est-ce que le cœur, sinon la faculté de pressentir l'immense félicité attachée au dévouement absolu?

Or ces deux magnifiques aptitudes, ainsi définies, ne sont-elles pas ce qu'il y a en nous de plus propre à créer le besoin du sentiment religieux? Peut-on même, sans elles, concevoir ce besoin, et la grâce est-elle autre chose que l'action de la bonté divine se manifestant en nous, par la fécondation, par le développement indéfini et surnaturel de ces deux éléments naturels de toute foi et de tout amour?

On reproche aux révérends Pères jésuites de parler beaucoup à l'imagination de leurs élèves. A ce reproche il faudrait substituer des éloges. Ce procédé d'éducation religieuse donne une haute idée de leurs lumières et de leur charité.

Une philosophie superficielle a considéré l'imagination comme la folle de la maison, et le vague comme une chose stérile et sans importance, réduisant ainsi à presque rien, d'un trait de plume, la valeur de l'art qui est, comme on sait, une source d'impressions dont les plus élevées sont trop fugitives pour n'être pas intraduisibles en paroles, et quelquefois très difficiles à traduire même en musique. On commence à faire et l'on fera de plus en plus justice de ces vieilles erreurs. La prétendue folle de la maison, qui est, à proprement parler, une faculté divinatoire, et le vague qui n'est que l'incomplète compréhension d'une idée ou d'un sentiment, jouent dans la pratique de la vie un rôle aussi important, quelquefois beaucoup plus important, que celui de la raison, et tels gens qui se piquent d'un positivisme rigoureux, subissent, à leur insu, bien plus souvent l'empire du vague que celui du syllogisme. Avons-nous le droit de ne tenir aucun compte d'une vérité, par cela seul que nous ne la saisissons qu'à demi? La saine, la sérieuse philosophie est celle qui nous apprend à tirer parti de toutes les propriétés, de tous les besoins de notre nature, et les emploie simultanément, en proportion de leur utilité spéciale, à la découverte de nos vrais intérêts. Demandons à la femme le nombre de précieux principes de conduite que lui suggèrent les seules exigences d'une noble imagination, et nous comprendrons que cette admirable faculté mérite d'être cultivée à l'égal de l'entendement.

Une des erreurs capitales des temps modernes est d'avoir accepté, comme un instrument sérieux pour la recherche de toute espèce de vérités, la puissance de raisonner, affranchie de la tutelle si nécessaire des autres puissances de l'âme. Falsifiée et dénaturée par cet affranchissement qui est impossible heureusement dans le train commun de la vie, mais possible par abstraction dans les livres, elle cesse d'être un flambeau et devient un principe dissolvant auquel rien ne résiste. Que ne démolit-elle pas? En s'analysant, elle se démolit elle-même et s'évanouit dans de vaines subtilités. La critique de la raison pure de Kant et l'hégélianisme en sont des preuves suffisantes. Quelle importance peut-on attacher à des méditations d'où il résulte que nos jugements ne sont que des formes de notre entendement, sans objet réel en dehors de nous, que les propositions contradictoires sont identiques, etc., etc.? L'homme est, avant tout, un être sentant, devinant, aimant, et si les indestructibles instincts de son cœur ne réparaient continuellement les ruines du rationalisme démolisseur, nous rétrograderions inévitablement à pleines voiles vers cette abominable civilisation romaine dont le christianisme a eu l'insigne gloire de nous délivrer; gloire que nous ne savons pas assez apprécier, parce que nous ne comprenons pas assez le prix de cette délivrance.

Sans le moindre scrupule je mis donc à sa véritable place,

c'est-à-dire à la troisième, l'élément raisonneur qui avait été chez moi le principal ou plutôt l'unique obstacle à la foi. Je me trouvai alors beaucoup plus à l'aise, et me demandai si, au pis-aller, il ne valait pas mieux se tromper avec Fénelon, saint Vincent de Paul et Bossuet, que d'avoir raison avec Voltaire, d'Alembert et Diderot. Quel est le père de famille, quelque peu soucieux de la dignité et de l'avenir de ses chers enfants, qui ne préférât pour eux, fût-il athée lui-même, l'erreur en si bonne et si noble compagnie? J'ai entendu un gentilhomme breton qui professait l'athéisme le plus affirmatif, blâmer sévèrement son fils de n'avoir jamais permis à personne de parler de Dieu à ses petits-enfants. L'amour paternel, ce sentiment si sérieux, si vrai, si à l'abri de toute influence méphistophélique, l'avait forcé à cette inconséquence, tant la logique lui paraissait peu de chose, en présence de l'intérêt religieux. L'erreur est un mal sans doute, c'est quand elle démoralise. Si elle moralise, elle acquiert une importance supérieure à celle des vérités spéculatives.

Enfin la jeune fille que la Providence, dans ses desseins de miséricorde, me donna pour compagne, devint pour moi un prédicateur en action, dont la douce et humble piété m'apprit à aimer l'admirable influence du christianisme dans l'intérieur des familles. Mais ce qui acheva de me subjuguer, ce fut l'héroïque résignation avec laquelle elle fit, à la fleur de l'âge et déjà mère de deux enfants, le sacrifice de sa vie, dès qu'elle s'aperçut que Dieu le lui demandait. Ce genre d'héroïsme que nul ne saurait puiser à des sources humaines, remua mon âme, si je puis le dire, avec une violence irrésistible, en l'initiant malgré elle aux choses du ciel, et m'a laissé des souvenirs ineffaçables que le temps semble me rendre de plus en plus chers, comme s'ils devaient m'aider à bien mourir.

Oh! je ne prétends pas n'avoir jamais eu besoin, depuis, d'un garde-fou pour me défendre du terrible vertige qu'on éprouve toujours et malgré soi, quand les regards s'arrêtent sur certaines questions redoutables qu'il n'est donné à personne de résoudre ici-bas; mais malgré ce vertige inévitable au bord de l'abîme de l'inconnu et de l'incompréhensible, j'ai vécu en paix avec ma conscience, et je n'ai jamais senti s'affaiblir en moi l'espérance que Dieu daignera répandre sur le soir de ma vie, quelques-unes des douces clartés qui consolaient ma jeune compagne lorsque ses mains se glacèrent pour toujours, serrant encore de celles ses petits enfants.

Telles sont, mon ami, les réflexions que m'a suggérées et les impressions qu'a réveillées en moi la lecture de l'*Art chrétien* de M. Rio.

DUC.

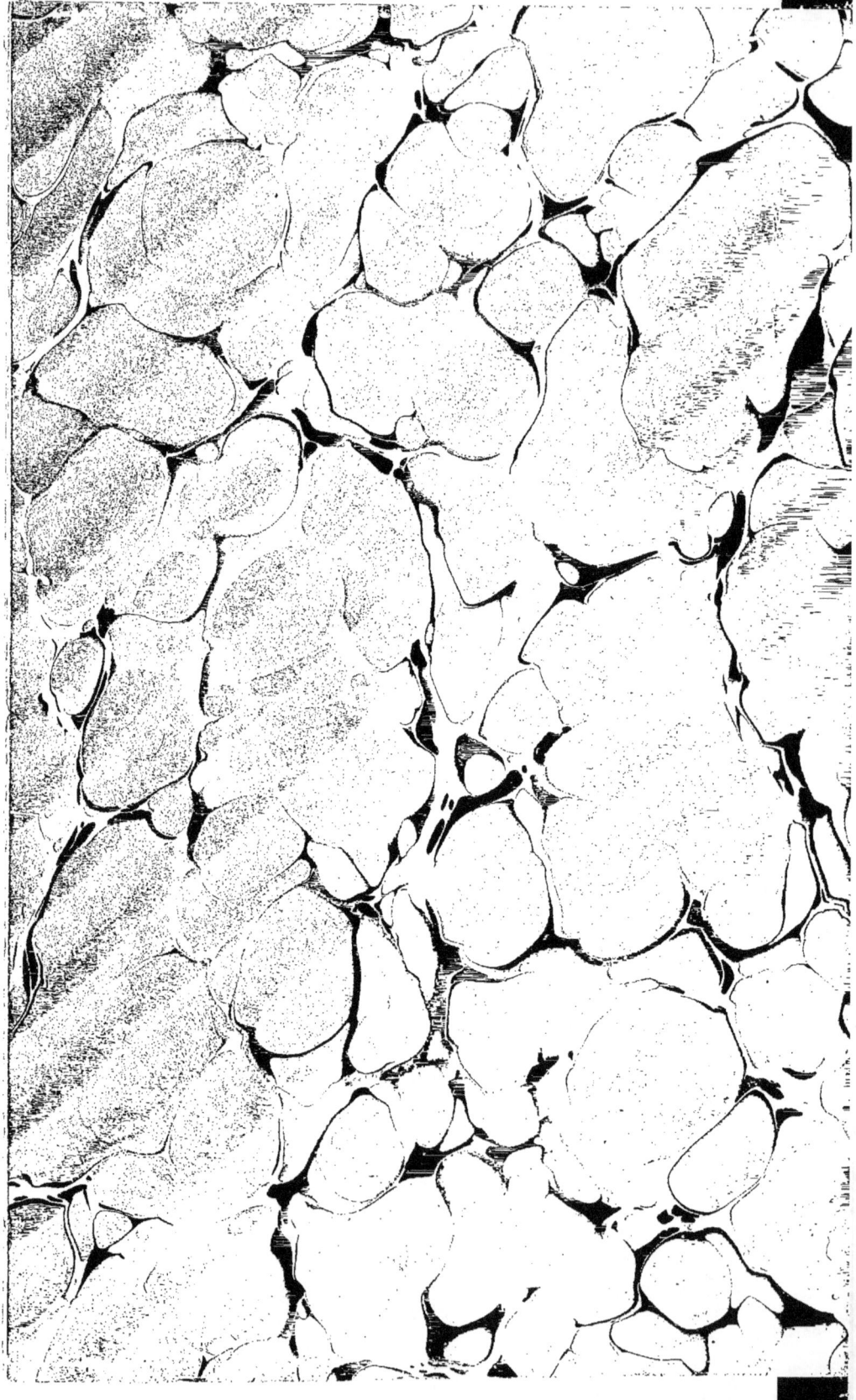

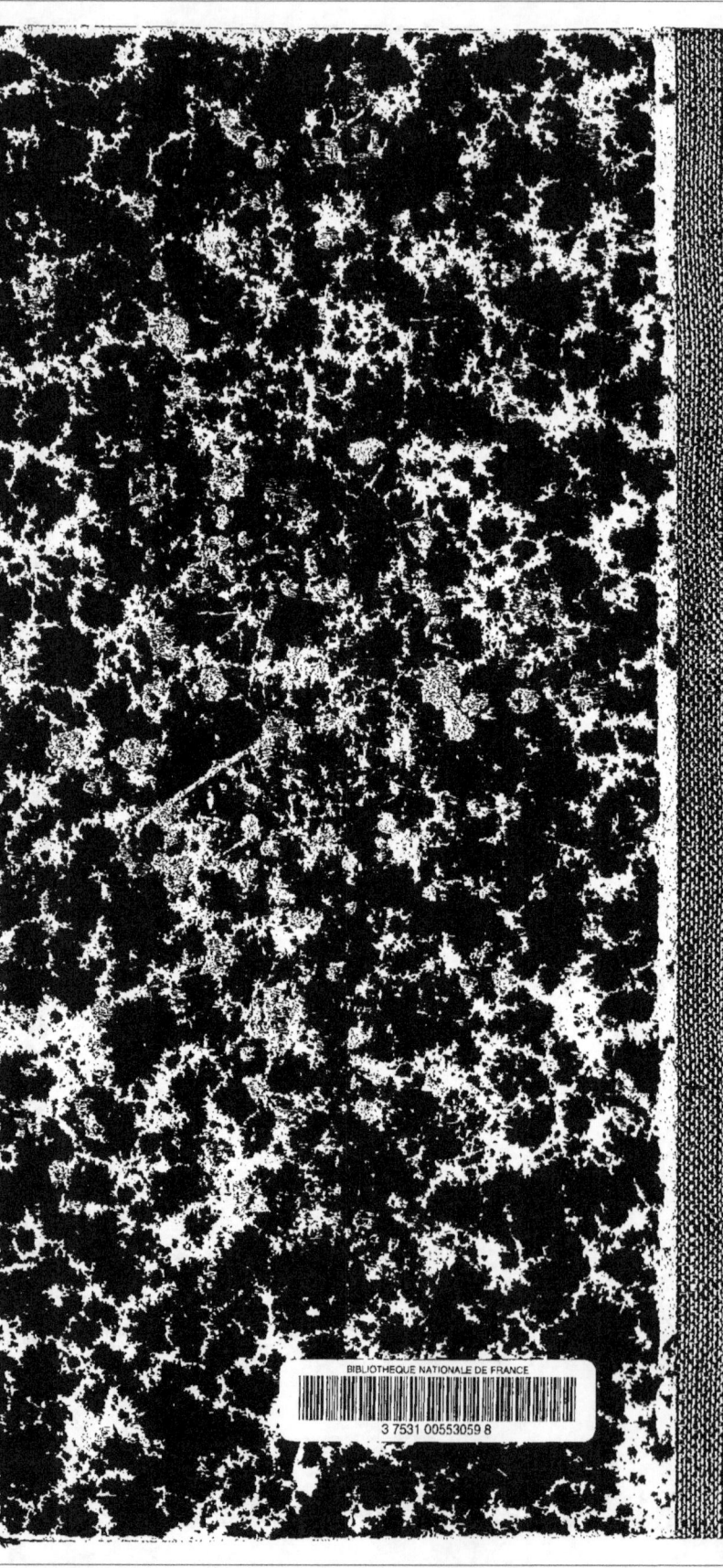

www.ingramcontent.com/pod-product-compliance
Lightning Source LLC
Chambersburg PA
CBHW050151230526
45470CB00001B/51